만선동귀집萬善同歸集 강기講記 [상권]

당唐 영명연수延壽 대사 술述

민국 석성범釋性梵 스님 강의

도영 스님 편역

일러두기

1. 원문은 대정장大正藏 No. 2017 만선동귀집萬善同歸集, 송宋 연수延壽 술述
   3권을 저본으로 하여 번역하였다.

2. 주해는 중국 석성범釋成梵 스님께서 강의하신 《만선동귀집 강의》(연화정
   사, 2013년)([강의]로 약칭)에서 주요한 내용을 간추려 번역하였다.

3. 일장 스님이 번역한 만선동귀집(불광, 1992년)([일장]으로 약칭)의 주석
   일부를 교정하여 실었다.

4. 기타 편역자가 주석을 단 것은 [편주]라 표시하였다.

영명연수 대사永明延壽大師(904~975년)

영명연수 대사께서는 선승들이 염불, 참회 등 만선만행을 경시하며 아래와 같은 열 가지 치우친 잘못된 관점을 고수하려고 한다고 비판하셨다.

첫째, 만법이 모두 마음이라 한다면 그것에 임운하면 곧 부처일 터인데, 분주히 돌아다니며 만행을 한다면 어찌 헛되이 수고한다 하지 않겠는가?

둘째, 조사께서 이르시길 선악을 모두 사량하지 않으면 저절로 심체心體에 들어가리라 하셨는데, 어째서 수행하기를 권해 짐짓 불조佛祖의 가르침을 어기려고 하는가?

셋째, 만행이 오직 무념無念에 총괄되거늘 지금 선善을 보고 악을 보고서 여의기를 발원하고 이루기를 발원하여 몸과 마음을 피로하도록 부리니, 어찌 해야 도를 위하겠는가?

넷째, 모든 것이 끊어져 의지할 것이 없음과 경계와 지혜가 함께 공함은 곧 불조佛祖가 깨달은 중요한 이치이자 성현이 걷는 중요한 길이다. 만일 유작을 논하면 마음의 경계가 완연하니, 어떤 교문敎文에 의지해서 만선을 자세히 말할 것인가?

다섯째, 제불여래의 삼승교전三乘敎典은 오직 해탈법문 일미一味만 있거늘 어찌하여 여기서는 세간의 생멸연기를 광설하는가?

여섯째, 만일 이치의 근본을 얻는다면 만행이 원만해질 터인데, 구태여 사事의 자취로 조작을 일으키려고 하는가?

일곱째, 무심으로 도에 합하지 않고 어찌 만행에 마음이 끌려 움직이려고 하는가?

여덟째, 세존께서 만일 색으로 나를 보거나 음성으로 나를 구하면 이 사람은 삿된 도를 행하여 여래를 볼 수 없다 하셨거늘 어떻게 상을 세우고 모양을 낸다고 불사佛事라고 할 수 있겠는가?

아홉째, 중생은 해탈을 얻지 못한다 함은 모두 그 가명이라 여기니 망녕되이 마침내 윤회한다. 어떻게 그 가명을 좇아 더욱 허공을 증장하는가?

열째, 마음에 즉함이 그대로 부처님인데 어떻게 바깥에서 구하려는가?

정토종 제 육조, 아미타불의 화신 영명 연수선사

淨土宗六祖 永明延壽大師

永明 延壽禪師
영명 연수선사
萬善同歸 中道頌
만선동귀 중도송

메아리와 같은 육바라밀을 행하고, (施爲谷響度門)
허공 꽃과 같은 만 가지 덕목을 닦으라. (修習空華萬行)
인연으로 생기는 성품 바다에 깊이 들어가, (深入緣生性海)
환상과 같은 법문에서 항상 노닐라. (常遊如幻法門)
본래 물들지 않는 번뇌를 맹서코 끊고, (誓斷無染塵勞)
유심정토에 태어나기를 발원하라. (願生惟心淨土)
실제적인 이치의 땅을 밟고, (履踐實際理地)
얻을 것이 없는 관법의 문에 출입하라. (出入無得觀門)
거울에 비친 그림자의 마군을 항복받으며, (降伏鏡像魔軍)
꿈속의 불사를 크게 지으라. (大作夢中佛事)
환상과 같은 중생들을 널리 제도하여, (廣度如化含識)
적멸한 보리를 다 함께 증득하라. (同證寂滅菩提)

서문序

생각해보건대, 무릇 사해 바다의 광대함을 누림에 여러 물줄기가
모이지 않고선 가득 차지 못하듯이 십지十地보살의 존위에 오름도
만선萬善이 모이지 않고선 만족하지 못한다. 그러므로 헤아릴 수 없을
정도로 깊다 함은 오랫동안 물줄기를 받아들여 쌓았다는 뜻이고, 알
수 없을 정도로 거룩하다 함은 부지런히 선행을 닦아서 쌓았다는
뜻이다.

稽夫享四溟之廣 , 非聚流而弗充 ; 躋十地之尊 , 非聚善而弗具。然則深不可
測者 , 在乎積納而久 ; 聖不可知者 , 在乎積修而勤。

하물며 묘각께서 금언을 드리워 미묘한 가르침을 세우셨거늘 진실로
털 오라기 하나라도 선을 지향한다면 삼계는 티끌을 벗어날 수 있다.
반드시 자나 깨나 진실한 말씀(詮)을 추구하고 깨달음의 길을 칭찬하고
드러내길 점차 연마하여 무르익어야 하고, 두루 깊이 연구하고 우러러
보며 매우 부지런해야 한다.

矧妙覺垂言 , 玄通立教 , 苟一豪而嚮善 , 可三界以超塵 ; 必也窮賾眞詮 ,
揄揚覺路 , 庶漸磨而成熟 , 亘鑽仰而克勤。

물러나면 성인도 아니고 범부도 아니지만, [단지] 미혹에 있고 깨달음
에 있으니, 깊이 성역에 오르고자 하면 범부의 마음을 문득 혁파해야
한다. 한 가지 일로 훈습하고 닦는 것이 아니라 반드시 많이 듣고
거듭 익혀야 한다.

抑則非聖非凡 , 在迷在悟 , 欲深躋於聖域 , 當邃革於凡心 ; 匪一事以薰
陶 , 必多門而練習。

　교하敎下의 언교는 자세하고 미묘하여 불롱佛隴1)의 아름다운 도가
내걸렸고, 선종의 사리는 깊고 원융하여 조계曹溪의 아름다운 명성이
우거지다. 그래서 공空에 집착하여 유有를 여의지 말고, 실實을 등지고
무無를 좇지 말라.

或敎言曲妙 , 標佛隴之徽猷 ; 或禪理深融 , 藹曹溪之淑譽。不可執空而離
有 , 不可背實而從無。

　권의權宜2)를 해석하면 이때 실상으로 돌아가나, 권실을 이미 요달하
고 나니 허공이 가히 있다.

要釋權宜 , 爰歸實相 ; 權實旣了 , 虛空可存。

　그래서 깨달은 자는 만물을 굴려 마음을 밝혀 묘용妙用을 말할 수
있지만, 미혹한 자는 글을 헤아리다 교敎에 막히니 어찌 방도를 통달했
다 말하겠는가?

---

1) "천태 지의智顗는 대소산에서 스승 혜사로부터 법화삼매를 개오하고
금릉을 거쳐 38세 천태산에 들어왔다. 그는 화정봉에서 실상의 이치
를 깨닫고, 이곳 불롱으로 내려와 수선사修禪寺를 창건, 본격적인 천
태의 법등을 밝혔다. 그리고 그는 입적할 때까지 20년 조금 넘는 기
간 동안 이곳을 본 도량으로 삼아 교화를 폈다. 비록 석성에서 입적
했지만, 다시 돌아와 영원한 적멸처로 무언의 설법을 하는 곳도 불
롱이다. 불롱은 이와 같이 천태가 천태산 시대를 연 교화의 출발지
이자, 천태가 적멸에 들어있는 구경의 땅이기도 하다." 〈불롱佛隴에
펼친 천태의 법등〉, 금강신문 /편주
2) "방편은 권의權宜이니 근기에 맞게 삼승三乘을 설하는 까닭이다."
《법화문구》 /편주

故達者轉物以明心，可言妙用；迷者按文而滯敎，豈謂通方。

혹 용 같은 경전을 감당해 내고, 혹 호랑이 같은 계율을 굳건히 지키며, 혹 신중히 부처님의 존안을 우러러 예배하며, 혹 부지런히 정실淨室을 요행繞行하며, 혹 입으로 존귀한 부처님 명호를 부르며, 혹 마음으로 극락정토를 관하며, 혹 포새蒲塞3)를 공양하되 부자를 중히 여기거나 가난한 자를 홀대하지 않으며, 혹 보시 및 단바라밀 행이 늘어난다고 좋아하지도 줄어든다고 싫어하지 않으니, 수행하는 일이 이와 같이 고루 균등하면 이익 또한 넉넉하고 융성하리라.

或克荷於經龍，或堅持於律虎，或瞻禮晬容之謹願，或繞行淨室之勤渠，或口誦尊名，或心觀樂土，或供及蒲塞，無重富以忽貧；或施及擅波，無增好而減惡，事如均等，利亦優隆。

무릇 계행에 의지하고 선정에 의지하면 마땅히 큰 복을 입고, 경전을 보시하고 불상을 조성하면 반드시 힘입을 것이 많을 것이다. 내게도 현덕이 있다고 이 마음이 그대로 부처라고 말하지 말라. 범부에서 성자를 뛰어넘어도 수행하지 않은 석가가 없었고, 망상에서 진여로 들어갈지라도 증득하지 않은 달마가 없었다.

凡依律依禪，當資乎介福；造經造像，必藉乎多爲。莫謂有已之賢，卽心而佛。從凡超聖，未有不修之釋迦；從妄入眞，未有不證之達磨。

사람에 두고 도를 숭상함은 불도가 아닌 다른 길이다. 언제나 정근을 귀하게 여겨 게으름을 쫓음이 없도록 하라. 촌음의 짧은 시간도 소중히 여겨 대도의 근원을 궁구할지라. 한 삼태기의 흙이 모자라 무너질 것 같으면 어찌 우뚝 솟은 진산鎭山에 이를 수 있겠는가.4)

---

3) 이포새伊蒲塞의 준말로, 오계五戒를 받은 남자 스님을 이름. 스님들에게 공양하는 식물인 이포찬(伊蒲饌; 청정한 음식)을 뜻하기도 한다.
4) "남악南嶽은 천하의 진산鎭山이요, 그 중에서도 축융봉祝融峰이 가장

在人崇道, 非佛異途。常貴精勤, 無從怠易；重分陰之瞬息, 硏大道之根原。一簣如虧, 曷致巍峩之鎭？

삼승三乘을 혹시라도 폐한다면 자비·인욕의 문엔 오르기 어렵나니, 곧 자아를 자랑함도 없어야 하고, 곧 저 범부의 선善을 버림도 없어야 한다.

三乘或廢, 難登慈忍之門。則無自我之矜, 則無捨彼之善。

반드시 온전한 덕을 구해야 비로소 질의할 수 있다. 왜냐하면 마음은 마음 아님이 아니고 법은 법 아님이 아니므로, 마음에 두고 마음을 전하여 인가하고, 법으로 법을 전수하여 스승과 제자가 되게 한다.5)

必求全德, 方可質疑。心非非心, 法非非法, 要在心傳心而印可, 法授法以師資。

한 모퉁이에 많이 집착하지 말고 두루 만행萬行에 힘쓴다면 보리의 종자를 심을 수 있고 극락에 왕생하는 법을 닦을 수 있나니, 밝으면 도솔천에 오르겠지만 어두우면 아비지옥에 빠지리라.

匪膠善於一隅, 宜勵精於萬行。菩提之子可種, 安養之方可修；明則而升兜率天, 昧則而沈阿鼻獄。

말은 저절로 막혀서 곧 물이 없는 곳에 배를 띄우는 것과 같다.

높나니, 우러러 몇 천 길 우뚝 솟았고, 만 겹으로 천하를 굽어보네. (南嶽天下鎭, 祝融最高峰。仰幹幾千仞, 俯入一萬重)" 송宋·주희朱熹

5) "법도 아니고 법 아님도 아니고, 성품도 아니고 성품 아님도 아니며, 마음도 아니고 마음 아님도 아님이 그대에게 부촉하는 궁극의 마음일세(非法非非法, 非性非非性, 非心非非心, 付汝心法竟)." 《정법의 원류》/편주

그러나 성性은 점점 통하여6) 강을 건넘에 뗏목을 쓰지 않는 것과 같다. 그러므로 앞의 성인과 뒤의 성인(삼세제불·제성)이 모두 마음으로 인하였거니, 그때나 지금에나 어찌 다른 법이 있겠는가?

言如自泥, 卽罔水而行舟; 性若稍通, 非渡河之用筏。前聖後聖皆是因心, 彼時此時曾何異法?

슬프구나! 법은 있되 있지 않고, 마음은 공하되 공하지 않다. 닦음이 없되 닦지 않은 것이 없어 진실한 수행 또한 끊어지고, 머묾이 없되 머물지 않은 곳이 없어 진실한 머묾도 모두 사라졌도다.

噫! 法在非在, 心空弗空。無修而無所不修, 眞修亦泯; 無住而無所不住, 眞住皆亡。

불쌍하구나! 군생들은 이 성性 하나를 머금고 있어 본래 좋고 나쁨이 없지만, 바깥 사물에 바뀌는 바가 되었다. 닦아서 밝히지 않는다면 어찌 치우침이 없겠는가? 빗장을 닫아 능히 반연을 막고 미묘한 선을 쌓는다면 참으로 진실한 귀의라 할 수 있으리라. 그래서 옛 현인들께서 누누이 말씀하시어 후세 사람에게 따라 배우게 하고, 교敎의 요목을 찾아 모아서 마음이 미혹한 이들에게 깨우쳐 일러주셨다.

憫爾群生, 含玆一性, 本無淑慝, 爲外物之所遷, 苟不修明曷中, 局之能杜, 如資妙善, 可謂眞歸。故前哲之縷言, 俾後昆之緣學, 乃搜羅敎目, 示諭迷情者也。

---

6) "성性이 있는 곳은 곧 이理가 있는 곳으로 성性을 보면 이를 본다. 이理가 있는 곳은 모두 성性이 통하는 곳이고, 이理를 보면 성性을 보지 않음이 없다. 또한 성性이 바로 이理이니 이로써 천지를 늘 에워싸서 떠나지 않고 그 성性을 봄도 진실로 크고, 이理가 바로 성性이니 이로써 만물을 정성들여 만들어 보내지 않고 그 성性을 봄도 더욱 넓다."《담진록談眞錄》북해노인北海老人 /편주

영명연수 대사께서는 성품이 밝고 근기가 원만하시며, 재주가 풍부하고 여러 학문을 아우르셨다. 지나간 생에 쌓고 익히시어 제법과 들어맞았으니, 지금 세상에 유통하심이 제불과 계합하시도다! 남 생각하기를 자기 일처럼 여기시고, 남의 마음 관하길 자기 마음처럼 보셨다.

智覺禪師, 性晤機圓, 才豊學際。曩生積習, 與諸法以同符；今世流通, 與諸佛而合契。念他已則如自己；觀他心則如自心。

일찍이《만선동귀집》상중하 세 권을 저술하여 인연 있는 이들에게 권하신 바, 고관대작·유명인사·승려도사·선남선녀·덕행과 재주가 높은 사람 누구든지 다만 지극한 공경심으로 부지런히 수행한다면 귀함도 없고 천함도 없다.

嘗撰《萬善同歸集》上中下三卷, 所以勸一切有緣者也。或朱紫名流、緇黃法系、善男善女、高行高才, 但至恭而至勤, 則無貴而無賤。

이는 참으로 중생을 이롭게 하는 양약이요, 부처를 구하는 이들에게 보이신 중요한 나루터로 여러 경전과 논서의 법언을 포괄하지 않음이 없고, 깨닫지 못한 이와 알지 못한 이들에게 모범을 보이신다. 주선하고 권유하나니, 신중하게 치밀하게 수지한다면 영원히 청정한 꽃을 가늠하는 저울이 되고, 종문의 모범이 되는 잣대가 되리라.

寔利生之良藥, 示求佛之要津, 莫非括諸經、諸論之法言, 作未覺、未知之先範。周旋勸導, 謹密修持；永爲梵花之權衡, 宗門之準度云爾。

지금 법혜원의 지여장주智如藏主라는 분이 일찍이 어진 성품을 기른 이로 몸소 성현의 가르침을 잘 실천하여 어진 사람을 보면 자신도 함께 어진 덕행을 본받고, 선한 사람을 보면 자신도 함께 선행을 본받았다. 이분이 마음을 모아서 영명연수 대사의 논찬論讚을 밝히고 다른

시대 사람이 본받고 따를 모범을 일으켜 그 과보로 받는 복덕과 이익이
더욱 깊어지니, 방편이 적지 않았다. 스스로 주머니를 털어서 쓰지
않은 재물을 거출하여 솔선수범의 융성함을 창조하고, 고명한 이들의
도움을 거듭 모으니, 수승한 인연이 모여서 능히 일을 반드시 행할
수 있으리라.

今法慧院智如藏主，夙資仁性，躬踐聖猷。見賢而同己之賢，見善而同己之
善。總明師之論譔，興異世之楷撫，福利茲深，方便不少。而又自傾囊楮，
遽出賤貨，肇爲倡率之隆，仍募高明之助；勝緣旣集，能事必行。

판에 새겨 책을 펴내니, 그 귀함은 심신을 닦아 살핌에 있어 장차
불후의 명작으로 드리울 것이다. 나의 성품은 어두워서 뜻이 깊은
말을 의심하고 중심(樞要)을 등져 있는지라, 이런 재주 없는 사람에게
잘못 부탁하였으나, 외람되이 가상한 청을 받고는 재차 사양하기 어려
워서 부족하나마 몇 자 줄거리를 지어 감히 꾸짖음을 면해보려 한다.

因鏤版以成編，貴修身而有監，將垂不朽。繆托非才，如振性昧，洞微言、
睽樞要；猥承嘉請，難克固辭。聊述紀綱，敢逃誚讓。

때는 성송聖宋 희령熙寧 5년(1072년) 7월 7일에
심진沈振이 서序하다.

爲人說去 法施 無量功德

"재시財施는 등잔불과 같아서 조그마한 방만을 밝힐 수 있거니와
법시法施는 햇빛과 같아서 멀리 천하를 두루 비추인다" 하였다.
이르러 법보法寶를 전해 가지고 대승을 강론하여 외우며 글을 짓고
뜻을 풀어 믿지 않는 의심의 화살을 뽑아내고 캄캄한 어리석음에다
지혜의 광명 비추며, 법의 담장 튼튼하게 쌓고 부처님의 수명을 이으며,
대승을 번역하고 지극한 가르침을 윤문하며,
혹 경주經呪를 널리 수행하고 두루 베풀어 수지受持토록 권하며,
법시의 문을 열고 전등傳燈의 불꽃을 이어서 힘껏 감로甘露를 가져
고갈된 마음을 비옥케 하고 금바늘로 치맹痴盲의 눈을 잘 낫게 하라.
-영명연수永明延壽선사 〈만선동귀집萬善同歸集〉

목 차

제5장 체와 용이 자재하다

현담 玄談

석성범 스님

Ⅰ. 서설序說

중국 선종에는 안심安心 · 간심看心 · 명심明心 · 오심悟心의 공안公案이 있는데, 심心은 구경에 어떤 물건인가?[7] 불법에서는 "만법유심萬法唯心 삼계유식三界唯識"이라 말하는데, 심心과 식識은 같은가? 다른가? 진심과 망심은 어떻게 분별하는가?《법화경》에 이르시길, "손을 들고 머리를 숙이는 작은 선도 다 불도를 이룬다(擧手低頭 皆成佛道)"[8] 하셨는데, 이것이 가능한가? 학불學佛하려면 대승을 배워야 하는데, 대승의 처음과 끝을 이루는 심요心要는 또한 무엇인가?

이러한 일련의 문제는 왕왕 해답을 얻기 어렵다. 분명히 이해하지

---

7) 학불 수행하는 것은 부처님의 마음을 배우는 것이다. 경에 이르길, "선禪이라 함은 부처님의 마음이다." 하셨다. 선은 바로 부처님의 심요이자 사람마다 본래 갖추고 있는 청정심이다. 이 마음은 어디서 오는가? 이는 바깥으로부터 얻어지는 것이 아니라 자신에 의지하여 직접 증득하고 체득하는 것이다. 망상을 그치고 번뇌를 바꾸어 정심定心 · 정심淨心 · 오심悟心 · 명심明心에 도달하여 사람마다 본래 구족하고 있는 부처님의 마음에 계오契悟하는 것이다. /편주

8) 《법화경》「방편품」에 이르길, "내지 한 손을 들고 혹 머리를 약간 숙이거나(乃至擧一手 或復小低頭)." 《법화경문구》에 이르길, "머리를 숙이고 손을 들어 보이는 등 (만선이) 다 불도를 이루니, 방편과 선권善權은 모두 진실이다." 하셨다. 중간의 예배로 인업人業을 말한다. 작은 선으로도 부처가 된다(小善作佛)는 뜻이다. /편주

못하는 이상 학불 수행하여 깨닫고 증득한들 맹목적으로 닦고 한 눈으로 증득하여(盲修瞎證) 자신도 그르치고 남도 그르치게 하는 잘못(自 誤誤人)을 피하지 못한다. 이 때문에 불보살 및 수많은 선지식께서는 모두 눈썹을 늘어뜨리고 다니면서(眉毛掃地)[9] 인연 따라 설법하여 길을 잃은 사람에게 방향을 제시하였다.

송나라 항주 영명연수永明延壽 대사께서는 선종에서 깨달음을 얻은 분이자 삼장三藏에 정통하고 설법을 잘 하신 대사大士이다. 가장 어려운 것은 매일 총 일백 건의 불사를 행하셨고, 법에 대한 바른 이해에 의지하여 수행하셨으며, 전원填願[10] 수행을 통하여 만선萬善으로 정토를 장엄하고, 자신도 제도하고 남도 제도하여 우리의 모범이 되셨다. 사람들이 그를 일러 고불古佛께서 다시 오셨다 하니, 진실로 헛된 말이 아니다. 그가 불법의 미묘한 종지를 모아 책으로 엮어서 사람들에게 수행의 바른 길을 보이시니, 총 61종이고 197권이다. 애석하게도 많은 책들이 실전되고 현재《종경록宗鏡錄》1백 권과《만선동귀집萬善同 歸集》3권,《주심부註心賦》4권이 남아 있으니, 가장 이치에 계합하고 근기에 계합한다.

정나라 옹성雍正 왕제는《만선농귀십》서분 중에서 발씀하시길, "신

9) 고인은 중생에게 똥오줌 칠하고 다니며(擦屎尿) 눈썹을 땅에 풀고 다 닌다(眉毛拖地) 하셨는데, 모두 용모를 가다듬을 시간이 없음을 형용 한 것이다. 즉 눈썹과 두발이 자라서 땅에 까지 이르도록 치장할 시 간이 없다는 뜻이다. /편주
10) 안심하지 못해 얻은 것이 없는 까닭에 다음으로 원을 바로 세우고 (正願) 안심을 밝힌다. 처음 묘경妙境 가운데 일념은 (원교의) 무작사 제無作四諦를 구족한 까닭에 사홍서원 가운데 무작제無作諦에 의지해 홍원을 발하고 지금 능안能安으로 소안所安에 편안하고 능소가 서로 칭명하여 묘행妙行이라 한다. 이미 안심하였다면 널리 만물을 이롭게 할 수 있으니, 첫째 서원을 좇는다(填). 중생을 이롭게 하려면 먼저 미혹을 끊어야 하니, 다음 서원을 좇는다. 중생을 이롭게 하려면 다 시 법을 익혀야 하니, 셋째 서원을 좇는다. 분분이 실증하여야 하니 넷째 서원을 좇는다. 구경위에 이르러 사홍서원이 비로소 만족하다. 만약 그렇다면 이 안심安心으로부터 정조正助에 이르니, 통칭하여 전 원填願이라 한다. 《마하지관보행전홍결摩訶止觀輔行傳弘決》 /편주

실로 육조 이후 영명연수 대사께서는 고금을 통해 제일 위대한 선지식이셨나니, 진실로 천불제조千佛諸祖의 마음을 만남이요, 진실로 응화應化하시어 중생(含識)의 어머니가 되심이요, 실로 강을 건너는 코끼리요, 실로 여래의 적종嫡宗이라."

지금부터 연수 대사께서《주심부註心賦》책 한 권에 적록摘錄하신 말씀을 인용해보겠다.《능가경》에 이르시길, "부처님께서 말씀하신 (여래장의) 마음을 종으로 삼고, 무문을 법의 문으로 삼는다(佛語心爲宗 無門爲法門)11)" 하셨다. 그래서《화엄경》에서 게송으로 이르시길, "세상에 양의가 있어 묘약을 가지고 병을 치료하는 것과 같이 제불 또한 이와 같아서 모든 만물을 위해 유심唯心을 설하였다(如世有良醫 以妙藥救病 諸佛亦如是 爲物說唯心)." 하셨다.

묻건대, 부처님께서 말씀하신 마음을 종으로 삼고 무문을 법의 문으로 삼으시니, 이미 「심부心賦」라 칭하고 바로 종宗이라 표시하고서 어찌 경문의 말을 널리 이용해서 오히려 번거롭게 주해함을 빌리는가? 게다가 무릇 종지宗旨를 논하는 것은 오직 돈기頓機에만 맞으니, 해가 뜸에 높은 산을 비추며 달리는 말이 채찍 그림자를 보는 것과 같음이라. 그래서 단하丹霞 화상께서 이르시길, "서로 만나서 받들지 않아도, 생각만 뜻만 들으면 바로 있음을 안다." 하셨다.

《수능엄경》에 이르시길, "원명하여 요지할 수 있음은 마음속에 생각

---

11) 홍주洪州의 마조馬祖 대사가 말하길, "달마 대사께서 남천축국南天竺國에서 오셔서 오직 대승일심의 법을 전했을 뿐이나,《능가경楞伽經》으로써 중생심을 인印하신 것은 이 일심의 법을 믿지 않을까 염려해서이다.《능가경》에 이르시길, 「부처님께서 말씀하신 (여래장의) 마음을 종으로 삼고, 무문을 법의 문으로 삼는다」하셨다. 무슨 까닭에 부처님께서 말씀하신 마음을 종으로 삼는가? 「부처님께서 말씀하신 마음」이라 함은 마음에 즉함이 그대로 부처님(卽心卽佛)이니, 지금 말함이 곧 이 마음을 말함이다. 그래서 「부처님께서 말씀하신 마음을 종으로 삼는다」하셨다. 「무문을 법의 문으로 삼는다」함은 본래 성性이 공空임을 요달하면 다시는 한 법도 없어 성性 스스로 문이니, 성性에는 상도 없고 또한 문도 없다. 그래서 「무문을 법의 문으로 삼는다」하셨다."《종경록》영명연수 대사 /편주

이 일어나지 않기 때문이다(圓明了知 不因心念)"12) 하셨다. 눈썹을 드날리고 눈을 움직이는 것이 벌써 번거로운 수작(周遮)이다. 옛날 큰스님이 게송으로 말씀하시기를, "문득 옳게 맞아도 오히려 어긋난 말이라 하셨듯이 눈을 움직여도 곧 차이가 생겨 어긋난다. 만약에 육조(曹溪)의 종지를 묻는다면 다시 눈썹을 드날림을 기다릴 필요가 없다." 하셨다.

답하건대, 지금 일불승一佛乘을 좋아하나 실제로는 제대로 알아차리지(薦得) 못한 자를 위해 글귀를 빌려서 진심이 드러나도록 돕는다. 비록 문언을 들추어도 묘한 종지는 그 속에 있다. 고개를 숙여 중하근기를 거두고, 모든 근기를 모두 덮쳐서 잡는다. 다만 당사자는 각자 자기 이익을 취하도록 맡길 뿐이다.

온갖 냇물이 흘러가서 적셔주고 윤택하게 한들 어찌 대해가 널리 포함하는 것을 방해하겠는가? 오악五嶽의 산이 스스로 높으나, 태양이 널리 비추는 것에 걸림이 없다. 중생의 근기도 평등하지 않고 중생이 좋아하는 것도 같질 않지만, 사문四門으로 들어가는 곳은 비록 달라도 일진법계一眞法界에서 볼 때 구별이 없다. 새를 잡는 자가 새가 그물 한 코에 걸린다고 한 코로써 그물을 삼을 수는 없듯이 나라를 다스리는 자도 공이 한 사람에게 있다고 한 사람으로써 나라를 삼을 수는 없다.

《내덕론內德論》에서 이르길, "물 하나로 국의 간을 맞출 수 없고, 나무 하나로 저 집을 세울 수 없으며, 옷 한 벌로 여러 사람의 몸에 맞출 수 없으며 약 하나로 여러 병을 고칠 수 없으며, 채색 하나로 자수를 놓을 수 없으며, 소리 하나로 거문고와 비파에 어울릴 수가 없다" 하였듯이 말 한 마디로 온갖 선을 권할 수 없고, 계율 하나로 많은 과실을 막을 수가 없는데, 어찌 점법漸法과 돈법頓法의 다른 법문을 괴이하게 이상하게 여겨서 법문을 전일傳一하게 할 수 있겠는가?

---

12) 「원명요지圓明了知」, 원명圓明하여 바로 알지 못함이 없다. 원만하고 두루 미치셔 모두 명백히 알고, 모두 요지了知할 수 있다. 「불인심념不因心念」, 그의 마음속에 생각이 일어나지 않아 명료할 수 있다." 《대불정수능엄경강기大佛頂首楞嚴經講記》 담허倓虛 대사 /편주

…… 나의 광대한 법문이 걸리지 않음은 허공이 상이 아니어도 온갖 상이 발휘되는 것을 거부하지 않음과 같고, 법성法性13)은 몸이 없어도 여러 몸이 문득 나타나는 것을 장애하지 않는 것과 같다.

그래서 (화엄 3조이신) 법장 대사께서 이르시길, "어떤 중생이 경교經敎를 찾아서 공부하다가 진성眞性을 얻고 선리禪理에 걸림이 없음을 깨달아, 항상 선리를 관하면서 경교를 수지하는데 걸림이 없고, 항상 경전을 독송하고 익히면서도 공空을 관함에 걸리지 않아서 선리와 경교에 함께 원융하여 하나의 관으로 합쳐서 이루어야 비로소 구경에 널리 통달하게 될 것이다." 하셨다.

학인이 용렬하고 우둔함을 무릅쓰고 《만선동귀집》에 대해 천략淺略한 강해를 지어 천하의 뜻있는 사람에게 봉헌하오니, 모두 이 책을 열독할 수 있고, 불가사의한 일심을 신해할 수 있어 이사무애理事無㝵의 만행을 원만히 닦고, 유심唯心이 본래 갖추어진 정토를 장엄하여, 보리열반의 미묘한 과를 함께 증득하고 중생을 함께 교화하며 불도를 함께 성취하길 바란다.

천태종 지자대사께서는 경문을 해석하실 때 모두 먼저 오중현의五重玄義14)를 말씀하셨으니, 즉 경명해석(釋名)·이체판별(辨體)·종요천명

---

13) "법성은 제법의 진실체성眞實體性, 또한 우주간의 일체현상에 갖추고 있는 진실불변의 본성을 가리킨다. 이는 또한 진여법성으로 진여의 다른 명칭이다. 법성은 만법의 본질이다. 《대지도론》 33권에서는 일체법의 총상과 별상은 함께 법성으로 돌아간다고 한다. 제법은 각자 차별상과 실상이 있다. 말하자면 각자 차별상은 예를 들면 얼음이 녹아 물이 되듯이 문득 이전의 상을 잃어버려 그 고정된 것이 없는 까닭에 이를 분별하여 구하면 얻을 수 없다, 불가득不可得인 까닭에 공(무자성)인 즉 공은 제법의 실상이라 말한다. 일체 차별상에 대해 말하면 그 자성이 공한 까닭에 모두 동일하여 이를 여如라 한다. 일체상은 함께 공으로 돌아가는 까닭에 공을 법성이라 한다. 또한 황색 돌에 금의 성질을 갖추고 있듯이 일체 세간법에는 모두 열반의 법성을 갖추고 있다. 그래서 이 제법본연의 실상을 법성이라 한다. 이는 《원각경》의 이른바 「중생과 국토는 동일한 법성이다」라는 경문과 같은 뜻이다." 《유식명사백화唯識名詞白話》 /편주

(明宗)·역용논설(論用)·교상판석(判敎相)이 그것이다. 그리고 칠번공해
七番共解15)를 지으셨으니, 표장標章·인증引證·생기生起·개합開合·요
간료간料簡·관심觀心·회이會異이다. 《법화경강의현담法華經講義懸談》중에서
목록을 만들어 간략히 해설하였으니, 살펴보시길 바란다. 본집에서도

---

14) 천태지의天台智顗대사가 각 경전 내용의 깊은 뜻을 해석함에 있어
세운 다섯 가지 뜻 해석법이다. (1) 석명釋名으로 경전의 제목을 해
석함이다. (2) 변체辨體에서는 경이 드러내는 체성을 변별한다. 법화
경에서는 「중도실상中道實相」을 전체 경전에서 드러내는 묘체妙體로
삼는다. (3) 명종明宗에서는 경전의 종취를 천명한다. (4) 논용論用에
서는 경의 공용功用을 논설한다. (5) 판교判敎 또는 작판교상作判敎
相으로 경의 교상敎相을 판립判立하여 경의 평가를 정한다. 《불광대
사전佛光大辭典》/편주

15) 1. 표장標章 : (분과를 하고 장단을 표시하여) 층차를 분명하게 하여
연구자가 용이하게 억지憶持하여 잊지 않도록 한다. 2. 인증引證 : 경
문을 인용하고 증명하여 깊이 믿게 한다. 3. 생기生起 : 듣는 자로 하
여금 그 차례를 밝혀 산란에 이르지 않도록 한다. 4. 개합開合 : (광
설을 열고 약설로 합쳐서) 중생의 근성에 수순하여 갖가지 개합을
분별하여 그로 하여금 이익을 얻게 한다. 5. 요간料簡 : 문답을 시설
하여 의혹을 논술한다. 6. 관심觀心 : 실제實際를 요달하고 수지修持
하며 관심觀心을 밝혀서 들은 대로 이해하게 하여 정진심을 일으킨
다. 7. 회이會異 : (다른 뜻 주장의) 우수한 점을 회통하여 자심自心
을 현양하고 실상본지를 요달하여 신심이 견고하도록 유지하고 보호
한다. 《법화현의法華玄義》에 이르시길, "장과 단락을 표시함으로 쉽
게 기억하여 염심念心을 일으키는 까닭이고, 부처님의 말씀에 근거한
인증으로 신심信心을 일으키는 까닭이며, 차례대로 생기生起함으로
뒤섞여 산란하지 않게 하여 정심定心을 일으키는 까닭이며, 광략으로
개합開合하고, 문답으로 의문을 해석(料簡)하며, 다른 뜻을 회통(會異)
함으로 지혜심智慧心을 일으키는 까닭이며, 관심觀心으로 들은 대로
이해하게 하여 정진심精進心을 일으키는 까닭이다. 다섯 마음으로 오
근五根을 세우고 오력五力을 이루어 오장五障을 배제하고 내지 해탈
문에 이른다." 하셨다. 천태지자 대사께서는 학불學佛하는 자는 불설
佛說에 의거하여 청경聽經하는 자로 하여금 보리심을 일으키게 하고,
오근五根·오력五力을 성취하여, 믿음으로 의심의 장애를 깨뜨리고,
정진으로 해태의 장애를 깨뜨리고, 염으로 미혹의 장애를 깨뜨리고,
선정으로 산란의 장애를 깨뜨리고, 지혜로 어리석음의 장애를 깨뜨
려 제거함을 지취旨趣로 삼아야 한다고 말씀하셨다. 《천태교학사전天
臺敎學辭典》/편주

또한 오중현의를 먼저 밝히겠다. 오중은 곧 다섯 가지이고 현의는 곧 경론 중 현묘한 함의로 말하자면 제요提要·대강大綱이다. 본집은 종경론宗經論16)의 일종으로 이치에 계합하고 근기에 계합하는 해석을 하여야 한다. 이는 내가 할 수 있는 것이 아니다. 원컨대 유정有情과 무릇 마음을 지닌 자가 다 함께 식심識心의 본원을 통달할 수 있어 만선을 닦아 유심정토를 장엄하고 미래가 다하도록 두루 법계중생을 제도하게 하소서. 이 마음 그대로 부처가 되고 이 마음 그대로 부처이니, 모두 당래에 성불하게 하소서. 이러한 인연으로 이 강의를 글로 짓는다.

---

16) 《종경론宗經論》은 대소승 경전의 교리에 의거해 지은 논으로 《유식론唯識論》 등과 같다. 《석경론釋經論》은 대소승의 경의經義를 해석한 것으로 《대지도론》 등과 같다. 《불광대사전佛光大辭典》 / 편주

Ⅱ. 오중현의

1. 경명해석(釋名)

일체 경론의 이름 제목은 통제通題가 있고 별제別題가 있다. 본집의
「만선동귀」 네 글자는 별제이고, 「집」은 통제이다. 일반적인 별제는
인·법·비유·장소 하나만 나오지 않고, 복수이거나 함께 나온다.
이 집의 별제는 법 하나로 제목을 세웠지만, 이 가운데 교敎·행行·리理
세 가지 법을 구족하였다. 만선은 능히 돌아감은 교에 속하고, 함께
돌아감은 행에 속하며 돌아가는 대상인 일심실상은 리에 속한다. 만약
이 집의 머리 제목 이름자를 들으면 그 얻는 공덕의 양을 한정짓지
못하므로 일체 대승경론과 동등하다.

「만선萬善」, 이는 법수法數가 아니라 법상法相이다. 만萬은 수없이
많음을 비유한 것이고, 선善은 자신을 이롭게 하고 남을 이롭게 하는
행위이다. 매우 많거나 무량한 선행을 「만선萬善」이라 일컫는다. 예를
들면 만덕상엄萬德莊嚴·만가생불萬家生佛[17]·만중농심萬衆同心·만행
일심萬行一心 등이다. 본집을 「만선동귀」라 이름한 것은 세간 및 출세간
의 일체 선행을 총섭總攝하여 함께 일심으로 돌아가기 위함이다. 본집의
글에서 "이름을 빌려 묻는다면 항하사와 같은 수로 대답할 수 있거니와
간략히 추려 한마디로 말한다면 만선동귀이다."라고 말한 것과 같다.
《화엄경》의 입법계품과 《법화경》의 방편품에서 말한 의취와 서로 같아
모두 만선은 성불의 인因으로 함께 일불승의 과(一佛果)로 돌아감을
설명한다. 오직 일불승이 있을 뿐, 이승도 없고 삼승도 없다. 고인이
(채근담에서) 대구를 이룬 격언으로 말하길,

"일념이 잘못되면 백 가지 행동도 그릇됨을 깨달아, 이를 막고자 할진대
마땅히 바다를 건널 때 공기주머니에 바늘 하나의 틈새도 용인하지 않듯

---

17) 한 사람의 은혜가 널리 덮어 온갖 사람의 살아있는 보살이 됨을 형
용한 말이다. /편주

할지라(一念錯 , 便覺百行皆非 , 防之當如渡海浮囊 , 勿容一針之罅漏) ;

만선이 온전해야 비로소 일생에 부끄러움이 없음을 얻으니, 이를 닦고자 할진대 마땅히 구름 위로 솟은 보배나무가 뭇 나무의 힘을 빌어서 지탱하듯 할지라(萬善全 , 始得一生無愧。修之當如凌雲寶樹 , 須假衆木以撐持)."

이로 말미암아 사람노릇을 하고 학불學佛을 함은 모두 악을 그치고 선을 행하며 만선을 온전히 닦아야 비로소 부끄럽고 마음에 걸림이 없음을 알 수 있다.

「동귀同歸」, 양쪽 방면에서 간단하게 요점을 집어 말하면 하나는 본원으로 돌아감18)에는 둘이 없음(歸元無二)이다. 말하자면 만행은 함께 성불로 돌아간다. 또 하나는 원융하여 걸림이 없음(圓融無碍)이다. 말하자면 만법은 함께 하나의 성품(一性)으로 돌아간다. 만선萬善은 늘 다르고 일성一性은 늘 같으며, 늘 다르고 늘 같으며, 같지도 않고 다르지도 않는 까닭에 「동귀」라고 한다. 이는 마치 큰 바다이든 작은 물결이든 물 아님이 없고, 온통 푸른 잎에 갖가지 꽃들이 모두 봄인 것과 같다. 그래서 경전에서 말씀하시길 "번뇌가 곧 보리이고, 생사가 곧 열반이며, 중생이 곧 부처라." 하셨다. 이렇다면 사상事相이 함께 이체理體로 돌아가고, 차이가 곧 차이 없음이고 차이가 없음에 차이를 말하니, 원교일승圓敎一乘의 지극한 말씀(極談)이 된다. 연수 대사께서 《종경록》 제99권에 말씀하시길, "사리원융事理圓融이라 함은 곧 갖가지 사사가 이理에 칭합稱合하여 널리 퍼지고, 진여이체를 큰 화로(洪鑪)로 삼고 만사를 융섭融攝시켜 큰 대장간(大冶)으로 삼아 철물이 가득 넘쳐흐르니, 다른 상(異相)이 없다." 하셨다. 또한 중국 화엄종의 2조이신 지상至相 대사께서는 《화엄경》 십지품에 나오는, "원하옵건대 일체보살행이

---

18) 진여로 돌아감(歸眞). 생멸계를 뛰어넘어 진적眞寂 본원으로 돌아감을 말한다. 《능엄경》에 이르길 "본원으로 돌아가는 성품에는 둘이 없으나, 돌아가는 방편에는 여러 문이 있다(歸元性無二 , 方便有多門)." 하였다. /편주

광대무량해서 (무너지지도 섞이지도 아니하여) 모든 바라밀을 포섭해서
모든 보살지를 청정하게 다스리게 하여, 총상總相・별상別相・동상同相
・이상離相・성상成相・괴상壞相의 존재하는 모든 보살행을 다 여실히
설하게 하소서."라는 경문 말씀에 의거하여 법계연기・사사무애의
원통정의圓通情義를 발휘하였다. 후에 3조 법장法藏, 4조 징관澄觀께서
계속하여 선술選述하여 육상십현六相十玄의 법계관문法界觀門을 완성하
였다.19)「동귀」란 곧 육상 중의 동상同相이다. 벽돌, 기와 등 형상은
각각 다를지라도 건물 한 동을 짓는 공상共相이 있다. 만선만행은 비록
각각 차별의 형상이 있을지라도 모두 함께 성불로 돌아가는 공상이다.
말하자면 오승불법五乘佛法20)은 함께 일불승一佛乘으로 돌아간다. 또한

19) 법장의 《화엄오교장華嚴五敎章》 4권에 근거하여 육상원융六相圓融
의 명의名義를 해석하면, 즉 연기하는 제법諸法은 반드시 제연諸緣이
모여서 성립되는 까닭에 성립의 총상總相(하나에 여러 덕을 함유하니
예컨대 건물의 총지주, 서까래, 대들보 등)과 그것으로 성립하게 하
는 제연의 별상別相(총상에 의지해서 존재하며 총상으로 하여금 원만
하게 하는 것으로 예컨대 가옥은 기둥 서까래 대들보 등 별상으로
구분됨)이 있다. 이 별상을 총상에 대응해 말하면 별상의 위에는 동
상同相(많은 뜻과 많은 법을 갖추어 서로 어긋나지 않고 또한 마찬
가지로 총상을 성립할 수 있으니, 예컨대 기능 능은 서로 힘을 합쳐
건물을 조성함)과 이상異相(많은 뜻과 많은 덕이 각각 별도로 다르고
서로 기대하니, 예컨대 기둥을 세우는 것과 가로 대들보는 서로 다
름)이 있다. 동시에 총상은 또한 별상과 대응해 말하면 총상의 위에
는 별도로 성상成相(모든 의義로 말미암아 총상을 성립하니, 예컨대
기둥 등으로 말미암아 건물을 완성)과 괴상壞相(별상은 각각 자기 본
위를 지키고 총상을 이루지 않으니, 예컨대 기둥 등은 각자 자상自
相을 지킴)이 있다. 이를 합하면 곧 육상六相이 된다. /편주
20) 첫째, 인승人乘은 삼귀오계三皈五戒를 승乘으로 삼아 3도4취三途四
趣를 벗어나 인도人道에 태어난다. 둘째, 천승天乘은 상품십선 및 4
선8정四禪八定을 승으로 삼아 중생을 실어 사주四洲를 넘어 천계에
도달한다. 셋째, 성문승聲聞乘은 사제법문四諦法門을 승으로 삼아 중
생을 실어 삼계를 넘어 열반에 이르고 아라한을 성취한다. 넷째, 연
각승緣覺乘은 십이인연 법문을 승으로 삼아 중생을 실어 삼계를 넘
어 열반에 이르러 벽지불을 성취한다. 다섯째, 보살승菩薩乘으로 육
도법문六度法門을 승으로 삼아 중생을 실어 삼계이승의 경계를 넘어
무상보리 대열반의 피안에 이른다. 이러한 법 한가운데「사제와 연

법장 대사께서는 그가 저술한 《화엄일승교의분제장華嚴一乘敎義分齊章》
에서 말씀하시길 "일체(법)은 모두 육의六義가 있다. 1) 찰나멸의刹那滅義
2) 구유의俱有依 3) 대중연의待衆緣義 4) 결정의決定義 5) 인자과의引自果義
6) 항수전의恒隨轉義이다.21) … 그러나 이 육의는 육상으로 이를 융섭融攝
한다. 육의를 융섭하여 일인一因으로 하면 총상이고, 일인을 열어 육의
로 나누면 별상이 되며, 육의를 나란히 같이 인因으로 이름하면 동상이
고, 육의가 각각 달라 서로 알지 못하면 이상이 되며, 이로 말미암아
육의가 인因 등이 될 수 있으면 성상이고, 육의가 각각 자신의 자리에
머물면 괴상이다. … 육의六義는 연기자체緣起自體에 의거하고, 육상六相
은 연기의문緣起義門에 의거한다." 하셨다. 이는 즉 인연소생의 만법은
모두 육의를 갖춤을 인으로 삼고, 원융무애한 육상으로 돌아감을 과로
삼는다는 뜻이다. 경전에서 말씀하시길, "이 법계로부터 흘러나오지
않는 것이 없고(연기), 이 법계로 다시 돌아가지 않는 것이 없다(법성)(無
不從此法界流, 無不還歸此法界)." 하셨다.

이상 원교圓敎를 기준으로 해석하면 만선은 함께 일불승으로 돌아가
고, 실리實理를 기준으로 해석하면 만법은 함께 일진법성一眞法性으로
돌아간다. 또한 행문行門을 기준으로 해석하면 만행은 원수십의圓修十義
로 돌아간다. 본집 후반부 경문에서 말씀하시길, "총상으로 만선동귀萬
善同歸라 이름하고. 별상으로 십의十義를 여니, 첫째 이사무애理事無碍요,
둘째 권실쌍행權實雙行이요, 셋째 이제병진二諦竝陳이요, 넷째는 성상융
즉性相融即이요, 다섯째 체용자재體用自在요, 여섯째 공유상성空有相成이

기」법문은 삼승공법三乘共法의 총강總綱이다. 「사제와 연기」법문을
여의면 해탈도는 없다. /편주

21) 1) 찰나멸의刹那滅義 : 전멸후생과 생멸변화의 뜻으로 과를 생하려
면 반드시 찰나에 생멸변화하여야 한다. 2) 구유의俱有依 : 발생할
현상과 반드시 동시에 존재하여 현전에 화합하여 여의지 않아야 한
다. 3) 대중연의待衆緣義 : 반드시 여러 가지 인연이 화합할 때 비로
소 현상을 발생하는 것이어야 한다. 4) 결정의決定義 : 선인선과, 악
인악과의 현상을 발생하는 공능이 결정되어야 한다. 5) 인자과의引自
果義 : 물심이 각각 자과自果를 이끌어내고 다른 과는 발생치 아니함
을 요한다. 6) 항수전의恒隨轉義 : 잠깐도 끊이지 않고 상속하여야
한다. /편주

요, 일곱째 정조겸수正助兼修요, 여덟째 동이일제同異一際요, 아홉째 수성불이修性不二요, 열째 인과무차因果無差이다.” 하셨다. 이 원수십의는 집문에서 다시 상세히 해석할 것이다. 「만선동귀」를 이와 같이 해석하지 않는다면 본집의 내용과 일치하지 않고, 그렇다면 본집의 이름을 안립할 수 없다.

「집集」, 취합聚合·휘집彙輯·성취成就·제동(齊同 ; 동일) 등의 뜻이 있다. 중국 고인들의 저술을 경經·사史·자子·집集의 사부四部로 구분하여 집集을 한 부로 칭하였다. 류취집집록類聚集輯錄의 책과 비교해 보면 모두 집集이라 한다. 불교경전은 대소승 경율론 삼장으로 구분하는데, 「집」은 대승논장에 속한다. 본집은 논으로 부르지 않고 「집」이라 부른 것은 그 「집대성集大成」과 「집주集註」 두 가지 뜻이 있어 불교 공유성상空有性相 각 종의 경론에 대한 주석을 종류별로 모으고, 그 서술한 내용을 원융관통하여 한 권의 책으로 이룬 까닭이다. 불가의 보살행문 제경요집·(선종) 영가집永嘉集·(도작선사의) 안락집安樂集과 같다.

종합해서 말하면 백천 법문은 방촌(方寸 ; 마음)을 여의지 않고, 항하사 공덕은 심원心源을 다함에 있다. 선은 지극한 보배로 세세생생 받아 사용해도 나하시 않고, 마음에 좋은 밭을 시어 세세생생 경작해도 여유가 있다. 무릇 뜻있는 사람이 불법에 의지하여 닦을 수 있다면 이와 사에 걸림이 없고, 모든 악을 짓지 않고 온갖 선을 봉행하며(事) 그 뜻을 스스로 청정히 하여(理) 일심으로 염불하면 모두 성불하는 까닭에 「만선동귀」라 이름하였다.

2. 이체판별(辨體)

명은 가명이고, 체는 실질이다. 일체 법은 그 명이 있고, 반드시 그 체가 있다. 그래서 이름을 해석한 후에는 그 실질이 무엇인가 판별하여야 한다. 용수보살께서《마하연론摩訶衍論》을 해석하는 가운데 말씀하시길, “대승경전은 실상을 인印으로 삼고, 경전의 정체로 삼는다.

무량공덕은 함께 이를 장엄하고, 갖가지 중행衆行은 이를 귀취歸趣하며, 언설문답은 이를 전변(詮辯)한다. 비유컨대 뭇 별들은 북극성을 향하고, 수많은 강줄기는 동해로 흘러든다. 그래서 실상을 경체로 삼는다."

모든 대승경전이 비록 실상을 체로 삼지만, 인연에 따라 이름을 세움이 각각 서로 다르다. 《화엄경》은 일진법계一眞法界를 체로 삼고, 《능엄경》은 여래장묘진여성如來藏妙眞如性을 체로 삼으며, 정토종《삼경일론》은 아미타불 명호를 체로 삼고, 《대열반경》은 삼덕비장三德祕藏을 체로 삼으며, 《법화경》은 곧 실상을 체로 삼는다. 《법화경》 방편품에서 말씀하시길, "나는 (미묘한) 상으로 자신을 장엄하고 (구법계 중생을) 위해 실상의 인을 강설한다(我以相嚴身, 爲說實相印)." 하셨다. 본집을 「만선동귀」라 부른 즉, 이는 함께 일실상인一實相印22)으로 돌아가 그 뜻이 인정(印定 ; 고정불변)됨을 본체의 정체로 삼는다. 그래서 집문에서는 시작하면서 곧 말씀하시길, "온갖 선이 돌아가는 것은 모두 실상을 종취로 한다(衆善所歸, 皆宗實相)." 하셨다.

무엇이 실상인가? 천태지자 대사께서는 《법화현의》에서 말씀하시길, "실상의 상은 상이 없고 상이 아니며, 상이 아니고 상이 없음을 실상이라 이름한다.23) 이는 파괴할 수 없음을 따라서 진실여시眞實如是

---

22) 일실상인一實相印이란 제법실상의 일법인一法印을 말한다. 즉 삼법인에 대해 제법실상의 일리一理를 말한다. 《삼장법수》 4에 이르길, "일실상一實相이란 진실의 이理로 차별이 없고 모든 허망의 상을 여읨을 말한다. 인印이란 믿음으로, 여래께서 설하신 일체 대승경은 모두 실상의 이理로써 그 설함이 인정印定되어 외도가 뒤섞을 수 없고, 천마가 깨뜨릴 수 없다. 만약 실상인이 있으면 이는 불설이고, 실상인이 없다면 이는 마설이다." 하였다. /편주

23) 「무상無相」이란 차별이 없고 물듦이 없는 청정한 모습을 말한다. 「상이 없고 상이 아니다(無相不相)」란 차별이 없으면서 그러한 상이 아닌 채 나타나는 현상, 즉 임시로 나타나는 현상은 이전의 차별상이 아님(隨染眞如)을 뜻한다. 「상이 아니며 상이 없음을 실상(不相無相, 名爲實相)」이란 상이 아니란 열반이 아니므로 불상不相이라 하고, 생사가 없으므로 무상이라 하니 곧 중도실상을 말한다."《무량의경》, 이기운 /편주

라 한다. 또한 이 실상은 제불께서 법을 얻는 까닭에 묘유妙有라 하고, 묘유는 비록 볼 수 없을지라도 제불께서는 능히 볼 수 있는 까닭에 진선묘색眞善妙色이라 한다. 실상은 양변의 유有가 아닌 까닭에 필경공畢竟空이라 하고, 공한 이치(空理)는 담연湛然하여 하나이지도 않고 다르지도 않는(非有非無) 까닭에 여여如如라 한다. 실상은 적멸寂滅인 까닭에 열반涅槃이라 하고, 깨달아서 바뀌지 않는 까닭에 허공불성虛空佛性이라 한다. 받아들여 머금는 것(含受)이 많은 까닭에 여래장如來藏이라 하고, 고요하고 비추어 신령스런 앎(靈知)인24) 까닭에 중실리심中實理心이라 한다. 유에 의지하지도 않고 무에 기대지도 않는 까닭에 중도中道라 하고, 최상으로 이보다 나은 것이 없는 까닭에 제일의제第一義諦라 한다."25) 하셨다. 간요簡要를 말하면 실상이란 즉 일심이문一心二門으로 심진여문은 상이 없음이고, 심생멸문은 상 아님이 없음이다. 일심은 상이 없음이자 상 아님이 없음을 실상이라 이름한다. 사람은 모두 마음이 있으나 어느 누구든 갖추지 않고, 마음 바깥에 법이 없으나 어떤 법이든 그렇지 않다. 만약 증지證知를 논한다면 오직 제불에게만 있다. 원교보살은 발심하면 바로 일심삼관一心三觀의 불지佛智를 사용해 일경삼제一境三諦의 제법을 비추는 까닭에 이 현전하는 일념 부사의한 일심이문의 실상을 신해信解할 수 있다. 미망히 알리. 부처님 지혜의 소지소견所知所見이라 함은 곧 일체중생은 모두 일심이문의 진실상을 갖추고 있나니, 이를 「중도」라 이름하고 또한 「불성」이라 이름한다.

---

24) "신령스런 앎이란 한 조각 공이니, 허공을 머금고서 고요히 비추네 (靈知一段空, 寂照含虛空). 그 가운데 만상의 그림자가 나타나고, 만 상 가운데 홀로 드러나네(萬相影現中, 獨露萬相中)." 《백운화상어록 白雲和尙語錄》/편주

25) "열두 가지 이름은 모두 실상의 다른 이름이다. 그 이름은 다르지 만 이름은 다름을 방해하지 않고 체는 같다. 원만한 이치는 다르지 않을 수 없어 모든 이름이 다 같은데 장차 무엇으로 사수四隨의 교 巧를 삼는가? 이 가운데 최후 비유비무非有非無는 앞의 이치에 준하 여 또한 세 가지 이름을 함유하고 있고, 문 중에 단지 중도 및 제일 의만 있고 미묘적멸 일구가 빠져 있지만, 이미 실상을 체로 삼고, 이 름의 숫자가 많고 적음이 이치를 방해하지 않는 까닭에 하나가 빠져 도 무방하다."《묘법연화경현의 석첨집주釋籤輯注》, 묘락대사 /편주

부처님께서 세상에 나오신 일대사인연은 곧 중생으로 하여금 부처님의 지견을 개시오입開示悟入하여 빠짐없이 부처가 됨에 있다.《법화경》방편품에 말씀하시길, "무릇 법을 듣는 이는 누구나 한 사람도 성불하지 못하는 사람이 없다(凡有聞法者 無一不成佛)." 하셨다.26) 보살께서 저술 홍경하심도 또한 이와 같은 까닭에 반드시 이 일심이문 실상을 정체로 삼으신다.

일심실상은 귀경하는 주체(能歸)인 체體이다. 무량공덕 이하 삼구는 귀경해야할 대상(所歸)인 용用이다. 체로 말미암아 용을 일으킴을 「만선」이라 하고, 용을 거두어 체로 돌아감을 「동귀」라 한다. 체가 있고 용이 있어 체용이 여의지 않음을 본집의 정체로 삼는다. 용수보살께서 《석론釋論》에서 무량공덕을 닦아 이를 장엄하여야 하고, 크고 작은 선행을 거느려서 이를 귀향하며, 갖가지 문답을 가설하여 이 사유하기 어렵고 논의하기 어려운 일심실상을 해석함은 바로 본집과 동일한 의취이다. 「무량공덕」이라 함은 공덕은 바로 역용으로 일체 악을 멸하고 일체 선을 생하는 까닭에 무량공덕이 생긴다. 이 무량공덕을 가지고 일심실상의 체를 함께 장엄하여야 비로소 만덕장엄의 불과를 성취할 수 있다. 「갖가지 중행」이라 할 때 중행衆行은 즉 육도만행이다. 체를

---

26)《묘법연화경 방편품》에 이르시길, "일체 제불여래께서는 무량한 방편으로 설법하여 모든 중생을 도탈하게 하여 부처님의 무루지에 들어가게 하나니, 만약 법을 들은 사람은 누구나 한 사람도 성불하지 못하는 이는 없다(一切諸如來 以無量方便 度脫諸衆生 入佛無漏智 若有聞法者 無一不成佛)." 하셨다. 이 게송 한 수 반은 미래 제불께서 마찬가지로 법화경을 설하시기 전에 무량한 교법, 갖가지 방편으로 설법하는 목적은 갖가지 근성의 다른 중생을 도탈하게 하여 함께 무루지無漏智라 이름하는 부처님의 지견에 들어가게 함에 있음을 밝힌다. 무릇 방편설법을 들은 중생으로 하여금 누구나 다 부처가 될 수 있게 하신다. 방편의 삼승법三乘法은 바로 성불의 일승법一乘法으로 이는 교일教一이다. 법을 들은 자는 모두 성불하니, 이는 인일人一이다. 권을 통해 실로 들어가니, 이는 행일行一이다. 부처님의 무루지는 이는 이일理一이다. 비록 총설하여 권을 열어 실을 드러내어 함께 사일四一에 들지만, 별로도 한 사람도 성불하지 못하는 이가 없다 가리킴은 바로 인일人一을 드러냄이 주된 요점이다.《대승묘법연화경 강의》/편주

통해서 용을 일으킴을 중행이라 하고 용을 거두어 체로 귀의함을
귀취라 한다. 물이 물결을 일으키고 물결은 물로 돌아가듯이 법 그대로
이와 같다. 「언설문답」이라 함은 본집의 매우 많은 문답이 이 일심만행,
만행일심의 사리를 문자로 드러내어 해석하고 판명하며, 이 불가사의
한 일심이문 실상을 드러냄이 아님이 없다. 《대지도론》에 이르시길,
"불법은 누군가 설함이 없으면 지혜가 있어도 이해할 수 없다(佛法無人說,
有智莫能解)."[27] 하셨다. 언설문답은 달을 보기 위한 손가락이고, 빠뜨릴
수 없는 방편이다.

《석론釋論》에서는 또한 두 가지 비유를 드는데, 이로써 용을 거두어서
체로 돌아감을 드러낸다. 뭇별(衆星)과 수많은 강줄기(萬流)는 세간 출세
간의 만선과 일체보살의 만행을 비유한 것이다. 북극성과 동해는 일심
이문의 실상과 만덕장엄 불과를 비유한 것이다. 별은 반드시 북극성을
향하고, 강줄기는 반드시 바다로 흘러듦은 불제자가 닦은 바 만선은
반드시 일심성불로 돌아감에 딱 맞게 비유한 것이다. 본집의 이름을
「만선동귀집」이라 함은 불법을 모아서 크게 성취하여 제법실상을
드러내고, 삿된 견해의 날선 도끼를 깨뜨리며, 성불의 나침반을 보인
것이다.

3. 종요천명(明宗)

종宗은 종요이다. 제경의 이체는 다르지 않고, 제경의 수증修證은
같지 않다. 이체는 심진여문에 속하고, 수증은 심생멸문에 속한다.

---

27) "일체경은 모두 여래의 반야지혜 가운데 흘러나온 문자이다. 불경
   은 반드시 누군가 설해야 한다. 만약 누군가 강해하지 못한다면 세
   간의 총명하고 지혜가 있는 사람도 알지 못한다. 부처님은 청정심에
   서 흘러나온 언어문자이지만 세간 사람은 분별심·집착심·염오심으
   로 불심과 다르다. 그래서 불법을 접촉하면 반드시 경전의 뜻을 곡
   해하고, 자기의 지견으로 불경을 해석하기 마련이다. 이는 잘못이
   다." 정공 법사 /편주

일심이문一心二門은 다르지 않으면서 다른 까닭에 종이 있다. 같지 않으면서 같은 까닭에 체가 있다. 일심이문으로 말미암아 수증인과修證因果가 연기한다. 이는 다르지 않으면서 다르니, 묘종妙宗이라 한다. 수증인과가 함께 일심이문으로 돌아감은 다르면서 다르지 않으니, 이를 묘체妙體라 한다. 본집의 종요는 즉 「일심이문 원수십의圓修十義」를 종취로 삼는다. 널리 법성융통과 이사무애, 일심만행과 만행일심, 만선보집萬善普集과 만행원수萬行員收를 밝힘은 그 화엄이 종취로 삼는 것과 원교에서 섭수하는 것과 유사하다. 집문에서 말씀하신 십의는 이미 앞의 경명해석 과단에서 상세히 밝혔고, 집문에 가서 다시 해석할 것이다. 이 십의十義는 중관과 유식의 심요를 총섭하는 까닭에 본집도 중관과 유식을 종요로 한다.

4. 역용논설(論用)

용用이란 역용力用이다. 역力은 악을 멸하게 하는 공이 있고, 용用은 선을 생기게 하는 덕이 있다. 역용은 바로 수증으로 얻는 공덕이다. 중생이 괴로운 과보로 받는 몸과 마음은 악과이고, 중생이 미혹전도로 만드는 혹업은 악인으로 악인이 제거되지 못하면 악과가 멸하지 않는다. 이런 까닭에 이 집문은 문답을 광설하여 곳곳마다 우리들의 현전하는 일념의 마음, 자성청정을 가리켜 인연 따라 자재하고 사사事事에 걸림이 없어 불가사의한 대력·대용을 갖춘다. 본집은 일체 악을 소멸시킬 수 있을 뿐만 아니라 일체 선을 생하며 자신을 이롭게 하고 남을 이롭게 하며 상중하 삼근을 두루 가피하고 돈과 점을 함께 거둔다. 집문에서 말씀하시길, "묻건대, 이 집문에서 펼친 의리는 어떤 근기의 중생에 계합하는가? 어떤 이익을 얻는가? 답하되, 자타를 겸하여 이롭게 하고 돈점을 함께 거둔다. 자리自利란 조도助道의 원문圓門이요, 수행의 현묘한 거울이다. 이타利他란 진리에 막혀 있는 병통을 제거해 주는 밝은 햇살이요, 이견二見의 병통을 치료해 주는 좋은 의사이다. 또한 돈행頓行이란 성품의 일어남을 어기지 아니하고 능히 법계의 행을 이루는 것이며, 점진漸進이란 방편의 가르침을 폐하지 않아 마침내 구경의 일승一乘에 돌아가게 하는 것이다. 믿는다면 곧 부처님의 말씀을 올바로 품수 받았다 하려니와 만일 훼방한다면 곧 부처님의 뜻을 비방함이다. 믿거나 비방하거나 번갈아 갚아 인과가 분명하다. 간략하게 가르침의 바다 미진 하나를 서술하여 널리 법계의 중생(含識)에게 베푸노니, 원컨대 정도正道를 홍양하여 이로써 부처님의 은혜를 갚아지이다." 하셨다. 이런 까닭에 의심을 끊고 믿음을 일으키고, 선을 생하고 악을 멸하여, 계율을 지니고 염불하며, 자리이타를 하고 만선으로 장엄하며, 이사에 걸림이 없어 힘써 실수實修하지 않는 나쁜 풍조를 만회하여 구두 대승의 하열한 습기를 들추어 바로잡으며, 함께 극락에 태어나 함께 불도를 이룰 수 있도록 함이 본집의 역용이다.

5. 교상판석(判教相)

본집의 체종용은 이미 요지了知하였는데, 그 교상은 또한 어떠한가? 경율론 삼장을 기준으로 하면 이는 논장에 속한다. 대소승을 기준으로 하면 이는 대승 보살장에 속한다. 만선이 함께 일승으로 돌아가고 그대들이 행한 바는 보살도이며 점차 수학하여 빠짐없이 다 장차 성불하는 까닭이다. 오시五時를 기준으로 설하면 이는 법화시法華時에 상당하고, 바로 대승 유정들이 좋아하고 즐거워하도록 오직 일불승을 설하는 까닭이다. 바로 곧장 방편을 버리고 단지 무상도를 설하는 까닭이다. 팔교를 기준으로 말하면 본집은 원돈교이다. 집문에서 말씀하시길, "지금 모아서 편집하는 것은 오직 원종圓宗을 드러내려함이니, 연기緣起 하나하나가 모두 법계의 진실한 덕으로 모두 이루어지지도 파괴되지도 않고, 단멸함도 상존함도 아니다. 내지 신통변화를 베풀어서 모두 곧 법이 이와 같은 까닭이지, 신력神力을 빌려서 잠시 이와 같음을 얻은 것이 아니다. 일법이라도 인연하여 생기니, 성기性起의 공덕 아님이 없는 까닭이다." 하셨다. 또한 본집에서 게송으로 말씀하시길, "대비심을 일으켜 일체가 한 몸임을 깨닫고, 대자심을 행하여 무연자비로 깊이 들어간다. 무설無說임을 증득하여 언설을 드러낸다."
하셨다. 이는 모두 원돈교상圓頓敎相의 가장 아름다운 설명이다. 설하는
주체인 사람을 기준으로 보면 부처님·제자·제천·신선·화인化人
다섯 가지 중에서 본本은 불설이지만, 적跡은 제자설이다. 왜 그런가?
영명연수 대사께서는 아미타부처님의 응화신인 까닭이다. 본집의
오중현의는 이미 명백히 해설하였으니, 간요簡要를 귀납하여 말하면
법 하나(單法)로 이름 삼고, 실상을 체로 삼으며, 원수를 종취로 삼고
성불을 용으로 삼으며, 원돈대승을 교상으로 삼는다.

Ⅲ. 저술인 소개

1. 평생 사적 약술

연수 대사의 자는 충현沖玄이고 속성은 왕씨이다. 본은 단양丹陽 사람으로 나중에 절강성 여항현餘杭縣으로 이사하였다. 과거세에 선근을 심어 어린 시절 60일만에《법화경》을 전부 암송할 수 있었다. 십여 세에 곧 오신채를 먹지 않았고 하루 종일 일식을 하였다.

오월吳越 전문목왕錢文穆王 때 현위縣尉 직책을 맡아 세금을 거두었는데, 관의 돈을 쓸 때마다 생명을 사들여 방생한 죄로 죽게 되었다. 그러나 그는 죽음을 오히려 돌아가는 것으로 보아 얼굴색 하나 변하지 않자 왕명으로 석방되었다. 이윽고 절강산 은현 사명산에 들어가 취암翠巖 선사에게 절하고 출가하였다. 그 후 절강성 천태산의 국청사 소국사韶國師에게 참학參學하여 마음자리를 밝혀내고, 곧 전법을 받아 법안종의 적손이 되었다.

지자암智者巖에 머물러 법화참法華懺을 닦으면서 경행을 할 때 문득 보현전에 공양한 연화가 홀연히 손에 있는 것을 보았다. 이로써 숙원이 아직 해결되지 않아 곧 지자대사 상 앞에서 「일일 일심선정」과 「일일 만행장엄정토」의 두 가지 제비를 뽑았다. 맑은 마음으로 경건하게 기도하면서 일곱 차례 모두 정토 제비를 뽑았다. 이에 한마음으로 정업을 전수하고 만행을 보조로 삼았다.

천태산에서 7년을 머문 후 금화 천주산에 가서 3년 송경을 하였고, 선관 중에 관세음보살을 친견하고 감로로 그 입을 씻었다. 이로부터 이후에 변재가 걸림이 없었다. 저술에는《신서안양부神棲安養賦》·《주심부註心賦》·《유심결唯心訣》·《만선동귀집萬善同歸集》·《종경록宗鏡錄》등 백여 권이 있다. 마음을 건립해 종취로 삼고, 깨달음으로써 결을 삼아서 성상性相을 융회하고 불심에 미묘하게 계합하였다.

처음 설보雪竇에 머물러 중생을 통솔하여 몸에 배이도록 닦게 하였다. 만년에 오월吳越 충의왕忠懿王의 청을 받아 항주杭州 서호西湖 영명사永明寺에서 주지하셨고 지각 선사智覺禪師란 호를 하사 받았다. 일과로 108가지 일을 하고 밤에 다른 봉우리에 가서 행도行道 염불하셨다. 제자 대중이 항상 2천이었고, 은밀히 뒤따르는 자가 늘 백 명에 이르렀다. 밤이 고요하매 사방의 행인이 모두 범패와 같은 천상음악 소리를 들었다. 충의왕은 찬탄하여 말하길, "자고이래로 서방에 태어나길 구한 이로 이와 같이 전심으로 간절한 이는 없도다." 하였다. 마침내 서쪽에 향엄전을 건립하게 되어 그 뜻을 이루었다.

영명사에서 15년을 주지하시면서 일생동안 법화경을 총 1만3천 부를 염송하였고 제자 1천7백 명을 제도하였으며 항상 대중에게 보살계를 주셨다. 귀신에게 음식을 베풀었으며 헤아릴 수 없는 생명을 사서 살렸으며, 빠짐없이 회향하여 정토를 장엄하셨으니, 사부대중이 연수 대사를 자씨 보살(미륵보살)이 하생하신 분이라 칭찬하였다. 북송 개보開寶 8년(975) 2월 28일, 새벽에 일어나 향을 사르라 이르시고, 중생에게 게를 설하여 말씀하시길, "입으로는 늘 아미타불을 부르고, 마음으로는 언제나 백호광명을 생각하라. 이렇게 지녀 마음이 물러나지 않으면 결정코 안양정토에 왕생하리라(彌陀口口稱 白毫念念想 持此不退心 決定生安養)." 하셨다. 말씀을 마치시고 가부좌한 채 화하시니, 세수 72세였다.

나중에 지전志全이라는 이름의 스님이 강서성 임주부에서 항주에 도착하여 연수 대사의 탑을 경건한 마음으로 돌며 예를 올렸다. 사람이 그에게 무엇을 하는가 물었다. 그가 대답하길, "나는 병들어 죽어 명부에 가서 보니, 염라왕전 왼쪽에 한 스님 상을 모시고 염라왕이 부지런히 예경을 다했다. 은밀히 다른 사람에게 물어보니, 이분은 항주 영명사 연수 대사 초상이오. 지금 이미 서방극락에 상상품으로 왕생하여 왕이 그 덕을 소중히 여겨 그래서 예경을 그치지 않는 것이오." 하였다. 이 스님은 죽을 운명에 해당하지 않아 염라왕이 사람을 보내 다시 이 세상에 돌려보내었다. 그래서 특별이 와서 탑을 돌며 예경을 다하였다.

불문에서는 한 가지 전설이 있다.

한번은 충의왕이 연수 대사에게 청문하여 말하길, "오늘날 천하 선지식 중에서 누가 불보살의 응화신인지 모르는가?" 연수 대사께서 고하여 말씀하시길, "서호 영은사의 장이長耳 화상은 정광여래의 화신 입니다." 하였다. 충의왕이 이를 듣고서 곧 영은사에 가서 장이 화상을 참견하고 절을 할 때마다 "제자 일심으로 정광여래께 정례하옵니다." 하고 입으로 불렀다. 장이 화상이 이를 듣고서 "아미타불께서 말을 많이 하셨군. 아미타불께서 말을 많이 하셨군!" 부르고서는 이내 바르게 앉은 채 멸도에 들었다.

충의왕은 마음이 슬프고 쓰라린 나머지 연수 대사께서 아미타부처님 화신임을 알고서 둘째 날 이른 아침 영명사에 쫓아가서 아미타부처님을 향해 경건하게 무릎을 꿇고 절하며 공양하고 싶었으나 절에 들어서니 종소리가 들렸다. 연수 대사께서는 곧 여기서 새벽에 가부좌한 채 왕생하셨다.

두 분은 과거 현재의 부처님으로 응화하신 인연으로 일단락을 고하고 피치 도를 피하여 더 이상 세간에 미무르지 않으시니 중생이 박복하여 인천의 눈이 사라져 실로 애석할 따름이다! 그래서 송나라부터 지금까지 중국불교의 기념일로 곧 연수대사의 생일인 11월 17일을 아미타부처님의 성탄일로 여기고, 연수 대사께서 이 땅에 아미타부처님의 화신으로 오신 고귀한 스님임을 확인한다.

2. 개시법어 적요摘要 주해

2-1 정심定心과 전심傳心

《만선동귀집》에 설하시길,

"구품왕생의 경문에는 별도로 올라가고 내려가는 차별을 드러내서 보였다. 상품이든 하품이든 상관없이 모두 포섭하여 말하면 두 마음에 벗어나지 않는다. 첫째 정심定心이니 이를테면 선정을 닦고 관상을 익혀서 상품에 왕생하는 것이다. 둘째 전심傳心이니, 단지 아미타부처님의 명호를 염하고 일체 선행으로써 훈습을 도와 회향 발원하기만 하면 말후 중하 2품을 성취할 수 있다. 이에 모름지기 한평생 귀명해서 이 보신報身이 다하도록 정진수행하되, 앉고 눕는 매 순간 언제나 얼굴을 서방으로 향하고 행도 예경 할 때와 염불 발원할 때면 모두 간절하고 애절하게 성심을 다하여 다른 생각이 없어야 한다. 지옥에 떨어져 형벌을 받는 것 같고, … 일심으로 고통에서 구해주길 구할지니라. 이 고통의 수레바퀴를 벗어나 속히 무생법인을 증득하여 일체중생을 광대하게 두루 제도하고, 삼보를 이어받아 홍양하며 네 가지 은혜를 갚길 서원할지어다. 이와 같이 지극정성과 공경일 수 있다면 반드시 헛되이 버려지지 아니할 것이다. 그러나 말과 행위가 상응하지 않고 믿음의 힘도 경미하며 염념이 이어지는 청정심이 없을 뿐만 아니라 오히려 자주자주 망념이 일어나 끊어질 뿐이다. 이러한 해태한 마음을 믿고서 임종시 정토에 왕생하기를 바란다면 단지 업장에 끌려 다니는 바가 되고, 동시에 좋은 벗의 조념법문을 만나기 매우 어렵지 않을까 두려울 따름이다. 또한 사대가 분리되면서 풍대와 화대의 핍박으로 신심이 극심한 괴로움에 견디지 못하여 정념正念을 성취할 방법이 없으리라. 왜 그러한가? 우리들 지금 같은 신념이 인因이고, 임종시 반응은 과果이기 때문이니, 인지因地가 실재하여야 과보도 비로소 허망하지 않을 것이다. 이는 곧 음성이 화합해야 메아리도 순조롭고, 자세가 곧아야 그림자도 단정한 것과도 같다. 만약 임종시 십념十念으로 왕생을 성취하고자 한다면 미리 자량을 잘 준비하여 맞는 나루터를 찾고, 일체 선행공덕을 모아서 임종시에 회향하여 염념이 진실하여 무너지지 않으면 곧 의심하고 염려할 필요가 없다.”

〈깨달음이 없는 사람이 정토를 경시하지 말 것을 훈계함〉에서 설하시
길,

“묻건대, 견성해서 도를 깨치면 바로 생사를 뛰어넘거늘, 저 부처님께
생각을 매어 두어 저 서방정토에 태어나길 구할 필요가 있겠는가?
답하되, 진실한 수행인은 스스로 잘 살필지니, 사람이 물을 마셔보아야
차가운지 뜨거운지 스스로 아는 것처럼 이제 이를 귀감삼아 많은
미혹을 깨뜨리려 하노라. 모든 어진이여, 자기의 행지와 이해를 마땅히
관觀하여 보라. 견성하고 도를 깨쳐 여래의 수기授記를 받고, 조사의
자리를 잇기를 능히 마명대사나 용수보살처럼 할 수 있는가? 걸림
없는 변재辯才를 얻고 법화삼매法華三昧를 증득하기를 능히 천태 지자
대사처럼 할 수 있겠는가? 말씀의 종지를 빠짐없이 통달하여 행지와
이해를 같이 닦기를 능히 남악 혜충慧忠 국사처럼 할 수 있겠는가?
이 모든 대사大士들께서는 언교言敎를 밝게 드리워서 왕생을 깊이
권하심이 모두 나도 이롭게 하고 남도 이롭게 하기 위함이었으니,
어찌 나를 잘못되게 하고 남을 잘못되게 이끌려하는가! 하물며 무처님
께서 고구정녕 찬탄하셨으니, 부디 옛 성현들을 따라 부처님의 가르침
을 공경히 좇아 절대로 어기지 말지니라. 《왕생전》에 실린 고금 대덕의
사적이 뚜렷하여 하나 둘이 아니니, 잘 살펴보고 스스로 비추어 보면
알 것이다.
또한 응당 스스로 제도하여 임종시에 생사왕래에 결정코 자재할 수
있겠는가? 무시이래로 지은 악업의 무거운 장애가 결정코 현전하지
않겠는가? 이 보신이 결정코 윤회를 벗어나겠는가? 삼악도, 이류중행
異類中行에 자유로이 출몰하면서 결정코 고뇌가 없겠는가? 천상 인간으
로 시방 세계에 마음대로 의탁하면서 결정코 장애가 없겠는가? 만약에
이를 분명히 알아서 스스로 믿고 이를 수 있다면 무엇이 그처럼 선하겠
는가? 만일 그렇지 못할진대 한때 교만한 마음으로 오히려 영겁토록
윤회에 스스로 선과 이익을 잃어버리니 장차 누구를 탓하겠는가. 슬프
고 슬프도다!”

[해] 연수대사께서는《만선동귀집》중에서 매우 많은 문답으로써 학불하는 행인에게 진실한 수법修法의 실증을 제시하면서 결코 배는 비었는데 마음만 높고, 이理에만 집착하고 사事를 폐기하는 사람이 되어서는 안 된다고 말씀하셨다. 앞에 기록한 것은 특히 일반 스님이 쉽게 범하는 병통을 위해 증상에 대치하는 양약이니, 유의하시길 바란다!

정업을 성취하여 구품으로 왕생함은 정심定心과 전심專心을 벗어나지 못한다. 이는 닦음이 있고 증득이 있는 말이니, 모두 응당 자신을 점검하여야 한다. 비록 전심 염불만 하여도 왕생할 수 있지만, 믿음과 발원이 간절하고 온갖 선으로 도와야 성취할 수 있다. 이에 모름지기 한평생 이 보신이 다하도록 정일精一하게 정업淨業을 닦아야 한다. 이 단락의 법문은 진실로 말은 진중하고 마음은 원대하니, 연우분들께서는 마음에 새기길 바란다.

2-2 선禪과 정토

[해] 영명연수 대사께서 지으신 사료간에 대해 고인들께서 각자 풀이를 하셨지만, 사료간에 대해 매우 정확한 설명을 하신 법문은 정토종 제13조이신 인광印光대사께서 상해上海에서 열린 호국식재護國息災법회 및 거사림법회에서 설하신 개시법어이다. 인광대사 문초 제3편 하권에 실려 있으니 찾아서 읽어 정지정견을 구족할 수 있길 바란다. (인조법어에서 이르시길,)

이 80자는 여래 일대시교의 강요綱要이고, 학인이 곧 생사를 요탈하는 현묘한 계책(玄謨)이다. 학인은 무엇이 선이고 무엇이 정토인지, 무엇이 선이 있음이고 무엇이 정토가 있음인지 상세히 알아야 한다. 선과 정토는 이理와 교敎를 기준으로 말한 것이고, 선과 정토가 있음은 근기와 수행을 기준으로 논한 것이다. 이교理敎에서는 곧 두 법문을 요달하면 다른 점이 없지만 기수機修에서는 두 법문은 크게 차이가 난다. 말은 비록 비슷하지만, 뜻은 크게 다르다. 지극히 주의하여야 비로소 영명연수 대사의 한조각 노파심에 부응한다.

선禪이란 무엇인가? 이는 곧 우리들이 본래 갖춘 진여불성이고, 종문宗門에서 말하는 「부모미생전 본래면목(父母未生前 本來面目)」이다. 종문에서는 말을 설파하지 않고 행인으로 하여금 참구하여 스스로 얻게 한다. 그래서 그 말은 이와 같다. 선禪은 곧 능能도 없고 소所도 없어 고요함(寂)에 즉하고 비춤(照)에 즉한, 생각을 여읜 영지靈知로 순수하고 참된 심체心體이다. 정토淨土란 무엇인가? 이는 곧 믿음과 발원으로 지명持名하여 서방에 태어나길 구함으로 치우쳐서 유심정토惟心淨土 자성미타自性彌陀를 가리켜서 말하는 것이 아니다. 「선이 있다」 함은 참구의 힘이 지극하여 념이 고요하고 망정이 사라지니, 「부모미생전 본래면목」을 사무쳐 보고 마음을 밝혀 견성한다. 「정토가 있다」 함은 즉 실행으로 보리심을 발하고서, 믿음을 내고 발원하며 부처님 명호(아미타불)를 수지하여, 서방에 태어나길 구하는 일이다 만약 선을 참구하지만, 아직 깨치지 못하였거나 깨쳤어도 확철대오하지 못함은 모두 「선이 있다」 할 수 없다. 만약 부처를 염하지만, 유심에 치우쳐서 집착하여 믿음과 발원이 없거나 믿음과 발원이 있지만 참으로 간절하지 못함은 모두 「정토가 있다」 할 수 없다.

한편 오직 정토를 닦음을 말하자면 심념이 번뇌(塵勞)에 물들었거나 혹 인천의 복보를 구하거나 혹 내생에 출가하여 승려가 되어 한번 들으면 천 가지를 깨닫는 대총지를 얻어서 불법을 널리 홍양하고 중생을 교화하길 구하는 자는 모두 정토를 닦는 사람이라 할 수 없다. 이로써 불법의 정토 경교經敎에 의지하지 않고 망녕되이 보통 교의敎義를 준거로 삼는다. 이러면 내생이 능히 미혹하지 않아 요탈하는 자는 만 사람 중에 한둘도 어렵다. 복덕에 미혹되어 미혹에서 미혹으로 들어가는 사람이 참으로 많다. 이 뜻을 잘 알 수 있다면 바야흐로 정토를 닦는 사람이다. 진실한 뜻을 알지 못하는 사람이 참선하면 곧장 선이 있다 하고 염불하면 곧장 정토가 있다고 말하며 자신도 그르치고 남도 그르치게 하니, 그 피해가 어찌 극심하지 않겠는가. 이로써 선과 정토의 유무를 이미 설명하였다. 이제 다시 게어偈語를 드디어 단락으로 나누어 분석하여 모름지기 이 81자를 알아서 하늘이 만들고 땅이 베풀듯이 한 자도 적절하지 않음이 없고 한자도 바꿀 수 없다.

《사료간四料簡》을 지어 말씀하시길,

有禪有淨土 선도 있고 정토도 있으면
猶如戴角虎 마치 뿔 달린 호랑이 같아
現世爲人師 현세에 사람들의 스승이 되고
來世作佛祖 내세에 부처나 조사가 될 것이라

[인조 법어] 대개 그 사람은 이미 선의 종지를 확철대오한 다음 또 다시 경장에 깊이 들어가 여래의 권실법문을 상세히 알고, 제법의 실상인 중도에서 또다시 오직 믿음, 발원, 염불 일법을 자리이타의 통도정행通道正行으로 삼는다. 《관경觀經》 상품상생上品上生에서 말한 대로 대승경전을 독송하고 제일의를 이해하면 곧 이 사람이다. 마치 뿔달린 호랑이처럼 그 사람은 선정쌍수禪淨雙修로 대지혜가 있고 대선정이 있으며 대변재가 있어 삿된 마와 외도가 이름만 들어도 간담이 서늘하다. 호랑이에게 뿔이 달린 것처럼 위엄과 용맹이 견줄 수 없다.

오는 학인이 있으면 근기에 따라 설법하여 응당 선정쌍수로써 가까이 대하는 이는 선정쌍수로써 그를 대하고, 응당 전수정토專修淨土로써 가까이 대하는 이는 전수정토로 그를 대한다. 상중하 근기에 상관없이 그 혜택을 받지 않은 이가 하나도 없으니 어찌 인천의 도사가 아니겠는가? 임종시에 이르러 부처님의 접인을 입어 상품에 왕생하여 손가락 퉁기는 순간에 연꽃이 열려서 부처님을 친견하고 무생법인을 증득하니, 가장 아래가 곧 원교 초주를 증득하고, 또한 단박에 모든 계위를 넘어 등각에 이른다. 원교 초주는 곧 무량신을 나투어 백 세계에 부처가 될 수 있으니, 하물며 그 후 계위마다 갑절이나 수승해 곧장 제41 등각위에 이름이랴. 그래서 내세에 부처나 조사가 된다 하셨다.

無禪有淨土 선은 없고 정토만 있으면
萬修萬人去 만 사람이 닦아 만 사람이 모두 가나니
若得見彌陀 아미타부처님을 친견하기만 하면
何愁不開悟 어찌 깨닫지 못할까 근심하리오

[인조 법어] 그 사람은 비록 마음을 밝혀 견성하지는 못하였지만 도리어 뜻을 결정하여 서방에 태어나길 구한다. 부처님께서 옛 겁에 대서원을 발하여 중생을 섭수하시니 어미가 자식을 그리워하는 것 같다. 중생이 만약 자식이 어미를 그리워하듯 뜻을 세워 성성으로 염불하면 감응도교하여 곧 섭수를 입을 것이다. 힘껏 정혜를 닦는 자는 진실로 왕생할 수 있다. 즉 오역십악을 지어 임종시 고통에 핍박 받을지라도 크게 참회하여 부처님 명호를 칭념하길 혹 열 번 소리내고 혹 한 번 소리내어 곧장 바로 임종에 이르러도 또한 빠짐없이 부처님 화신의 접인을 입어 왕생하니 만인이 닦아서 만인이 가지 않겠는가.

그러나 이러한 자는 비록 염불이 얼마 되지 않아도 지극하여 그것이 맹렬한 까닭에 아주 큰 이익을 얻을 수 있다. 어쩔 수 없이 아득히 표류하는 자는 그 어렵고 쉬움을 비교해볼지라. 이미 서방에 태어나서 부처님을 친견하고 법을 들으면 비록 더디고 빠른 차이가 있을지라도 이미 높고 성류聖流에 참여하여 영원히 퇴전하지 않는다. 그 근성의 깊고 얕음에 따라 혹 점차 혹 단박에 모든 과위를 증득한다. 이미 과위를 증득하였다면 깨달았으니 두말할 필요가 없다. 그래서 「아미타부처님을 친견하기만 하면 어찌 깨닫지 못할까 근심하리오」 하셨다.

有禪無淨土 선은 있고 정토가 없으면
十人九蹉路 열 사람 중 아홉은 길에서 넘어지니
陰境若現前 중음신의 경계가 눈앞에 나타나면
瞥爾隨他去 눈 깜짝할 사이 그것을 따라 가버린다

[인조 법어] 그 사람은 비록 선의 종지를 확철대오하고 마음을 밝혀 견성하였을지라도 견사번뇌를 쉽게 끊어버리지 못한다. 곧장 일상생활 속에서 연단을 거쳐서 깔끔히 그것을 남김없이 다한 후 분단생사分段生死를 벗어날 수 있다. 털 오라기 하나라도 끊지 못한 자는 진실로 거론하지 말라. 즉 털 한 올까지도 끊어서 깔끔히 다할 수 없다면 육도윤회 또한 옛 그대로 벗어나기 어렵다. 생사의 바다는 가없이 깊고, 보리의 길은 아득히 멀어 아직도 집으로 돌아가지 못하고서 곧 바로 목숨을 마칠까 두렵다. 확철대오한 사람 열 명 중 아홉은 이와 같은 처지이다. 그래서 「열명 중 아홉은 길에서 넘어진다」 하셨다. 차蹉란 발을 헛디뎌 넘어짐으로 곧 세속에서 이른바 지체함이다. 음경陰境이란 중음신中陰身의 경계로 곧 임종시 현생과 역겁의 선악의 업력으로 나타나는 경계이다. 이러한 경계가 한번 나타나면 눈 깜짝할 사이에 즉시 그 가장 맹렬한 선악의 업력을 따라 죽어서 선악도에 생을 받으니 털끝만큼도 스스로 주관할 수 없다. (우리의 마음이 업을 따라가는 것은) 마치 사람이 빚을 지면 힘센 사람에게 먼저 끌려가듯이 심정에 많은 (업의) 갈래가 있으면 무거운 (업) 쪽으로 치우쳐 떨어진다. 오조五祖 계戒 선사도 소동파로 다시 태어났고, 초당草堂 청淸 선사도 노공魯公으로 태어났다. 이는 그래도 차라리

나은 편이다. (그러나 해인海印 신信 선사가 주방어朱防禦의 딸로 태어난 것은 참기 어려운 타락이다) 그래서 「중음신의 경계가 눈앞에 나타나면 눈 깜짝할 사이에 그것을 따라 가버린다」 하셨다. 음陰은 음蔭과 같이 덮는다는 뜻이다. 이 업력으로 말미암아 진성眞性을 덮어서 다시 현현할 수 없다. 있다(有) 하여 넘어짐이 잘못(錯) 되고, 음경이 오음마경五陰魔경이 된다 함은 모두 아직 선과 유有 자를 알지 못함으로 인한 까닭에 이러한 허튼 소리를 하기에 이르렀다. 어찌 확철대오한 무리가 있는데, 아직도 열 명 중에 아홉 명이 잘못 길을 가다가 그릇되이 오음마경에 따라 가고, 마魔에 집착해 발광하겠는가. 무릇 마에 집착해 발광하는 자는 교리를 알지 못하고 자심을 밝히지 못해 맹목적으로 닦고 한 눈으로 증득하는 증상만의 무리일 뿐이다. 어찌 좋은지 나쁜지도 모르는데 확철대오한 사람에 더 보탤 수 있겠는가. 관련됨이 매우 커서 살피지 않을 수 없다.

無禪無淨土 선도 없고 정토도 없으면
鐵床竝銅柱 쇠침대 위에다 구리기둥 껴안으니
萬劫與千生 억만겁 지나고 천만생 거치도록
沒箇人依怙 믿고 의지할 사람 몸 하나 얻지 못하리

[인조 법어] 어떤 사람이 선도 없고 정토도 없음은 곧 머리를 움츠리고 (뒤로 물러나) 죄를 지으면서 선법을 닦지 않은 사람이라 말하는데, 이 또한 큰 잘못이다. 무릇 법문이 무량한데 오직 선과 정토는 가장 당기當機[28] 가 된다. 만약 그 사람이 아직 확철대오하지도 못하고, 또한 정토를 구하지도 않고 아득히 표류하며 다른 법문을 닦는다면 이미 선정과 지혜가 균등할 수 없고 미혹을 끊어 진여실상을 증득할 수 없다. 또한 부처님 자력에 의지하여 업을 진 채로 왕생할 인연도 없다. 이로써 생을 마치고 공덕을

---

28) 숙세에 심은 덕본德本에 따라 지금 부처님이 설법하는 자리에 있으면서 법을 듣고 도를 깨닫는 중생을 말한다. /편주

수지하여 내생에 인천의 복보를 감득한다. 현생에 이미 바른 지혜가 없는데 내생에 반드시 복에 따라 구르다 마침내 오욕에 빠져 널리 악업을 짓는다. 이미 악업을 지어 악의 과보를 피하기 어렵다. 한 호흡을 쉬지 못하면 곧 지옥에 떨어지니, 확연히 오랜 겁이 지나도록 쇠침대에 드러누워서 구리기둥을 끌어안고 지내야 한다. 이로써 그 음주가무와 여색을 탐하고 생명을 죽이는 등 온갖 악업을 지은 과보를 갚아야 한다. 제불보살께서 비록 자애 연민을 드리워도 악업이 장애하는 까닭에 또한 이익을 얻을 도리가 없다.

2-3 염불의 이익[29)]

어떤 사람이 연수 대사께 묻기를 염불은 어떤 이익이 있습니까?

연수 대사께서 답하시길, 이 한마디 나무아미타불을 염하는 것은

1) 중생의 출세간의 묘도妙道이자 성불하고 조사가 되는 정인正因이다.

[주해] 그 인因이 있으면 반드시 그 과果가 있다. 오계五戒를 닦으면 사람이 되고, 십선을 닦으면 천상에 나며 사선팔정四禪八定을 닦으면 색무색계천色無色界天에 난다. 이와 같이 공행功行으로는 오랜 세월 지나도 매우 어려워 여전히 세상을 벗어나지 못하고 윤회하며 오르락내리락하고 있으니, 《정법염처경正法念處經》에 이르시길, "무시이래 생사윤회 중에 업의 망이 세계를 뒤덮어 천상에서 지옥으로 태어나고 지옥에서 천상으로 태어나네." 하셨고, 《열반경》에 이르시길, "비록 다시 범천梵天의 몸을 받을 수 있고 비상비비상천非想非非想天에 이르러도 목숨을 마치면 여전히 삼악도에

---

29) 염불의 이익에 대한 영명연수 대사의 말씀에 대해 대만 정토종, 혜정 법사께서 [주해]하셨다. /편주

떨어진다." 하셨다. 만약 아미타부처님 명호를 전일하게 부를 수 있다면 성인이든 범부이든 선인이든 악인이든 상관없이 모두 아미타부처님 정토에 왕생하여 윤회를 벗어날 수 있을 뿐만 아니라 인천을 널리 제도하니 어찌 출세간의 묘도(불가사의를 묘妙라 한다), 성불의 정인(사정邪定, 부정不定이 아님을 정正이라 한다)이지 않겠는가? 담란대사께서 말씀하시길, "범부가 번뇌를 성취하고 또 저 정토에 태어나 삼계에 매어두는 업(三界繫業)으로도 마침내 끌고 가지 못한다. 그런 즉「번뇌를 끊지 않고 열반분涅槃分을 얻으니」, 불가사의하다." 법조대사께서 말씀하시길, 단지 "마음을 돌려 부처님을 많이 염하고서 기와와 자갈을 금으로 바꿀 수 있다."「기와와 자갈」은 쓸모없는 것으로 삼계의 범부를 가리킨다.「금」은 황금으로 성불하고 조사가 됨을 가리킨다. 단지 염불하기만 하면 정토에 왕생할 수 있고 바로 범부를 넘어 성류에 들어가 성불하고 조사가 되니, 위없는 큰 이익으로 불가사의하다! 선도 대사께서 말씀하시길, "아미타부처님 안양세계에 이르러 예토에 와서 인천을 제도하겠나이다."

2) 삼계 인천人天의 안목이자 마음을 밝히고 견성하는 지혜이다.

[주해] 눈이 있으나 등불이 없으면 보이지 않고, 등불이 있으나 눈이 없으면 보이지 않듯이 염불로 삼계에 매어두는 업을 벗어날 수 있고, 공덕은 오계십선사선팔정보다 훨씬 수승한 까닭에 염불은 인천의 안목이라 하셨다. 염불을 하지 않으면 인천은 맹인과 같아 세상을 벗어나는 묘도를 볼 수 없다. 선도 대사께서 말씀하시길, "염불은 바로 열반문이다." 하셨고, 법조 대사께서 말씀하시길, "염불하여 성불함이 진실한 종취이다." 하셨다. 그래서 염불은 바로 마음을 밝혀 견성하고 견성하여 성불하는 지혜의 등이다. 만약 염불하지 않으면 성불을 어떻게 기약할 수 있겠는가? 이런 까닭에 염불을 알아 왕생할 수 있다면 비록 어리석어도 지혜롭지만 염불을 몰라 왕생하지 못한다면 비록 지혜로워도 어리석다. 인광 대사께서 말씀하

시길, 염불하는 사람은 자신의 총명과 지혜에 기대지 말고 (비루한 공행을 모조리 가져다가) 모름지기 동양 대해 바깥에 던져버려야 한다. 가장 잘 배우는 우직한 남자, 우직한 여인이여, 착실히 행지하는 것이 중요하다." 하셨다.

3) 지옥을 깨뜨리는 맹장이자 간사한 무리(群邪)를 베어버리는 보검 이다.

[주해] 비록 한평생 부처님 인연을 만나 학불을 하지 못할지라도, 선한 인연을 만나 선을 행하지 못할지라도, 악한 인연을 만나 악을 행하여 임종시 지옥불이 닥칠지라도 아미타부처님 명호를 한번 부르면 지옥불이 붉은 연꽃으로 변하여 모든 삿된 업이 매여도 걸리지 않고 마군과 원친채주가 저 멀리 물러난다. (이로써) "알 수 있나니, 염불소리는 사자후 같아 사자가 한번 나오면 모든 동물이 잠적해버린다. 또한 등불 하나가 방에 들어오면 오랜 암흑이 문득 밝아지고, 부처님의 명령이 내려지면 마군이 물러나 순종한다." 선도 대사께서 말씀하시길, "예리한 검은 바로 아미타부처님 명호이니 한번 소리내어 칭념하면 죄가 모두 제거된다. 대승을 비방하여 온갖 선을 끊을 방법천제誹法闡提가 십악을 행하여도 마음을 돌려 염불하면 죄가 모두 제거된다. 부처님의 원력으로써 오역십악五逆十惡의 죄도 소멸하고 왕생을 얻고 방법천제도 마음을 돌리면 모두 왕생한다."

4) 오천 대장경의 골수이자 팔만 총지總持의 요문要門이다.

[주해] 일대장교一大藏敎에서 설한 법은 총 8만4천이라 하고 8만4천은 모두 한마디 아미타불 명호로 귀납하고 8만4천 법문을 총지한다. 그래서 아미타부처님 명호는 만덕이 돌아가는 곳이다. 법연 상인께서는 말씀하시길, "아미타부처님 한 분 부처님의 모든 사지四智 · 삼신三身 · 십력十力 ·

사무외四無畏 등 일체 안으로 증득한 공덕과 상호·광명·설법·요익중생 등 일체 바깥으로 쓰는 공덕은 빠짐없이 다 아미타부처님 명호 중에 포섭되어 있다."하셨다. 고덕께서 말씀하시길, "아阿 자는 시방삼세 제불이고, 미彌 자는 일체 모든 보살이며, 타陀 자는 8만4천 모든 고귀한 가르침으로 이 세 글자 가운데 구족되어 있다."하셨다. 그래서 아미타부처님 명호는 대장경의 골수이자 총지의 요문이며, 출세간의 묘도이자 성불의 정인이며, 인천의 안목이자 견성의 지혜등불이며, 삼보의 결정이자 만덕의 귀의처이다. 인광대사께서 말씀하시길, "한마디 부처님 명호는 일대장교를 포괄하여 모두 다하지 않음이 없다. 일대시교는 모두 염불법문의 주해이다." 하셨다.

5) 공덕은 시방허공과 같아 변제가 없고 광대하여 진여일성眞 如一性의 원만광명(圓明)이다.

[주해] 아미타부처님의 명호는 법체에 즉하고, 명호는 법체를 여의지 않으며, 명호는 법체와 상즉하고, 게다가 삼신이 일신에 즉하며, 의보와 정보가 일여인 까닭에 부처님 명호를 염하기만 하면 공덕은 허공과 같아 광대하고 변제가 없으며, 진여일성의 원만광명이 부처님 명호를 여의지 않는다. 법연 상인께서 말씀하시길, "지극한 대승의大乘意라 함은 법체 바깥에 명호가 없고 명호 바깥에 법체가 없다. 만선의 미묘한 법체가 곧 육자명호이다. 항하사 공덕이 입으로 칭념하는 일행에 갖추어진다. 대원 업력으로 만들어낸 만덕을 행자에게 건네준다. 타력은 사유하기 어려운 선교방편으로 한번 칭념하면 온갖 선을 넘어선다. 선지식이 널리 찬탄하길 맹렬한 불길이 청량한 바람이 되고, 선우가 칭념하길 가르치길 자마금 빛깔 연화대는 떠오르는 태양과 같나니, 명호의 큰 이익 위없는 공덕이다." 하셨다.

6) 흑암을 여는 밝은 등불이자 생사를 벗어나는 좋은 방도이다.

[주해] 인천의 밤은 길고 우주의 어둠은 검은데, 오직 무량광불만이 밝은 등불이니, 염불하여 삼계의 긴 밤을 깨뜨릴 수 있다. 법은 높고 낮음이 없어 (밖으로 드러난) 병증에 대해서 좋다. 아미타부처님을 염하기만 하면 비록 견사이혹見思二惑을 끊지 못할지라도 생사를 벗어나 열반의 극락에 태어난다. 그래서 염불은 범부를 넘어 성류에 들어가 성불하고 조사가 되는 좋은 방도이다. 오탁악세에 범부와 어리석은 자에게 이 좋은 방도가 없으면 그들은 어떻게 생사를 벗어나겠는가!

7) 고해를 건너는 배이자 삼계를 벗어나는 지름길이다.

[주해] 육도고해六道苦海는 오직 부처님만이 건너게 할 수 있다. 모래 한 알이 비록 가벼울지라도 곧장 해저에 가라앉고, 무거운 돌을 실은 배도 능히 저 언덕에 도달할 수 있다. 삼계의 밤이 길어 오계 십선 사선팔정으로도 벗어날 수 없지만, 아미타부처님만 생각하면 십만억 노정도 일념이면 곧 이르니, 고덕께서는 지름길 중에 곧장 질러가는 지름길이라 하셨다.

8) 본성미타本性彌陀이자 유심정토唯心淨土이다.

[주해] 선가에서 지혜에 이르면 마음을 밝혀 견성하고 늘 자성미타 유심정토를 말한다. 그러나 아미타부처님과 그 정토를 비교하면 어찌 하늘과 땅만큼 차이가 나지 않겠는가. 아미타부처님과 그 정토는 오겁의 사유를 지나서 영겁토록 훈습이 쌓인 것이다. 그러나 우리가 마음을 밝혀 견성할지라도 여전히 삼지三只의 사유에 백겁에 걸쳐 수행도 하지 않았는데 하물며 오겁의 사유와 조재영겁兆載永劫에 걸쳐 닦은 아미타부처님이겠는가! 그러나 아미타부처님을 염하기만 하면 그 정토에 왕생하면 광명과 수명이 부처님과 같아서 다름이 없다.

9) 바로 아미타부처님의 화신이자 바로 염불인의 본사이다

[주해] 아미타부처님 명호와 아미타부처님 법체는 하나이되 둘이고, 둘이 되 하나로 명호와 법체가 일여한 까닭이다. 법신은 형상이 없고 소리가 없어 언설의 상을 여의고 심연의 상을 여의지만, 중생을 제도하기 위해 명호를 드리우고 형상을 응현하시니 바로 나무아미타불의 만덕홍명이다. 그래서 아미타부처님 명호는 아미타부처님의 화신이고 또한 염불인의 본사·본불·본존이다. 아미타부처님 명호를 여의고 어느 곳에서 아미타부처님을 찾고 어느 곳에서 본사를 친견하겠는가!

10) 최고로 존귀한 최상의 미묘한 문이고, 무량무변의 공덕이다.

[주해] 《무량수경》에 이르시길, "무량수불의 위신광명은 가장 존귀하고 제일로 뛰어나서 제불의 광명은 미칠 수 없느니라. 아미타불의 광명은 가장 존귀하고 제일이며 견줄 것이 없어 제불의 광명은 모두 미치지 못하느니라. 아미타불은 제불의 왕이고 광명중에 지극히 존귀하다. 그가 저 부처님의 명호를 듣고 뛸 듯이 기뻐하며 내지 한 번이라도 염念한다면 이 사람은 큰 이익을 얻어 위없는 공덕을 구족하게 된다는 것을 마땅히 알라." 하셨다. 《아미타경》(당역본)에 이르시길, "무량수불의 이와 같은 무량무변의 불가사의한 공덕 명호와 극락세계의 공덕 장엄을 듣고"라고 하셨다.

11) 크게 잘 믿는 이들이여(諸大善信),[30] 이 한마디 아미타불만 잘 기억할지니라.

---

30) 《아비달마장현종론》 등에 따르면 믿음은 선업善業·과果·사성제·삼보와 지극하게 서로 계합하고 따르는 상태, 즉 청정한 상태를 바라고 구하는 것을 의미한다. /편주

[주해] 오탁악세에서는 모두 악인으로 삼독이 있는 까닭에 닦은 바 선행은 모두 진실하지 않다. 《지장경》에 이르시길, "행동거지와 일으키는 생각이 악업 아닌 것이 없고 죄 아닌 것이 없다(擧止動念 無不是業 無不是罪)." 하셨다. 담란대사께서 말씀하시길, "범부와 천인이 짓는 모든 선은 인도와 천상에 태어나는 과보를 얻는다. 혹 인因이든 혹 과果이든 모두 전도되고, 모두 허위이다. 이런 까닭에 실답지 않은 공덕이라 한다." 하셨다. 세간법에 대해 말하면 선을 행함이 당연히 악을 행함보다 백천 배 낫지만, 출세간법에 대해 말하면 세간의 선이 비록 선한 과보를 불러올 수 있을지라도 윤회를 벗어날 수 없다. 그래서 출세간의 선법에 견주면 선도 악이라 말한다. 인광 대사께서 《증광문초增廣文鈔》에 이르시길, "세간의 선업으로는 윤회를 벗어나지 못한다. 믿음과 발원을 구족한 왕생정업과 견주면 저 선업도 악업이다." 오직 염불이 있어야 《아미타경》에서 찬탄하여 이르시길 "선남자, 선여인"이라 하셨고, 《관경》에서 찬탄하여 이르시길, "만약 염불하면 마땅히 알지니 이 사람은 인간 중에서 분다리화이니라." 하셨다.

12) 마음속에 늘 품고서 잃어버리지 말라.

[주해] 염불인은 부처님과 함께 있고 함께 행하며 함께 출입한다. 염불인은 부처님과 기법일체機法一體로 서로 떨어지지 않는다. 선도대사께서 말씀하시길, "아미타불과 중생은 신구의 삼업에서 서로 떨어지지 않는다(彼此三業不相捨離)." 《관경》에서 이르시길, "부처님께서 나의 마음으로 들어오고 내가 부처님의 마음으로 들어간다(佛入我心 我入佛心)." 하셨다. 이런 까닭에 염불인은 염불이 그의 생명이고 그의 인생이며 그의 생활이다.

13) 염념이 항상 현전하고 언제나 마음에서 여의지 아니하여

14) 일이 없어도 이와 같이 염하고 일이 있어도 이와 같이 염하며,

15) 몸이 편안하고 즐거워도 이와 같이 염하고 병으로 아파도 이와 같이 염하며

16) 살아있을 때도 이와 같이 염하고 죽을 때도 이와 같이 염하며

17) 이와 같이 일념이 분명하여 잃지 않을 뿐, 또한 어찌하여 (극락으로) 돌아가는 노정에 곁눈질 하겠는가?

[주해] 나머지 행이나 나머지 법을 겸수兼修하지 말고 왕생을 구하라. 어느 때나 어느 곳에서나 어떤 인연이나 한가하거나 바쁘거나 순경이거나 역경이거나 괴롭거나 즐겁거나 살아있을 때나 죽을 때나 빠짐없이 다 나무아미타불을 전념하라. 걸음마다, 소리마다, 염념마다 모두 나무아미타불·나무아미타불…… . 선도대사께서 말씀하시길, "일심으로 아미타부처님 명호를 전념하길, 행주좌와도 시절이 먼지 가까운지도 묻지 말고 염념이 버리지 않음을 정정正定의 업業이라 하니, 저 부처님의 본원에 수순하는 까닭이다." 하셨다. 인광대사께서도 말씀하시길, "한마디 나무아미타불을 염하길 마음에 익숙하도록 염할 뿐, 성불의 길에 이밖에 나머지 행(余裕)이 또 있겠는가?"

18) 말하자면 한마디 나무아미타불만 염할 뿐, 다른 염이 없으면 애쓰지 않아도 일탄지의 짧은 순간에 서방극락에 이른다! 어찌 믿지 않겠는가! 어찌 염불하지 않겠는가!

[주해] 아미타부처님만 전념할 수 있고, 다른 행과 섞지 않고 다른 수행과 섞지 않으면 정토 연꽃에 햇빛이 찬란하고 금빛 누대의 모습에 항상 광채가 빛난다. 이미 사바세계 범부가 아니고, 이미 극락 성인의 마음(聖數)이니, 하루아침에 사바세계에서 부처님 은혜에 감사하면서 정업을 닦아 보답하

고, 일탄지의 짧은 순간 바로 서방극락에 왕생한다(-旦報謝娑婆 彈指卽生西方).

3. 연수대사 찬탄게송

고덕께서 찬탄시에 기록하길[31]

영명사에서 왕성하신 교화는 그 누구도 견줄 이 없네
化旺南屛孰與倫
법화경 염송과 만선으로 미묘하게 몸을 장엄하시고
誦經萬善妙嚴身
곧장 질러 상품 연화대에 올라 왕생하시니
徑登上品蓮臺去
바로 염라대왕이 정중하게 예경하였다.
直得閻王敬禮勤

[해] 화왕化旺이란 정토법문으로 중생의 교화·인도하신 사업이 대단히 왕성하셨음을 말한다. 남병南屛이란 서호西湖 변상邊上의 남병산을 가리킨다. 송대의 영명사永明寺로 이 산 아래에 있고, 현재 정자사淨慈寺로 이름이 바뀌었다. 연수 대사께서 영명사에서 15년간 거주하시면서 스스로 행하시고 중생을 교화하신 활동 모두 그와 견줄 수 있는 사람은 아무도 없다. 연수대사께서는 어린 시절부터 법화경을 암송할 수 있었고 몸을 마칠 때까지 법화경을 수지하시어 일생동안 1만3천부를 암송하셨다. 이 밖에도 일과로 아미타부처님 명호를 십만번 염하시고, 만선을 부지런히 닦아 이로써 정토를 장엄하셨다. 그래서 묘엄신妙嚴身이라 찬탄한 것이다. 뒤쪽 두 구의 시는 연수 대사께서 임종시

---

31) 명대 도연道衍 스님이 지은 제상선인諸上善人詠에 실린 시이다. 이 책에서는 극락정토에 왕생하길 발원한 125인을 찬탄한 시로 문수보살에서 도씨십육낭陶氏十六娘까지 각각 7언4구의 영찬詠讚 한 수를 짓고 그 일생을 간략히 기록하였다. /편주

가부좌한 채 화하시고, 곧장 극락에 상품상생으로 왕생하시니 염라대
왕까지 정중하게 예경하였다.

　　인광印光대사께서 찬탄하시길,

　　일과로 매일 108건 불사를 행하시고
　　日課佛事百八件
　　법화경 한번 염송에 1만번 염불하시니,
　　法華一部佛十萬。
　　불보살이 세간에 나타내 보이심이 아니면
　　若非大權示世間
　　법의 깃발을 누가 이와 같이 세울 수 있을까?
　　法幢誰能如是建。

　　인광 대사는 영명연수 대사께서는 불보살이 시현하신 분으로 오탁악
세에서 이와 같이 제불과 함께 찬탄하는 정법의 깃발을 건립할 수
있었다고 찬탄하셨습니다.

　　연지 대사께서는 《왕생집》에서 찬탄하시길,

　　"영명연수 대사는 서방에서 오셔서 바로 심인心印을 가리켜 정토를
진력하시어 자신을 이롭게 하고 타인을 이롭게 하며, 광대한 행원으로
만세에 광명이 찬란히 빛나신다. 그는 이 세상에 하생한 미륵보살이시
고! 다시 태어난 선도대사이다!"

　　또한 《정토영사淨土詠史》에서 이르시길,

　　일곱 차례 모두 정토 제비를 뽑았고
　　七返俱拈淨土鬮
　　마침내 왕생하여 물러나지 않고 사事에서 정일精一하게 닦아

畢生不退事精修
신식이 안양에 거하며 이로 인해 심부心賦를 이루니
神棲安養因成賦
자비로운 용안이 저승 구지九地의 땅에 걸리기에 알맞다
堪以慈容掛九幽

[해] 안양은 극락세계이다. 몸은 사바세계에 있고 마음은 극락세계에
있는 까닭에 신명은 안양에 거한다 하셨다. 상상품에 왕생하시니,
염라대왕조차도 저승(地府)에 걸려있는 그의 초상에 공경예배하였다.

수행력이 지극하면 자연히 성스러운 경지가 바야흐로 밝아지나니,
착한 인연으로 난 제법諸法의 이치가 스스로 본디부터 그러하기
때문이다. 따라서 십지보살의 경지를 증득하게 되면 지地마다
상相이 모두 현전하는데, 이런 까닭에 "뜻이 간절하면 그윽히
가피를 느끼기에 도가 높으면 마魔도 치성한다"고 하는 것이다.
예컨대 혹 선정의 생각이 미묘하게 들다 보면 다른 모양으로도
변해 보이며, 혹 예배나 경을 독송함에 뜻이 간절하다 보면
잠시 상서로운 모양을 보기도 하는 것 등이다.
그러나 이 모든 경계들이 오직 마음의 그림자인 줄 깨닫는다면
보아도 보는 바가 없으려니와, 그렇지 않고 만일 이런 것들을
탐착해 취한다면 마음 밖에 따로 경계가 생겨서 곧 마사魔事를
이루고 마는 것이다. 그렇다고 또한 버리기에만 몰두한다면
좋은 공덕과 재능까지 버려서 닦아 나아갈 문이 없어지고 만다.
-영명연수선사 '만선동귀집'

정석正釋

석성범 스님

[하나] 큰 강령을 총체적으로 들다(總擧大綱)

일체 불법은 모두 그 경계·행行·과果가 있으니, 그것을 큰 강령으로 삼는다. 예를 들면《아미타경》은 극락세계의 의보장엄을 경계로 삼고, 부처님 명호를 집지하여 일심불란一心不亂에 도달함을 행으로 삼으며, 제불의 호념護念을 얻고 아미타부처님께서 접인하시어 정토에 왕생함을 과로 삼는다. 또한《반야심경》은 오온을 비추어 보아 모두 공空(18계를 함섭含攝함)임을 경계로 삼고, 오보리도五菩提道(깊은 반야를 행함)를 수행하는 것을 행으로 삼으며, 열반보리(일체고액을 제도함)을 과로 삼는다. 연수대사께서는 이 집문集文을 찬술하시어 과판을 나누시지 않았지만, 확실히 그 경계·행·과의 세 가지 큰 강령이 있어 여기서 집문을 들어 이를 제시한다.

첫째, 관부사의경觀不思議境 : 대지신해大智信解 일심실상一心實相(성덕 性德).

집문에서 문을 열고 산을 바라보며(開門見山) 곧장 말씀하시길, "대저 온갖 선善이 돌아가는 것은 모두 실상實相을 종취宗趣로 한다. 허공이 만물을 감싸서 받아들이는 것 같고, 대지에서 만물이 생겨나는 것과 같다." 이는 곧 학불 수행은 맨 먼저 부사의한 청정심, 또는 실상을 관함을 경계로 삼음을 분명히 가리킨다.

《화엄경》에 이르시길, "마음은 화공과 같아서 수많은 세상을 그릴 수 있느니라." 하셨고, "응당 법계의 중생성은 일체 자기 유심이 지은 것이라 관할지라(應觀法界性 一切唯心造)32)" 하셨다. 또한 당나라 혜충 국사慧忠國師께서는 《심경心經》의 서序를 지어 말씀하길, "제불은 오직 일심을 가리키니, 어떤 법이 마음으로 인하지 않고 세워지겠는가? 다만 심지心地를 깨닫는 까닭에 총지總持라 부른다." 하셨다. 또한 청나라 (형악) 혜사慧思 선사께서는 게송을 지어 말씀하시길, "마음의 근원을 단박에 깨달아 보배창고 열고 보니, 숨었다 드러났다 영통한 물건의 진상이 나타나네. …항상 부사의한 경계를 보고 말하니, 한마디 언하에 바로 종지가 드러나네."33) 하셨다. 그래서 천태종의 십승관법에서 제일은 곧 관부사의경觀不思議境이다. 화엄종에서는 법계관을 닦고 또한 식부사의경識不思議境을 밝혀서 신해信解를 품게 하여 착수 입문하게 하다.34)

---

32) "법계성法界性은 말하자면 변법계 허공계의 만사만물, 이 안에 있는 모든 경계, 모든 중생은 전부 자기 유심唯心이 지은 것으로 자심이 나타나고 식이 변한 것이다."《정토대경과주淨土大經科註》, 정공 법사 /편주

33) 지공화상誌公和尚께서 게송으로 이르시길, "마음의 근원 단박에 깨달아 보배창고 열고 보니, 숨었다 드러났다 영통한 물건 진상이 나타나네.(頓悟心原開寶藏。隱顯靈蹤現具相) 홀로 걷고 홀로 앉아 늘 우뚝 솟아 있으니, 나투신 백억 화신 그 수효 무수 무량해라.(獨行獨坐常巍巍。百億化身無數量) 설사 꽉 들어차 허공 가득 계셔도 간할 때는 미진상도 볼 수 없구나.(縱令幅塞滿虛空。看時不見微塵相) 우습구나, 이 물건 공하여 무엇과도 견줄 수 없나니, 관문에서 밝은 구슬 드러나 광채 환하게 빛나도다.(可笑物空無比況。口吐明珠光晃晃) 항상 부사의한 경계를 보고 말하니, 한마디 언하에 바로 종지가 드러나네.(尋常見說不思議。一語標宗言下當"《종경록》/편주

34) 규봉종밀圭峰宗密 선사는 수행을 요원각성了圓覺性 · 발보리심發菩提

둘째, 중도원융을 닦는 행 : 대행장엄大行莊嚴 유심정토唯心淨土(수덕修德)

집문에서 말씀하시길, "만법은 유심惟心이니, 응당 모든 바라밀을 널리 행할 것이다." 하셨다. 또 게송으로 이르시길, "맹세하옵건대 물듦 없는 번뇌 다 끊고 유심정토에 나기를 발원하옵니다." 하셨다. 그래서 집문 하권에 원수십의圓修十義를 들어서 중도원융의 육도만행을 총섭함으로써 본집의 강요·대의로 삼았다.

《대반야바라밀다경》에서 "보살은 응당 세 가지 마음에 의하여 지주止住하여 수행해야 하나니, 첫째는 일체지지一切智智에 상응하여 뜻을 짓고, 둘째 무소득無所得을 방편으로 삼으며, 셋째 대비심을 상수로 삼는다." 하셨다. 앞쪽 한 마음은 곧 관부사의경이고, 뒤쪽 두 마음은 곧 중도를 행함이다. 무소득은 이理이고 공空이며, 대비심은 사事이고 유有이다. 이는 곧 공과 유가 서로 이루고, 이와 사에 걸림이 없는 중도행이다.

이는 문집 하권 게송의 의취意趣와 같다. "위없는 보리심 발함 없이 발하고, 위없는 불도 구함 없이 구하며, 미묘한 용 행함 없이 행하고 참다운 지혜 지음 없이 지으며… 그림자 같은 마군 항복시키고 한바탕 꿈속 불사 크게 짓노라." 위없는 보리심 발함은 대비심으로 대승을 수학하는 시작이고, 참다운 지혜와 미묘한 용은 무소득으로 보살도의 과정이다. 위없는 보리(또한 일체지지라 이름함)를 구하여 증득함은 보살행 전부의 종점이다.

그래서 세 가지 마음에 의지해 지주하여 중도를 행함은 대승의 처음과 끝을 이루는 심요心要이다. 본집의 갖가지 문답은 모두 사람들

心·수보살행修菩薩行의 삼단계로 구분하였다. 나중에 이를 4종 과果로 해석하였다. "첫째 식부사의경을 밝혀 신해를 품게 하고, 둘째 진정으로 보리심을 발하여 뜻을 깃들여 고상하게 하며, 셋째 지관을 통해 마음을 법성에 편안하게 머무르고, 넷째 만행으로 조수助修하며, 넷째 보리로 회향하여 인과가 원만하다." /편주

에게 대승 중도행을 원만히 닦는 금과옥조와 같은 좋은 말을 내보이신 것이다.

셋째, 원교일승을 이루는 과 : 대비보도大悲普度 법계중생(과덕果德)

본집 게송에서 말씀하시길, "환 같은 중생 널리 제도 교화하고, 적멸보리 다 함께 증득하여지이다." 하셨다. 이는 대승불과를 증득하고 사람에게 일심실상을 깨닫게 하며, 불법을 구족하여 유정을 널리 제도함이다. 중생을 환같이 관하고 교화함이 경계이고, 중생을 널리 제도함이 행에 속하며, 적멸(단과斷果) 보리(지과智果)를 다함께 증득함은 과에 속한다.

그래서 나는 이번에 본집을 강해하면서 집문 전체를 경계·행·과의 세 가지 대과大科로 나누고, 그런 다음 이를 해석할 것이다.

[둘] 집문을 자세히 해석하다(別釋)

[제1대과] 관불가사의경 : 대지신해大智信解 일심실상一心實相(성덕性德)

명제(宗) : 온갖 선이 돌아가는 것은 모두 실상을 종취로 한다.

이유(因) : 일여一如에 계합하기만 하면 저절로 온갖 덕을 머금나니 … 일제一際에 평등하다.

비유(喩) : 허공이 일체를 두루 싸 받아들이는 것이 대지에서 만물이 생겨나는 것과 같다.

본집은 첫째 불가사의한 일심실상一心實相을 관함을 경계로 삼는다. 완전히 인명학因明學35)에 의지해 종宗·인因·유喩 삼지三支의 논리방식으로 그 정의를 확립한다. 오직 이와 같아야 일체 보고 들은 것으로 바른 믿음을 생하고 바른 이해를 얻으며, 그런 후에 이것에 의지해 수행하여 성과를 증득할 수 있다. 이에 집문을 종·유·인 삼과三科로 나누고 간략히 강해할 것이다.

---

35) 불교논리학으로 인因은 원인이나 이유를 뜻하고, 명明은 학문을 뜻한다. 이유를 밝혀서 논증을 행하는 논리학을 말한다. 고인명古因明과 신인명新因明이 있다. 고인명에서는 종宗·인因·유喩·합合·결結의 5분작법分作法을 쓰고, 신인명에서는 종·인·유의 3지작법支作法을 쓴다. 앞의 것은 비론법比論法, 뒤의 것을 연역법演譯法에 의한 것이다. /편주

마음이 범부이면 탐진치貪瞋癡의 3독三毒 번뇌로 자신을 얽어매고,
마음이 성인이면 6신통六神通이 자유자재하다.
마음에 생멸하는 번뇌가 공적하면 그 경지를 따라 일심중도가 청정하고,
마음에 분별이 있으면 모든 세계가 종횡무진 상대적인 모습으로
눈앞에 떠오른다.
- 영명연수 대사의 <종경록>

제1장 종취를 세우다(立宗)

대저 온갖 선善이 돌아가는 것은 모두 실상實相[36]을 종취宗趣로 한다.

夫衆善所歸 , 皆宗實相。

이 두 구는 종취를 세움이다. 세간과 출세간 일체선법을 「중선衆善」이라 한다. 선법은 하나하나 모두 인연으로 생하고 인연으로 멸한다. 이것이 있는 까닭에 저것이 있고, 이것이 없는 까닭에 저것이 없으며, 구경에는 일심실상一心實相으로 돌아가 평등하여 차별이 없다. 이 연기성공緣起性空[37) 또는 중관中觀은 필연코 이와 같고, 본래 이와 같으며, 결정코 이와 같다. 이 중관은 일심실상을 관함으로 종지를 세우는 까닭에 "온갖 선이 돌아가는 것은 모두 실상을 종취로 한다." 하셨다.

「종宗」이란 여기서 「만선동귀」처럼 만선이 돌아가는 귀취(歸趣 ; 목표)의 뜻이다. 즉 중도로 함께 돌아가는 행과 일심실상의 경계이다. 본집

---

36) 실상實相이란 실實은 허망하지 않음을 뜻하고, 상相은 곧 무상無相을 말한다. 이는 만유의 본체를 가리키는 말로 법성法性, 진여眞如, 법신法身, 진제眞際 등이라 부른다. 이 실상의 다른 명칭으로 그 체體는 동일하다. 《열반경》에서는 "상이 없는 상을 이름하여 실상이라 한다." 하였고, 《돈오입도요문론頓悟入道要門論》에서는 "자성이 공한 까닭에 한 모양도 얻을 수 없다. 한 모양도 얻을 수 없다 함은 곧 실상이고, 실상이라 함은 곧 여래의 미묘한 색신상色身相이다." 하였다. /일장

37) 연기緣起란 세간의 일체 사물이 뭇 인연의 화합으로 말미암아 생기는 것이요 성공性空이란 뭇 인연이 합하여 모든 법을 이루는 것이지만 그 성은 본래 비어서 진실한 자체가 없는 것이라고 하였다. 즉 연기나 제법은 모든 인연이 화합하여 이루어진 것들이기 때문에 그 성이 본래 비어서 진정한 자체自體를 얻을 수가 없다는 의미이다. / 편주

하권 말미에 있는 수많은 게송에서 육도만행 및 날마다 하는 일의
심행心行 중에 어떻게 중관을 실천하고 사람에게 중도실상의 일심을
어떻게 깨닫게 할 것인지 제시하고 있다. 단지 인연 있는 사람은 모두
일심만행·만행일심의 중관을 깊이 관하여 자신을 제도하고 남을
제도할 수 있기를 바랄 뿐이다.

재차 본집이 세운 종취는 바로 삼계유심·만법유식이다. 왜 그런가?
유식의 교리는 모두 제법에는 모두 삼성三性이 있다고 설명한다. 첫째
변계소집성遍計所執性38)이다. 순전히 물든 것으로 중생의 망견이다. 손
가락을 달로 집착하는 것처럼 응당 버려야 한다. 둘째 의타(인연)기성依
他起性39)이다. 물든 것도 있고 청정한 것도 있는데, 중생의 정견이다.
손가락에 의지해 달을 보는 것으로 응당 채택해야 한다. 셋째 원성실성
圓成實性40)이다. 순전히 청정한 것으로 사事는 이理로 말미암아 이루고

---

38) 「변계소집성」은 범부의 망정妄情으로 갖가지 인연으로 생긴 제법을
두루 헤아려 분별하여 실제로 존재한다고 집취執取함을 말한다. 일반
인은 세간의 사물을 모두 실제로 존재한다고 여기서 오온 12처 18
계를 실아實我·실법實法이라 망집하고 이로 인해 두루 헤아려 분별
한다. 이 일체는 모두 「유식이 변하여 이루어진 것(唯識所變)」으로
유정들은 이렇게 이루어진 것을 허망하게 분별한다. /편주

39) 의타기依他起의 「타他」는 인연을 가리켜 말한 것이다. 의타기성은
즉 인연에 의지해 일어나는 법을 뜻한다. 이 의타기성은 유위법에
속하고 곧 온갖 인연이 지은 법이다. 백법百法 중에 6무위법을 제외
하고 기타 94법은 모두 의타기성에 포섭된다. 유식학에서 이른바 중
연衆緣이 가리키는 것은 인연因緣·등무간연等無間緣·소연연所緣緣
·증상연增上緣 등의 네 가지 인연을 말한 것이다. 그래서 일체법 유
위의 현상은 모두 인연이 화합하면 생하고, 인연이 흩어지면 멸함을
알 수 있다. 이 때문에 일체제법은 유이되 유가 아니고, 무이되 무가
아니다. 의타기성은 또 염분染分·정분淨分 두 가지가 있다. 염분의
타染分依他는 허망분별의 연에 의지해 유루잡염의 법을 일으킴을 말
하고, 정분의타淨分依他는 성지聖智의 연에 의지해 무루순정의 법을
일으킴을 말한다. 그 가운데 달리 말하면 정분의타는 「원성실성圓成
實性」에 포섭된다. /편주

40) 원성실성은 진여는 원만圓滿·성취成就·진실眞實 등 3가지 성질을
갖추고 있음을 가리킨다. 즉 첫째 원만으로 제법의 상은 그 자신의
법체에 국한되고 나머지 장소에 통하지 않지만, 이에 반해 진여의

이理는 사事에 의지해 드러나 원만 성취하므로 세간 출세간의 진리이다. 물이 낱낱 그대로 파도를 이루고 파도가 낱낱 그대로 물이며, 물과 파도는 비록 다를 지라도 같은 습한 성질로 하나도 아니고 다름도 아니라 응당 깨달아 증득하여 물든 것을 바꾸어 청정한 것이 된다.

본집에서는 종지를 세워 "온갖 선이 돌아가는 것은 모두 실상을 종취로 한다." 하셨다. 앞의 구는 정분淨分이 인연에 의지해 일어남(依他起)을 가리키고, 뒤의 구는 순정이 실상을 원만히 이룸(圓成實)을 가리킨다. 인연에 의지해 일어나는 온갖 선은 (육도만행을 함섭하여) 사상事相이고, 필연코 함께 돌아가 실상을 원만히 이루는 일심이성一心理性이다. 심心은 바로 식識이다. 식은 염정染淨으로 나뉘고, 심은 진망眞妄으로 나뉜다. 중생의 식은 망염妄染이고, 제불의 마음은 진정眞淨으로 서로 용은 다르지만, 그 체는 둘이 아니다. 그래서 악을 그치고 선을 닦아서 물든 식을 바꾸어 청정한 식이 되고, 범부의 마음을 바꾸어 부처님의 마음이 되어야 속히 성불할 수 있다.

묘리는 사처에 두루 할 수 있다. 둘째 성취로 제법은 공空·무상無常·무아無我 등 공상共相을 갖추고 있지만, 진여의 실체는 상주하고 생멸이 없이 작용한다. 셋째 진실로 제법의 체는 허망하여 진실하지 않지만, 진여의 성은 상주하여 두루 통한다. 원성실성은 번뇌煩惱·소지所知 두 가지 장애가 공하여 드러나는 진리이고, 또한 제법진실의 체성이다. 이는 또한 진여眞如·실상實相·법계法界·법성法性이라 하고, 모두 체는 같지만 이름이 다르고 제법공덕의 실성을 원만히 성취하는 까닭에 원성실성이라 한다. /편주

나뭇가지 흔드는 바람소리의 울림을 듣고
마음의 밀전密傳을 받을 수 있네.
聽風柯之響 密可傳心

아미타경에 이른다.
"물새와 수림樹林이 모두 다 부처님을 염하고,
법을 염하며, 승을 염한다."
이로 알건대 경계란 마음에 즉한 경계이고,
심心이란 경계에 즉한 심이다.
주관과 객관(대상)이 나누인 듯하나,
일체이며 다른 것이 아니다.
능히 경계가 마음임을 안다면 바로
이것이 비밀리에 전수하는 뜻이다.
끝내 남에게 줄 어떠한 일법一法도 없다.
— 영명연수대사의 주심부註心賦

제2장 비유를 들다(擧喩)

허공이 만물을 감싸서 받아들이는 것 같고, 대지에서 만물이 생겨나는 것과 같다.

如空包納, 似地發生。

이 두 구의 글은 비유를 든 것이다. 「여공포납如空包納」, 이는 일심이 만법을 포함하여 받아들이는 것에 비유한 것이다. 이는 천태지자 대사께서 "일념은 삼천 성상性相을 갖추었다." 말씀하신 것과 같다. 그래서 실상으로 돌아가는 것이 종취라고 말씀하셨다. 「사지발생似地發生」, 이는 일심에서 만법과 온갖 선이 생겨남을 비유한 것이다. 그래서 온갖 선이 돌아가는 곳이라 말씀하셨다. 허공은 청정본연淸淨本然[41]하고 광대무변하여 만사만물을 포용 함장하여 받아들일 수 있다. 중생의 일심실상 또한 이와 같아서 십법계의 의정사리依正事理[42]를 포함하여 받아들일 수 있다. 그래서 "허공이 만물을 감싸서 받아들이는 것 같다." 하셨다. 대지는 일체종자를 함장含藏하여 일체 만물을 낳는다. 마음은 대지처럼 일체 선법·선행을 일으켜 생겨나게 한다. 그래서 "대지에서 만물이 생겨나는 것과 같다." 하셨다.

---

41) "세존이시여, 만약 세간의 모든 육근·육입·오음·십이처·십팔계 등이 모두 여래장이라 청정본연한데 어찌하여 홀연히 산하대지와 여러 유위상有爲相이 생겨나서 차례로 변천하여 흘러서 마쳤다가 다시 시작하는 것입니까?" 또 여래께서 말씀하시길, "지수화풍은 본래 성품이 원융하여 법계에 두루 퍼져 담연하게 상주하느니라" 하셨습니다. 《수능엄경首楞嚴經》/편주

42) "일념이 일어남을 관하면 십계를 갖추어 시방이라 이름한다. 시방은 의보依報이고 십계는 정보正報이다. 만약 의보가 없으면 정보 또한 없다. 이미 정보가 있는 즉 성性·상相·본말本末 등 백법이 있어 또한 백방百方이라 이름한다." 《마하지관》/편주

선종(남악 회양선사)의 전법게傳法偈에 이르기를, "심지는 온갖 종자를 포함하고 있어 비를 만나면 모두 다 싹을 틔운다(心地含諸種 遇雨悉皆萌)." 하셨다. 불교의 수많은 행문行門에서도 또한 심지법문心地法門을 상용한다고 한다. 《대승본생심지관경大乘本生心地觀經》〈관심품觀心品〉에 이르시길, "중생의 마음은 대지와 같아서 오곡·오과가 대지에서 나온다. 이와 같이 세간 출세간의 선악오취善惡五趣·유학무학(有學無學; 성문사과)·독각·보살·여래에 이르기까지 모두 심법에서 나온다. 이 인연으로 삼계유심三界唯心, 심心을 지地라 이름하느니라." 하셨다.

제3장 제일인을 기술하다(述因)

그래서 일여一如[43])에 계합하기만 하면 저절로 온갖 공덕을 함장한다. 이에 진제眞際[44])는 움직이지 않을지라도 만행萬行은 늘 일어나고, 인연생因緣生의 도리를 무너뜨리지 않으면서 법계가 항상 현현한다. 또한 고요한 가운데 걸림 없이 쓰고, 속은 진에 어긋나지 않으며[45]), 유와 무를 나란히 관하니 일제一際[46]로 평등하다.

---

43) 「일一」은 절대유일이고 「여如」는 진여와 같은 뜻으로 하나의 차별 없이 평등하다는 뜻이다. 세간의 일체 사물현상에는 실상이 있다. 이 는 불이불이不二不異의 경지이다. /편주

44) 진실제眞實際의 준말. 제際는 구경究竟의 뜻. 오온五蘊의 제법諸法 에 대한 객관적 미집迷執과, 오온五蘊으로 조성된 아我에 대한 주관 적 미집迷執이 사라질 때에 나타나는 진여眞如를 말한다. /편주

45) 현수賢首 국사께서는 《수화엄오지망진환원관修華嚴奧旨妄盡還源觀》 에서 이르시길, "또한 진은 속에 어긋나지 않는 까닭에 수연이라 하 고 속은 진에 어긋나지 않는 까닭에 묘용이라 한다(又眞不違俗故隨緣 俗不違眞故妙用)." 하였다. 「진眞」은 자성自性이고, 「속俗」은 업보業報 이다. 육도도 속이고 십법계도 속이지만, 십법계는 진에 접근하고 육 도는 진을 여의지 않아 진속은 영원히 떼어놓을 수 없다. 왜 우리는 멀리 여의었다 말하는가? 우리는 비록 면전일지라도 인식하지 못하 여 멀리 여의었다고 말한다. 고인이 "도는 사람과 멀리 떨어져 있지 않은데 사람이 저절로 멀리 여의었다."라고 말한 것이 이 뜻이다. 도 道는 바로 진여이고, 자성으로 우리들과 멀리 떨어져 있지 않으나, 우리들 자신이 멀리 떨어져 있다고 본다. 십법계 의정장엄과 육도삼 도의 의정장엄은 "진은 속에 어긋나지 않는다."이지 않은가? 자성은 수연隨緣하니 십법계의 인연에 따르고 육도의 인연에 따르며 삼악도 의 인연을 따라서 인연을 따르지 않음이 없다. 인연을 따르지 않는 모습이 어떻게 현전하겠는가? 이것이 수연隨緣이다. 우리들이 속俗에 서 진을 볼 수 있으면 그것은 바로 묘용妙用이다. _정공법사 /편주

46) "「일제一際」는 무분별無分別을 뜻한다. 「절기시종絶其始終」, 시종이 없다. 일제一際란 무엇인가? 《화엄경華嚴經》에서 말하는 마음도 일어 나지 않고 생각도 움직이지 않은 상태이다. 육근이 육진 경계에 마

是以但契一如 , 自合衆德。然不動眞際 , 萬行常興 ; 不壞緣生 , 法界
恒現 ; 寂不閡用 , 俗不違眞 ; 有無齊觀 , 一際平等。

이 단락의 글에서는 종취를 세운 뜻의 가장 기본되는 인因이 중관·유
식의 요지임을 설명한다. 그래서 앞쪽에서 종취를 세우고, 비유를
들어 설명하고 난 후 계속하여 무엇이 제일인第一因인가 분명히 기술하
여야 한다.

「일여一如에 계합하기만 하면 저절로 온갖 공덕을 함장한다(但契一
如 , 自合衆德)」 곧장 그 제일인을 가리키니, 이는 세 가지 방면으로 설명할
수 있다. 첫째 상종相宗 유식학파에 의거해 설명하면 보살의 수증인과修
證因果 내지 제불의 체용體用은 모두 진여심眞如心 가운데 청정한 무루종자
無漏種子를 통해 발생한 것이다. 범부와 외도의 생사윤회는 아뢰야식의
오염된 유루종자有漏種子로부터 연기된 것이다. 이들 유루·무루종자는
법계연기法界緣起의 제일인이다. 단지 이것이 진여 무루종자를 통해
연기한 온갖 선이기만 하면 저절로 갖가지 공덕 과보가 있다. 이를테면
불신·정도·오안·육통·십력·사무외四無畏 등 이른바 이것이 있는
까닭에 저것이 있고, 본래 그대로 이와 같이 구족하고 있다(法爾如是).
그래서 "일여一如에 계합하기만 하면 저절로 온갖 공덕을 함장한다."
하셨다.

둘째 공종空宗 중관학파에 의거해 말하면 일여一如는 곧 제법이 평등한
공성으로 평등을 일一이라 이름하고 공성을 여如라고 이름한다. 만약
중관정견中觀定見이 있어 평등한 공성을 계오契悟하여 온갖 선을 닦으면
저절로 일념심성에 수순하여(稱性)[47] 연기하는 일체공덕을 건립할 수

음이 일어나지도 생각이 움직이지도 않는다. 마음이 일어나고 생각
이 움직이면 시종이 있고 마음이 일어나지 않으면 시종이 없다. 시
종始終이란 시간이다. 그래서 무량겁도 일념에 농축할 수 있고 일념
도 전개하면 무량겁이 될 수 있어 시간은 진짜가 아니다. 염불하여
이일심불란理一心不亂에 이르면 이 경계에 들어간다." _정공법사《수
화엄오지망진환원관修華嚴奧旨妄盡還源觀》 강기 / 편주

있다. 《유마경》에 이르시길, "무주·무본(공성)을 좇아서 일체법을 세운
다(從無住本, 立一切法)."48) 하셨다. 또한 《중론》에 이르시길, "(대승) 공의空

47) 《능엄경》의 수학과정에서 가장 중요한 사상은 바로 「칭성기수稱性
起修, 전수재성全修在性」이다. 「칭성기수稱性起修」는 인지因地를 기준
으로 말한 것이고, 「전수재성全修在性」은 과지果地 상에서 말한 것이
다. 칭稱은 수순隨順의 뜻이 있다. 우리들의 현전 일념심성에 수순하
여 보리심을 일으킨다. 칭稱은 또한 안주安住이다. 당신의 청정본성
에 안온히 머물러 닦는다. 수행하려면 반드시 진여에 안온히 머물러
야 심령의 역량을 풀어놓을 수 있다. 칭성기수稱性起修는 바로 진여
에 안온히 머물러야 자격이 생겨서 수행할 수 있음을 말한다. 《능엄
경》의 원돈지관圓頓止觀의 발심은 단지 하나의 이유가 있을 뿐이다.
당신은 불법을 왜 수행하는가? 나의 본성에 순종하여야 하기 때문이
다. 나의 본성은 본래 반야덕般若德·해탈덕解脫德·법신덕法身德을
구족하고 있으므로 그것을 드러내 보여야 한다. 칭성稱性에서 말하면
실제로 악을 끊고 선을 닦아 중생을 제도하는 것은 본심에 수순하는
것이다. 바깥의 인연을 임시로 빌려 자성의 공덕을 드러내 보이는
것을 「칭성稱性」이라 한다. 중생이 본래 갖추고 있는 일념심성에 수
순하여 일념의 보리심을 일으킨다. 보리심을 일으킨 후 수修가 생기
기 시작한다. "수修"는 본경에서 주로 십주十住, 십행十行, 십회향十
迴向으로 공가중 삼관을 닦는다. "십주十住"에서는 공관空觀을 닦는
데 그것의 중점은 번뇌장을 바꾸어 반야덕, 진여의 체를 성취하는데
있다. "십행十行"에서 그것의 중점은 가관假觀을 닦아 업장을 바꾸어
해탈덕, 진여의 묘용을 성취하는데 있다. "십회향十迴向"에 이르러
그것은 중관, 공가불이空假不二를 닦아 중도에 순입順入하여 보장報
障을 바꾸어 법신덕을 성취한다. 정계淨界 법사 《능엄경 강의》/편주
48) 「무주無住」는 생명본성이다. 「무주」는 「능能」이다. 이 「무주」 일념
이 미혹할 때 곧 범부가 되고, 그 때의 생각은 「전도상顚倒想」이 된
다. 「무주」 일념이 깨달을 때 곧 부처가 되고, 때때로 모두 깨달으면
「아뇩다라삼먁삼보리」에 머문다고 한다. 이때문에 「각覺」이라 부르든
「미迷」라 부르든지 모두 영원히 쉬지 않는 「무주」에서 나온다. 진실
로 이를테면 "자성이 만법을 생할 수 있는지, 어찌 알았겠는가?" 「무
주」는 영원히 작용하고 있고, 여태껏 멈춘 적이 없다. 선한 생각도
「무주」를 따라 일어나고, 악한 생각도 「무주」를 따라 일어난다. 선한
생각은 「무주」를 따라 증장하고, 악한 생각은 「무주」를 통해 멸하게
된다. 「무주」는 지금까지 쉬지 않는 까닭에 「무주無住」라 한다. 이때
문에 유마힐 대사는 이르시길, "무주는 곧 무본이다. 문수사리여! 무
주·무본을 따라 일체법을 세운다."하였다. _《천독유마힐소설경淺讀

義49)에 의지하는 까닭에 일체법이 성립된다. 제법이 공하지 않으면 일체법도 성립되지 못한다." 하셨다. 이는 곧 공성연기空性緣起50) · 십여

《維摩詰所說經》/편주

49) 부처님께서는 공성空性을 깨달아 증득함을 통해서 자재해탈을 얻으셨다. 그래서 깨달아 증득함에서 말하면 공空은 일체법의 진실성이고, 반야는 보리를 깨달아 증득한 것이다. 깨달아 증득함으로 인해 해탈을 얻음에서 말하면 공은 끈끈한 집착의 결박을 풀어버리는 선교방편이다. 공空 · 무소주無所住 · 무착無著 · 무취無取 등은 취향해 증득하는 방편이고, 깨달아 증득한 성과이다. 하나는 진성眞性을 기준으로 말하였고, 하나는 행증行證을 기준으로 말하였다. 현재 말하려는 대승공의大乘空義는 진실의眞實義를 기준으로 말한다. 대승법에서 공은 "깊고 깊으며 가장 깊고 깊으며, 통달하기 어렵고 지극히 통달하기 어려운" 것이라 불린다. 《반야경》에 말씀하시길, "심오深奧함이라 함은 공이 그 뜻이고, 무상無相 · 무작無作이 그 뜻이며, 불생불멸이 그 뜻이다."라 하였다. 《십이문론十二門論》에서도 말씀하시길, "대부분의 깊은 뜻은 이를테면 공空이다." 하였다. 그래서 공空 · 무생無生 · 적멸寂滅 등은 대승의 깊고 깊은 뜻이다. 왜 가장 깊고 깊은 뜻이라 간주되는가? 이는 세속지식, 즉 상식 · 과학 · 철학의 지식으로는 통달할 수 없고, 오직 무루 · 무분별의 지혜로 체득할 수 있을 뿐이기 때문이다. 이는 세간 일반을 초월하는 것이다. 그래서 깊고 깊다(甚深)고 말한다. 《대승공의大乘空義》, 인순 법사 /편주

50) "제법은 모두 유자성有自性이 없다. 제법은 반드시 인연으로부터 생겨나는 까닭이다. 만약 어떤 법에 자성이 있다면 이러한 법은 응당 어떤 인연에도 의지하지 않고 곧 성취할 수 있고 존재한다고 말할 수 있다. 또한 어떤 다른 연의 영향을 받지 않고 항상 불변일 것이다. 자성은 영원히 다른 성性으로 변화되지 않는 까닭이다. 만약 이러한 존재가 있다면 곧 그것은 실유법實有法이라 부를 수 있다. 그러나 누구든지 설령 두루 시방삼세의 모든 사물을 찾을지라도 이런 류의 실제로 유자성의 법을 얻을 수 없다. 이는 구경진리를 통찰한 일체지지一切智智 불타께서 걸림없는 지혜로써 직접 본 사실이다. 또한 중관 공성연기空性緣起의 정리正理를 깨달아 아는 지자智者가 무구無垢의 정리正理로써 건립할 수 있는 정량正量이다. 세속제이든 승의제이든 관계없이 다른 연에 의지하지 않고 자성성립自性成立의 법은 언제 어디서나 모두 유有가 아니다. 이것은 바로 변집견邊執見을 깨뜨리는 중심정리이자 용수보살께서 명백히 논술하신 중관 밀의密意가 있는 곳이다. 여기서 설한 유자성有自性 · 자성성립自性成立은 다른 연을 통하지 않고 오직 자체로 말미암아 단독으로 성립함을 가

시十如是51)가 온갖 선의 제일인이 되고, 갖가지 유루·무루의 공덕이 온갖 선의 불이과不二果임을 뜻한다. 이와 같은 인因이 있으면 반드시 이와 같은 과果가 있다. 그래서 이르시길, "일여一如에 계합하기만 하면 저절로 온갖 공덕을 함장한다." 하셨다. 셋째 성종性宗 학파를 기준으로 설명하면 일심이문一心二門·불일불이不一不異52)를 일여一如라

리킨다."《중관사백론광석中觀四百論廣釋》, 쇼다지 캄포 /편주

51) 십여시十如是는 제법에 대한 총괄적인 설명이다. 어떤 법(색·상·이름)이든 모두 상相·성性·체體·력力·작作·인因·연緣·과果·보報·본말구경本末究竟이 있다. 여기서 체를 제외하고 그밖에는 각각 다르지 않다. 제법은 십여시를 포함하고 있고, 모두 일여一如가 정응正應한다. 제법이 일여一如이고, 일체가 모두 시是이다. 하나하나의 여시如是는 세 방면으로 관조할 수 있는데, 이를테면 여시상如是相 (가관假觀)·상시여相是如(공관空觀)·상여시相如是 (중관中觀), 내지 여시본말구경如是本末究竟·본말구경시여本末究竟是如·본말구경여시本末究竟如是이다. 또한 여시如是는 나누어 이해할 수 있는데, 여如는 불성·적멸·공空 등이고, 시是는 하나하나의 법이고 드러낸 색상이다. /편주

52) "《대승기신론》에서는 대승법의 「정의正義」는 중생심衆生心에 「의지」한다고 「현시」한다. 중생심이 곧 「일심법一心法」이다. 본론의 관점에서 말하면 세간법과 출세간법은 오직 중생심 하나이다. 그래서 일심법에 의지해서 말한다. 일심에 의지해서 일체법을 건립하고 이문二門에 따라서 설명하면 즉 「하나는 심진여문心眞如門이고, 둘은 심생멸문心生滅門」이다. 본론의 이문은 생멸은 오직 사상事相·차별을 기준으로 말하고, 진여는 오직 이성理性·무차별을 기준으로 말한다고 생각하지 말라. 본론은 생멸을 말하고 곧 진여를 말한다. 진여는 생멸을 여의지 않는다고 말한다. 이것은 불일불이不一不異의 논법에서 불이不異에 중점을 두는데, 이는 불일不一에 중점을 두는 유식학파와 다르다. … 본론의 이문은 바로 중생심의 본성인 불생불멸의 뜻을 좇아 심진여문을 세우고, 중생심의 유전생멸의 뜻을 좇아 심생멸문을 세운다. 그래서 본론 생멸문의 생멸은 단지 찰라·분위(分位; 시분과 방위)의 생멸을 가리키는 것이 아니라 생멸 유전하는 가운데 본래 불생不生에 의지해서 적멸로 돌아가 멸함이 없는 진여성眞如性에 이른다고 말한다. 진여문은 오직 진여만 밝혀서 털끝만큼도 생멸에 관련 되지 않는 것이 아니다. 생멸이 어찌 진여를 여읜 적이 있는가? 이 때문에 본론은 일심법에 의지해서 두 가지 문이 있고, 「두 가지 문」은 「각각 일체법을 총섭總攝한다」고 말한다. 유식학파처럼

이름한다. 단지 일심이문을 신해信解하고 계합하기만 하면 그렇게 닦은 바 크고 작은 선행은 모두 중도행中道行이고, 빠짐없이 성불의 제일인이 다. 그래서 《법화경》에 이르시길, "한번 나무불이라 불러도 빠짐없이 이미 불도를 이루었다." 하셨다. 일념심성은 비록 공(진여문)일지라도 유(생멸문)이며, 비록 유일지라도 공이므로 늘 같고 늘 다르며, 늘 다르고 늘 같아서 유와 무가 번갈아 돌아가며 자성이 청정하다. 그래서 집문에서 또 말씀하시길, "진제眞際(일여)는 움직이지 않을지라도 만행 萬行(중덕)은 늘 일어난다." 하셨다. 이미 만행은 늘 일어나 저절로 무량공덕을 성취(함장)한다.

위에서처럼 삼종의 다른 분별해석을 지었을지라도 원교보살이면 원융무애하고 차별이 없다. 왜 그런가? 오직 마음으로 법이 없는 까닭에 공空이라 이름하고 식으로 종자가 없지 않는 까닭에 유有라 이름하고, 일심이문·비일비이로 공과 유가 서로 이루니, 이것은 중생과 부처가 평등하게 갖추고 있는 심성으로 우주만상에 두루 하다는 뜻과 본래 이와 같다는 뜻이 있다. 이 일심이문은 법계연기·사사무애의 제일인 이다. 일체법은 모두 이 일심이문에 의지해 생겨난 것이다. 그래서 고덕께서 말씀하시길, "단지 심지를 요달할 뿐, 그래서 총지라 부른다 (但了心地, 故號總持)."53) 하셨다. 만약 어떤 사람이 식으로 마음을 얻는다면

진여는 오직 진여성을 거두고 생멸문은 단지 찰나생멸의 유위사有爲 事라고 말하지 않는다. 본론은 이문을 나눌지라도 이문은 모두 일체 법을 총섭한다. 진여문에서는 생멸법을 거둘지라도 진여를 근본으로 삼는 까닭에 심진여문이라 이름한다. 생멸문에서는 비록 진여성을 거둘지라도 생멸사生滅事를 중심으로 삼는 까닭에 심생멸문이라 이름한다." 《대승기신론강기》, 인순 법사 /편주

53) "대저 법성法性은 끝닿은 데가 없거늘 어찌 마음으로 제도받음(所度)을 입겠는가? 진여는 상이 아니거늘 어찌 말로써 뜻이 나타남(所詮)을 빌리겠는가? 이런 까닭에 중생은 넓고 넓어 궁진함이 없고, 법의 바다는 망망하여 어찌 다하겠는가? 만약 널리 경문의 뜻을 찾으려 하면 마치 거울 속에서 형상을 구하는 것과 같고, 다시 생각을 쉬고 공을 관하려 하면 또 한낮에 그림자를 피하려는 것과 같으니라. 이 경전은 대지와 같으니, 어떤 물건이 대지로부터 생겨나지 않는 것이 있겠는가? 제불께서 오직 일심을 가리키니, 어떤 법이 마음

대지에 한 치의 땅도 없다. 그래서 《화엄경》〈묘엄품〉에 이르시길, "일체법문 그지없어 바다 같거늘 일법 도량 가운데 모두 모이네(一切法門 無盡海 同會一法道場中)." 하셨다. 앞의 일구는 바로 「저절로 온갖 공덕을 함장하다」이고, 뒤의 일구는 바로 「다만 일여一如에 계합하다」이다. 십현문十玄門 중에 제1 동시구족상응문同時具足相應門에 상당한다.54) 먼저 이 총상總相을 말하고, 뒤쪽에 별상別相을 다시 말할 것이다.

「이에(然)」는 이어주는 말(轉接語)이자 조사助詞로 별상으로 바꾸어 총상에 이어주고 주요 제일인을 도와 또렷이 이해하게 한다.

「진제眞際는 움직이지 않을지라도 만행萬行은 늘 일어난다(不動眞際, 萬行常興)」이 두 구는 십현문 중에서 제10 주반원융구덕문主件圓融具德門에 상당한다.55) 진제는 즉 일여로 이는 심진여문이다. 만행은 즉 연기하는 온갖 선으로 이는 심생멸문이다. 진여는 비록 움직이지 않을지라도 생멸은 늘 일어난다. 이는 곧 성은 본래 공하되 인연이 화합하여 일어나고(空性緣起), 인연이 화합하여 일어나되 성이 공함(緣起空性)으로 제법이 구족하고 있는 원만하고 밝은 성덕性德이다. 이 성덕에 의지해 인을 닦는 즉 과덕의 제일인을 성취하게 된다. 일여(不動眞際)하여 온갖 선의 공덕이 원만하다. 그래서 원명구덕圓融具德이라 이름한다. 《대반야바라밀다경》에 이르시길, "일심一心에 즉해서 만행萬行을 구족하나니, 마음

으로 인하여 세워지지 않는 것이 있겠는가? 다만 심지를 요달할 뿐 그래서 총지總持라 부르고, 법은 무생無生임을 깨침을 묘각妙覺이라 이름한다. 일념에 (삼현·십지를) 초월하거늘 어찌 번거로이 논의가 필요하겠는가?" 남양혜충南陽慧忠 국사, 《반야바라밀다심경서般若波羅蜜多心經序》/편주

54) (징관 대사의) 『화엄대소(大疏)』에 이르길, "한 방울의 바닷물은 백 가지 강물의 맛을 갖추고 있는 것과 같다(如海一滴 具百川味)"고 하였다. 이는 일법一法이 이루어져 일체 법을 동시에 구족하고 원만히 드러냄을 나타내 보인다. /편주

55) 『대소大疏』에 이르길, "북두칠성이 머무는 곳을 뭇 별들이 에워싼다(如北辰所居 衆星拱之)." 고 하였다. 일법을 들면 나머지 일체법은 그것을 향해 동반한다. 그래서 일법은 일체법의 공덕을 원만하게 한다. /편주

을 인하여 단壇 바라밀의 버림(捨)을 행하고, 마음을 인하여 지계바라밀을 행하고, 마음을 인하여 인욕바라밀의 받음(受)을 행하고, 마음을 인하여 정진바라밀을 지으며, 마음을 인하여 선바라밀을 발하고, 마음을 좇아 반야바라밀을 일으키고, 마음을 좇아 방편바라밀을 생하고, 마음을 좇아 역力바라밀을 운영하고, 마음을 좇아 원願바라밀을 일으키며, 마음을 좇아 지혜바라밀에 도달하느니라." 하셨다. 또한《선원도관서禪源都觀序》(망진환원관妄盡還源觀)에 말씀하시길, "하나의 체에 두 가지 용이 일어나니, 첫째는 (의보依報를 나타내는) 해인삼라에 항상 머물러 있는 용(海印森羅常住用)으로 바닷물처럼 맑고 맑아서 나타나지 않는 형상이 없다. 그래서 삼라만상은 하나의 법에서 찍혀서 나타난 것(所印)이라 말한다. 일법이란 이른바 일심이니. 이 마음은 곧 일체 세간 출세간법을 다 포섭하고, 곧 이 일진법계 대총상법문大總相法門이다. 심체는 오직 하나뿐이지만 망념을 일으킴에 차별 있으니, 만약 망념을 여의면 오직 진여 하나뿐이라. 그래서 해인삼매라 한다. 둘째 (정보正報를 나타내는) 법계가 원만하고 밝은 자재한 용(法界圓明自在用)으로 이것은 즉 화엄삼매이다. 말하자면 만행을 널리 닦고 그 이체에 칭합하여 덕을 이루어 법계와 두루 같다. 이러면 진여가 망정의 지말을 갖추어 행行은 닦지 않음이 없고, 망정이 진여의 근원을 꿰뚫어 상相은 고요히지 않음이 없다." 하셨다. 이는 모두 "진제는 움직이지 않을지라도 만행은 늘 일어난다."는 경문에 대한 가장 아름다운 해설이다.

「인연생因緣生의 도리를 무너뜨리지 않으면서 법계가 항상 현현한다(不壞緣生 , 法界恒現)」 앞의 일구는 일체법의 연기가 중중무진하여 무너뜨리지 못함을 밝힌 것이다. 뒤의 일구는 티끌마다 법마다 빠짐없이 사사무애법계를 위함을 밝힌 것으로 그래서 법계가 항상 현현한다. 이는 십현문에서 제8 탁사현법생해문托事顯法生解門이다.56) 인연생의 도리를 무너뜨리지 않음은 속제를 폐하지 않음이고, 법계가 항상 현현

---

56) 『대소大疏』에 이르길, "서있는 불상이 팔을 세우니, 눈길이 닿는 것은 모두 다 도이다(立像竪臂 , 觸目皆道)."고 하였다. 한 알의 티끌, 한 올의 털도 눈썹을 치켜세우고, 눈을 깜박이면 모두가 전체 법계를 드러낸다. /편주

함은 진제가 사라지지 않음을 말한다. 이는 《중론》에서 말한 바, "세속제에 의뢰하지 않고서는 제일의(법계)를 얻을 수 없다(不依世俗諦 不得第一義)."57) 경에서 말씀하신 바, "가명(연생)을 무너뜨리지 않으면서 실상(법계)을 설명하느니라."와 그 뜻이 모두 서로 같다.

「고요한 가운데 걸림 없이 쓰고, 속은 진에 어긋나지 않으며, 유와 무를 나란히 관하니 일제로 평등하다(寂不閡用, 俗不違眞, 有無齊觀, 一際平等)」 이 4구는 곧 일심이문은 원융무애하여 이른바 이제융통삼매인二諦融通三昧印이고 대승불법의 구경의이다.

「적불애용寂不閡用」 적寂은 일심의 체이다. 《법화경》〈약초유품〉에서 이르시길, "항상 적멸한 상이므로 마침내 공으로 돌아간다(常寂滅相終歸於空)."58) 하셨다. 고요한 가운데 걸림 없이 씀은 곧 체의 용으로 체를 잃지 않고 씀이니, 자성은 본래 공하여 인연이 화합하여 일어난다. 쓰지만 항상 고요함은 곧 용의 체로 쓸지라도 체를 잃지 않음이니,

---

57) "세속제에 의지하지 않으면 제일의를 얻을 수 없고, 제일의를 얻지 못하면 열반을 얻지 못한다(若不依俗諦, 不得第一義。不得第一義, 則不得涅槃。)." 선설한 승의勝義에 담긴 함의를 설명하려면 반드시 능전能詮 소전所詮, 능지能知 소지所知 등등 세간의 명언에 의뢰하여야 한다. 만약 이들 세속의 표현방식에 의뢰하지 않으면 영원히 승의실상(제일의)를 해석할 수 없다. 만약 승의실상을 해석할 수 없으면 승의실상을 증득할 방법이 없다. 승의실상을 증득할 수 없다는 말은 구경열반을 획득할 수도 없다는 뜻이다. _《중론석中論釋》, 셰랍 장포 麥彭 린포체仁波切 /편주

58) "「항상 적멸한 상」이라 말함은 결박을 끊음으로써 해탈이라 이름하는 것이 아니고, 본래 결박이 없어 지금 또한 벗어남이 없다. 합함을 버림으로써 이상離相이라 이름하는 것이 아니고, 본래 합함이 없어 지금 또한 여읨이 없다. 생겨남이 다함으로써 멸상이라 이름하는 것이 아니고, 본래 생함이 없어 지금 또한 멸함도 없다. 이른 바 제법은 본래부터 항상 스스로 적멸한 상이므로 이승의 삼상三相과 같지 않다. 「마침내 공으로 돌아감이」란 중도 제일의공으로 돌아감으로 이승의 (몸과 마음이 모두 없어지는) 회단灰斷의 공이 아니다. 정성을 다해 다시 해석하여 진실을 간추리고 방편이 기이하니, 부처님의 대자애심이 간절하고 깊으시다."《묘법연화경태종회의妙法蓮華經台宗會義》, 우익 대사 /편주

인연이 화합하여 일어나 자성이 없어 공하다. 체가 있고 용이 있으니 공에 즉하고 유에 즉함이 자재하여 걸림이 없다.

「속불위진俗不違眞」 속俗은 세속제이고 진眞은 제일의제이다. 속은 진에 어긋나지 않는다 함은 세속의 일체법은 모두 인연생으로 자성이 없어 바로 지금 이 자리가 바로 제일의제이다. 그래서 뒤쪽 집문에서 말씀하시길, "진제는 세움을 기다리지 않아도 늘 나타나고, 속제는 버림을 기다리지 않아도 절로 공하니 이제二諦가 같이 존재한다." 하셨다. 이를 "속은 진에 어긋나지 않음"이라 하셨다. 마치 물결과 물처럼 물결은 물에 어긋나지 않고, 물은 물결에 어긋나지 않아 물결과 물이 동시에 존재하며, 움직임과 젖음이 걸림이 없다.

「유무제관有無齊觀」 유有는 색심제법이고, 무無는 공성이다. 이는 곧 《반야심경》에서 말씀하시길, "색은 곧 공이고 공은 곧 색이니, 색이 공과 다르지 않고 공이 색과 다르지 않으며, 수상행식 또한 이와 같으니라." 하심과 같다. 그래서 유와 무를 나란히 관한다 하셨다. 이는 또한 유와 무는 번갈아 돌아간다고 이름할 수도 있어 불이중관不二中觀이다. 우주만유의 차별제법을 관하면 비록 유일지라도 모두 동일한 공으로 자성이 없으니, 이는 항상 다르시만 항상 같다. 법성을 관하면 비록 공일지라도 모두 각각 달리 연기하는 상용相用이 있으니, 이는 항상 같지만 항상 다르다. 일체법을 요달하면 항상 다르지만 항상 같고, 항상 같지만 항상 다르며, 마음과 부처 중생 또한 이와 같으니, 이것이 유와 무를 나란히 관함이다.

「일제평등一際平等」 일제一際는 곧 우리에게 현전하는 극히 작은(介爾) 일념一念이 변하지 않고 인연에 따르고, 인연에 따르지만 변하지 않는 까닭에 평등이라 한다. 변하지 않는 까닭에 인연을 따를 수 있고, 인연을 따르는 까닭에 그래서 변하지 않는다. 같음에 집착하고 공에 집착하여서도 안 되고, 다름에 집착하고 유에 집착하여서도 안 된다. 왜 그런가? 《법화경》〈방편품〉에 이르시길, "중생이 곳곳에 집착함에 그들을 인도하여 출리할 수 있을 따름이라(衆生處處著 引之令得出).59)" 하셨다. 또 《중론》에서 이르시길, "나는 말하길, 인연으로 생한 일체법은 바로 공이고, 또한 가명일 뿐이며, 또한 중도의 뜻이라 이름한다."60)
하셨다. 색심제법은 모두 즉공卽空·즉가卽假·즉중卽中이지 않는 것이
없으니, 이를 일제평등이라 한다. 또한 일체법을 관하면 마음으로
말미암아 건립되어 일체법은 마음 바깥에 없다.《대승지관》에 이르시
길, "심성이 스스로 청정하고 제법은 오직 일심이니, 이 마음 그대로
중생이 되고 이 마음 그대로 보살 부처이며, 생사 또한 이 마음이고
열반 또한 이 마음이며, 일심이나 둘이 되고 둘이나 두 가지 상이
없다." 하셨다. 이는 곧 십법계의 의정장엄을 관하면 필경에 모두
자성청정심으로 말미암아 연기하는 것으로 무와 유가 같지 않은 까닭
에 일제평등이라 한다.

---

59) "두 구는 삼승을 세우는 뜻을 내보이심이다. 뜻은 방편으로 인도하
여 모든 괴로움을 여의게 하시는 까닭이니 진실이 됨이 아니고 단지
방편문일 따름이다."《법화문구》천태지자 대사 /편주
60) "중관파의 자종自宗[나我]이 되어 스스로 연기하여 생한 일체법은
모두 그 자성본체를 공이라 해석한다. 스스로 연기하여 생한 법은
마치 마차와 같이 단지 그 자신이 설시한 곳에 의지하여 안립한 가
명일 뿐이다. 이른바 연기성緣起性은 바로 상단常斷·유무有無 등의
양변 희론을 영원히 여읜 중관도中觀道의 진실한 대의大義이다."《중
론석中論釋》, 셰랍 장포麥彭 린포체 /편주

[제2대과] 중도원융을 닦는 행 : 대행장엄大行莊嚴 유심정토(수덕修德)

Ⅰ. 일심으로 말미암아 만행을 닦다

제1장 응당 닦아야 함을 내걸다(標應修)

그러므로 만법이 유심惟心일지라도[61] 응당 모든 바라밀을 널리 행할 지라.

是以萬法惟心 , 應須廣行諸度。

이 두 구의 경문에서 앞의 구는 만행일심이고, 뒤의 구는 일심만행이 니 이에 중도원융을 닦는 행의 총강령이다. 앞에서 응당 불가사의한 일심실상을 관함을 경계로 삼는 것이 곧 만행일심의 성덕을 요달하는 것이라고 설명하였다. 그래서 응당 성덕을 말미암아 수덕을 일으키고, 비록 만법이 유심으로 만들어질지라도 만행일심이니 응당 일심만행으 로 갖가지 바라밀(度)을 널리 많이 행하여야 한다. 마음이 이미 만법을 갖추었다고 구태여 육도만행을 닦을 필요가 있는가? 라고 결코 잘못

---

61) 《능엄경楞嚴經》에 이르길, "본심원지本心元地"라 하였다. 마음은 만 법이 생기하는 근본으로 땅에서 만물이 생겨날 수 있는 것과 같다. 수행자는 마음에 의지해 행을 일으키나니, 사람이 땅에 의지해 발걸 음을 내딛는 것과 같다. 이런 까닭에 마음은 성인과 범부의 본원으 로 땅에서 곡식과 과일, 벼와 풀이 생겨나는 것과 같다. 범부의 마음 은 미혹에 두어 두루 삼계가 유전하고, 성인의 마음은 깨달음에 두 어 본래 진원을 회복하여 생사의 흐름을 끊어 다스린다. /편주

인식하지 말라.

제2장 어려움에 임함을 보이다(示當難)

어리석은 견해를 고집스레 지키거나 공에 빠져 우두커니 앉아있어 참된 수행의 길을 가로막아서는 안 된다.

不可守愚空坐, 以滯眞修。

이는 공에 빠져 지혜가 없는 외도 및 공에 치우쳐 법에 어리석은 이승을 가리키는데, 이들은 모두 진공묘유의 중도에 도달하지 못하여 수행에 장애되는 바가 있다. 「체滯」는 가로막혀 통하지 않고, 장애로 행하기 어렵다는 뜻이다. 닦는 바 행문에 대해 공에 집착하지도 곧 유에 집착하지도 않아야 하니, 모두 중도원융의 진실성덕에 계합할 수 없다. 이렇게 수행하면 성불할 수 없어 참된 수행이라 할 수 없다. 수행이 참되지 못하면 증득함도 실하지 못하니 어찌 헛되이 아무런 공이 없지 않겠는가? 그래서 "어리석은 견해를 고집스레 지키거나 공에 빠져 우두커니 앉아있어 참된 수행의 길을 가로막지 말라." 하셨다. 연수대사께서는 본집에서 매우 많은 문답을 가설假設하여 이 중도원융한 행문을 해석하셨을 뿐만 아니라 몸소 모범을 보이셨으니, 그는 자신 스스로 이번 일생이 다하도록 대행大行에 싫증내지 않으셨고, 원융무애하시어 만선을 널리 닦아 정토를 장엄하시고 선정과 지혜가 서로 도와 이와 사에 걸림이 없으셨다. 이 같은 법수법행法隨法行과

중도원융한 풍범風範은 일체 불자의 본보기이시다.

그리고 또한 「수우守愚」라 함은 지혜가 없거나 문자만 찾는 미친 지혜(狂慧)로 장님이 애꾸눈 말을 타고 달리듯 수련(盲修瞎煉)하거나 방일하여 닦지 않음을 가리킨다. 「공좌空坐」 경교를 무시하는 어리석은 선(痴禪)이나 증상만인을 가리키니, 선정은 있지만 지혜가 없으며 법에 결박되어 있다. 이들은 모두 보살도를 행함에 있어 걸림돌(絆脚石)이고 일반 수행인이 가장 범하기 쉬운 폐단(通病)이다. 그렇다! 곧바로 잘못된 수행으로 외도에 빠져서(走火入魔) 혹 증득하지 못하였는데 증득하였다 하여 자신을 망치고 남을 망친다. 그래서 "안 된다(不可)"라 하였다. 마땅히 이러한 걸림돌을 던져버려야 비로소 성불의 도를 향해 발걸음을 내딛고 전진할 수 있다.

이 때문에 연수대사께서는 그가 저술한 《유심결唯心訣》에서 말씀하시길, "원만경계·상주불성에 들지 못한 채 마침내 윤회의 바퀴를 굴리게 된다. 단지 성덕에 어두워 진정한 종취를 판별할 수 없어. …… 단멸견에 집착하고 상견에 미혹하여 반연을 따라 달리며 본성을 잊고서 알음알이를 잘못 일으키고 수행이 잘못되게 된다. 혹 정신을 온화하게 하고 기를 길러 자연을 보전하고자 한다. …… 혹 원교의 이치를 소중히 여겨 집착하는 마음을 일으키니, 제호를 먹고 오히려 독이 되는 것과 같다. 위에서 이미 대략 일백이십 가지 삿된 종지의 견해를 표시하였으니, 이는 똑같이 종지에 미혹하고 등진 것으로 맑은 진성을 잃고 어긋난 것으로 눈을 눌러서 허공의 꽃이 생기는 것과 같고, 물에 비친 그림자를 자기의 머리로 잘못 아는 것과 같으며,

얼음을 두드려 불을 찾는 것과 같고, 나무 위에 올라가 물고기를 구하는 것과 같으며, 그림자를 두려워하여 허공으로 도망치는 것과 같고, 바람을 만지거나 번갯불을 잡으려는 것과 같다. 쓴 과일은 단 과일의 종자가 아니며, 모래로써 어찌 밥을 만들 수 있겠는가? 모두 법성에 융통함으로써 하나의 종지로 화회(화쟁·회통)시킬 수 없고, 방편에 모두 미혹하여 삿된 견해의 강물에 빠지며, 본심을 장애하여 중도에 들어가지 못한다." 하셨다.[62]

연수대사께서 열거하신 일백이십 가지 삿된 종지와 견해는 온갖 수행을 다 말하여 "어리석은 견해를 고집스레 지키거나 공에 빠져 우두커니 앉아있어 참된 수행의 길을 가로막아서는 안 된다."는 진면목을 드러내신 것이다. 수행에 뜻이 있는 분은 숙독하여 마음속에 깊이 새겨서 잘못이 있으면 고치고, 없으면 더욱 분발하시길 바란다. 일체 불법은 인(因)이 있으면 과(果)가 있음을 여의지 않고, 일체수행은 진심(眞)이 있으면 작위(僞)가 있음을 드러내지 않음을 마땅히 알아야 한다. 진심에 인하면 과가 알차고, 행이 원만하면 이익이 크다. 그래서 불법을 수학하면 반드시 작위를 버리고 진심을 간직해야 하며 삿된 것에 치우쳐 바르지 않은 견해를 가져서는 안 된다. 나는 늘 말한다. "사람 노릇 하고 불법을 배움은 모두 올곧은 마음(直心)과 바른 견해(正見)가 필요하고 노실(老實 ; 사물에 익숙하여 하는 일이 확실함)하여 작위가 없어야 한다. 제불보살께서 인을 닦고 과를 증득함은 모두 노실하여 올곧은 마음과 바른 견해를 지니는 가운데 찾아온다!"

---

62) 상세한 내용은 《유심결 심요》(비움과소통) 참조하라 /편주

II. 만선을 닦아 같이 일심으로 돌아가다

제1장 이와 사에 걸림이 없다(理事無閡)

"이理는 곧 무위이고 사事는 곧 유위이다. 종일토록 하나 유위인 적이 없고 종일토록 하지 않으나 무위인 적이 없다. 위와 무위는 비일비이하여 법성이 같은 근원이고 허공계와 동등하다(理則無爲, 事則有爲。終日爲而未嘗有爲, 終日不爲而未嘗無爲。爲與無爲, 非一非異, 同法性源, 等虛空界)"

1. 간략히 수승한 행과 수승한 이익을 내보이다.

만일 만행이 가지런히 일어나려면 필경 이理와 사事63)에 의지하여 이와 사에 걸림이 없어야 하니, 그 도는 중도실상에 있다. 마침내 나와 남을 함께 이롭게 하고, 동체同體의 대비大悲가 원만하여, 처음부터 끝까지 다 포함하고 이로써 다함없는 행을 이룬다.

若欲萬行齊興, 畢竟須依理事；理事無閡, 其道在中。遂得自他兼利, 而圓同體之悲；終始該羅, 以成無盡之行。

---

63) 이理는 진리 또는 도리로서 체에 해당하고, 사事는 사상事相 또는 사행事行으로서 용에 해당한다. 이것을 진과 속에 배당하여 이를 진제眞諦, 사를 속제俗諦라 한다. 《석문귀경의釋門歸敬儀》에 이르길, "도에 드는 문이 많으나 이와 사에 지나지 않으니, 이理란 도리로서 성심聖心의 먼 그리움에 통하고, 사事란 사국事局으로서 범정凡情의 먼 제도를 기약하는 것이다(入道多門不過理事。理謂道理通聖心之遠懷。事謂事局約凡情之延度)"라고 하였다. 《영명연수 대사의 「일심一心」 사상의 함의 요의 및 이론구축》, 호순평胡順萍 /편주

지금부터 어떻게 만행을 가지런히 닦아야 중도가 원융한지 분별해서 설명하겠다. 첫째 이와 사에 걸림이 없어야 한다. 앞의 네 구는 수승한 행을 간략히 보인 것으로 만약 무상보리심을 발하여 육도만행의 보살도를 수행하며 마침내 모두 이理에 의지하여 사事를 행하고 성性을 따라 수修를 일으키고 이와 사에 걸림이 없어야 무상정등정각의 보리도를 성취할 수 있다. 만약 이와 사가 서로 어긋나고 등지면 비록 만행을 가지런히 닦을지라도 마침내 성불하는 하루도 없다. 말하자면 인지因地가 진실하지 않으면 과지果地는 꾸불꾸불한 길을 만나게 마련이다. 뒤쪽 네 구는 수승한 이익을 간략히 보인 것이다. 대승보살행은 모두 곧 남을 이롭게 하고 자신을 이롭게 하여, 성덕 낱낱 그대로 수덕을 일으키고 수덕 낱낱 그대로 성덕에 있어, 성덕과 수덕이 둘이 아니고 자타가 불이이며 일체가 불이이다. 불이不二는 곧 동체이다. 일체보살의 두 가지 이로운 행 중에 또한 정토법문으로써 이사무애에 가장 잘 계합하고, 자리이타를 가장 쉽게 성취하며 동체대비의 원행을 원만히 실현한다.

「처음부터 끝까지 다 포함하고 이로써 다함없는 행을 이룬다」함은 인因을 닦음을 처음으로 삼고, 과위를 증득함을 끝으로 삼는다. 인은 과의 바다를 다 포함하고, 과는 인의 근원에 사무쳐야 한다. 닭과 알처럼 번갈아 인과가 되어 처음과 끝이 없다. 보살이 육도만행의 인을 닦고 과를 증득함도 또한 이와 같다. 성덕을 따라 수덕을 일으키고 전부 수덕 또한 성덕으로 돌아가고 번갈아 인과가 되니 인과가 불이不二이고 성덕수덕이 불이이다. 이는 곧 도의 처음, 도의 중간, 도의 나중 보현행으로 잇달아 꿰어 끊어지지 않고 처음부터 끝까지 다 포함하고 포섭하니, 이를 「다함이 없는 행」이라 한다. 불교수행의 인과는 대소승이 다르다. 대승불법은 모두 성덕·수덕·과덕이 처음부터 끝까지 관통하여 이와 사에 걸림이 없고, 상즉相卽하고 상입相入하며, 하나가 무량이 되고 무량이 하나가 된다.

당나라 청량 국사께서는 순종 황제가 던진 "제경의 요의를 처음부터 끝까지 어떻게 관통하는가?"라는 질문에 답하시길,

"첫째 식부사의경識不思意境을 밝혀서 신해信解를 품게 한다. 즉 식만행일심識萬行一心의 성덕을 밝히니, 또한 유이고 또한 공이다.

둘째 진정으로 보리심을 발하여 지금 거하는 뜻을 고상하게 한다. 즉 일심만행의 수덕을 일으킨다.

셋째 지관을 공교工巧하게 안립하여 만행으로 수덕을 돕는다. 즉 일심만행의 수덕을 구족하니, 공共과 불공不共이 있다.

넷째 보리를 회향하여 인과가 원만하다. 즉 과덕을 성취하고 성불하여 중생을 제도한다."

이상 사단四端은 범부에서 성인에 이르고, 처음과 끝이 밝게 드러난다.

청량 국사께서 말씀하신 네 가지 항은 대승 불법의 강요로 대승의 각 종에 관통하여 선禪이든 정淨이든 율律이든 밀密이든 화엄이든 천태이든 삼론이든 유식이든 모든 종은 반드시 구족하여야 한다. 정토종은 만행을 가지런히 닦는 통도通途 중에서 그 특별한 행문이 있음에 불과하다. 그래서 비록 특별하지만, 통도의 강요를 벗어나지 않는다. 정토종의 강요를 또렷이 이해하려면 힘써 그 통도 중에서 특별이 있고, 특별에 공통이 있음을 밝혀야 한다. 자력에 의지해 계정혜와 육도만행을 닦아서 성과聖果를 증득하여 생사를 요탈하는 것이 통도이다. 신원행으로써 염불삼매를 닦고 자력불력이 감응도교하여 정토에 왕생하여 성불함은 특별이다. 통도법문은 난행도難行道라 이름하고, 특별법문은 이행도易行道라 이름한다. 이행이라 함은 일심이문 진공묘유에 계합하고 자타이력을 구족하여 쉽게 시작하여 높은 공을 성취하며 한번 왕생하면 결코 퇴전하지 않고 곧장 성불에 이른다. 이런 까닭에 불가사의하고 일체제불이 호념하는 법문이라 한다. 대승불교의 성덕·수덕·과덕을 표로써 설명하면 다음과 같다.

[성덕性德]

대각大覺	대지大智	대비大悲
심법心法	성공性空	연기緣起
공불공여래장 정인불성正因佛性 직심直心	공여래장 요인불성了因佛性 심심深心	불공여래장 인연불성因緣佛性 대비심
일심체대-心體大 (이사무애법계)	일심상대-心相大 (사사무애법계)	일심용대-心用大 (이사무애법계)
(일심) 성체性體 일념에 성품을 깨달으니 중생과 부처의 체는 같다 일체법을 통괄함	(진여문 상공) 성량性量 마음은 허공과 같아 일체 처에 두루한다 일체 법을 다함	(생멸문 상유) 성구性具 일념에 백계천시百界千是, 염정染淨 두 용用을 모두 짓는다 일체법을 건립함
제일의제第一義諦	진제眞諦	속제俗諦
무량수	무량광	무량각

[수덕修德]

	귀의불歸依佛 (信)	귀의법歸依法 (解)	귀의승歸依僧 (行)
통도 공법	一切智智상응 율의계律儀戒 정학定學 열반적정관 무상삼매無相三昧 중관中觀 不一不異가 中임 息二邊分別止 자정기의自淨其意 보리심을 발함 청정심 물들임 없음 (是心是佛인 까닭) 지성심至誠心 염 아미타불 본원 性起圓通 염불 한마디 부처님명호	무소득 선법계善法戒 혜학慧學 제법무아관 공삼매空三昧 공관空觀 一念無相이 空임 체직지體直止 중선본행衆善奉行 반야를 학습 청정심을 즐겨함 (是心作佛인 까닭) 심심深心 염 아미타불 명호 心境俱泯 염불 분별을 일으키지않음	대비심 饒益有情戒 계학戒學 제행무상관 무작삼매無作三昧 假觀 無法無備가 假임 수연지隨緣止 제악막작諸惡莫作 만선으로 장엄 청정심에 안온함 (중생구를 뽑는 까닭) 회향발원심 염 극락 의정 持名觀想 염불 또렷하고 분명함
특별 불공 법	(1) 예배 (2) 찬탄 (3) 작원(信願行)	(4) 관찰(念)	(5) 회향
	불력섭수가 있음	자력공덕을 갖춤	자력타력 감응도교

[과덕果德]

불과삼신 佛果三身 성취	법신法身 자성신 실상신	보신報身 수용신 지혜신	응신應身 변화신 색신
三德祕藏 증입	법신덕	반야덕	해탈덕
如來三號 덕	여래(각만)	정변지 (자각)	응공 (각타)
불과佛果 삼지삼덕三智三 德 구족	無師智 中道智 一切種智 斷德 果圓德	自然智 實智 一切智 智德 因圓德	無碍智 權智 道種智 恩德 恩圓德
청정심 회복	불변수연 不變隨緣	청정자재 淸靜自在	안락무간 安樂無間
삼불퇴 頓證	염불퇴念不退	행불퇴行不退	위불퇴位不退
사정토 원입圓入	상적광토	실보장엄토	방편동거토

"성덕 낱낱 그대로 수덕을 일으키고, 수덕 낱낱 그대로 성덕에 있어
인은 과의 바다를 다 포함하고, 과는 인의 근원에 사무쳐야 할지라
대승법문은 성덕 수덕 불이이고, 인과 불이이며 이사에 걸림이 없네.
의보정보 색신 인과 정토예토 비록 같은 일심이지만 상용에 다름이 있어
일심인 까닭에 생즉무생이고, 상용이 다른 까닭에 예토 버리고 정토 취해
마음의 성덕 수덕따라 불정토를 드러내고 정념따라 지어 육도윤회하네.
공共과 불공不共, 자력과 타력 번갈아 서로 증상연하여 감응도교하고,
자비·지혜·정각 갖춰 신해행 닦아 만선으로 장엄하니 유심정토라,
수덕에 공이 있어야 성덕이 드러나고, 이행도 의지해 속히 과덕 증득하네.
그래서 응당 일심으로 중도행을 닦아 극락에 왕생하여 무량각 이루리라."
청정심으로(性) 청정불 염해(修) 청정토에 태어나니(果) 인과가 원만해라.

2. 이사무애를 상세히 해석하다

만약 이理와 사事를 거론한다면 그윽한 뜻을 밝혀내기 어렵다. 그러나 세밀히 이를 궁구하면 하나이지도 않고 다르지도 않다.

若論理事 , 幽旨難明 ; 細而推之 , 非一非異。

이 네 구문은 먼저 어떻게 해야 이와 사에 걸림이 없는가를 거론하는데, 바로 하나이지도 않고 다르지도 않음이니, 바로 중관이다. 이 작위로써 중도원융을 닦는 핵심은 만선만행을 통섭하는 것이다. 이와 사에 걸림이 없는가의 논제는 그 중도의 이치(旨)는 대단히 그윽하고 깊고 미묘하여 실제 설명하기 어렵다. 반드시 자세히 찾고 고찰 연구하여야 하며, 그러면 그 심요를 얻을 수 있다. 이理는 곧 일심 진여문이고, 사事는 즉 일심 생멸문으로 일심이 두 가지 문을 구족하여 법 그대로 하나이지도 않고 다르지도 않다.

이로써 [제법의] 실성인 이理와 [제법의] 허상인 사事는 역용이 서로 의지하고 이루며, 펼치고 말아들임이 동시이다.[64]

是以性實之理、相虛之事 , 力用交徹 , 舒卷同時。

이 네 구는 비일비이非一非異의 소이연을 총괄적으로 해석한 것이다.

---

[64] "법신法身은 성性이고 보신報身은 상相으로 성상性相은 지금까지 여읜 적이 없다. 보신은 상相인 만큼 허환부실虛幻不實의 가상假相으로 법신의 빛(光影)에 불과할 뿐이다. 만약 보신의 상에 집착하지 않으면 곧 법신의 성을 보니, 둘은 서로 장애하지 않는다. 바꾸어 말하면 상을 관하지 않고 성을 관하면 보신이 곧 법신이다."《금강경도독金剛經導讀》/편주

그래서 「이로써」라고 하셨다. 이理는 제법의 실성이고, 사事는 제법의 허상이다. 성이 실하다 함은 성공性空이 진실의 이치임을 말한 것이다. 자성이 공함으로 말미암아 사상事相이 연기한다. 비록 연기할지라도 자성은 공하다. 연기의 사상은 곧 하나가 아니고(非一), 성공性空의 이체 본성은 곧 다르지 않아(非異) 이를 비일비이非一非異라 하니, 이것이 중관의 종요이다. 드러나지도 변천하지도 않음이 이체이고, 바깥 차별상에 드러나 인연따라 변천함이 사事이다. 간단히 말해서 무위법이 이理이고 유위법이 사事이다. 무위 상주의 공성(理)이 본래 갖추고 태어난 과의 공능을 역力이라 한다. 유위무상의 법상(事)이 가假 낱낱 그대로 조작하여 생기함을 용用이라 한다. 이와 사는 분리되지 않고 역과 용도 필연코 서로 의지하고 이룬다. 서로 의지함을 교交라 하고 서로 이룸을 철徹이라 한다. 중관학파를 기준으로 말하면 중관은 반야성공般若性空을 체로 삼고 연생무착緣生無著을 상으로 삼아 단혹증진斷惑證眞의 공능이 있어 역이 되고, 조경운작照境運作의 용이 있어 용이 된다. 체상과 역용이 곧 중관 일념심 가운데 구족되어 있는 까닭에 「역용이 서로 의지하고 이룬다」하셨다. 천태종을 기준으로 말하면 제일의공성第一義空性이라 한다. 이理는 중도법성의 이체이다. 이 이체 본성(理性)은 곧 삼덕비장三德祕藏의 이체로 성덕性德이라 하고, 시방법계에 두루 통한다. 이 성덕을 또렷이 알고, 신해행을 일으키며, 원교의 십신위에 들어가 견사번뇌를 끊을 수 있음을 역力이라 하고, 육근청정을 증득할 수 있음을 용用이라 한다. 이 같은 역용은 낱낱 그대로 성덕에 의지해 일어나 미혹을 끊는 까닭에 청정을 얻고, 청정을 증득한 까닭에 미혹을 끊는다. 이 같은 역용으로 끊고 증득하여 함께 불가사의한 일심성덕으로 돌아가는 까닭에 「역용이 서로 의지하고 이룬다」하셨다. 유식학파를 기준으로 말하면 제법의 원성실상이 이理이고, 의타기성이 사事이며, 원성실이 의타기의 역力이고, 의타기가 원성실성의 용用이며, 법 그대로 즉하지 않고 여의지 않는다. 그래서 「역용이 서로 의지하고 이룬다」하셨다. 또한 종자를 역力이라 하고 현행을 용用이라 하며, 종자가 현행을 일으키고 현행이 종자를 훈습함이 역용교철力用交徹이 된다.

「서권동시舒卷同時」라 함은 바로 열고 닫음이 동시라는 말이다. 일심으로 말미암아 만행을 닦으면 이것이 열어 내놓음(開出)·펼침(舒展)이다. 만행을 통해 일심으로 함께 돌아감은 한 곳에 모아 합함(綜合)·말아들임(卷入)이다. 일심으로 다름이 없음을 시심시불是心是佛이라 한다. 만행으로 다름이 없음을 시심작불是心作佛이라 한다. 심시心是와 심작心作, 일심과 만행은 비일비이非一非異인 까닭에 「펼치고 말아들임이 동시이다」 하셨다. 또한 펼침(舒)이란 자성이 공인 까닭에 연기하는 사事이고, 무량한 차별명상名相이 있다. 말아들임(卷)이란 연기성공緣起性空[65]의 이理이고, 차별명상이 없음을 가리킬 수 있고 말할 수 있다. 이理와 사事는 차이가 없어 차이가 나고 차이가 있는 즉 차이가 없으며, 항상 다르고 항상 같다. 그래서 「펼치고 말아들임이 동시이다」 하셨다. 또한 체로 말미암아 용을 일으킴을 펼침이라 하고, 용을 거두어 체로 돌아감을 말아들임이라 한다. 체와 용이 여의지 않음이 바로 비일비이非一非異다. 비일非一인 즉 역용교철이라 하고, 비이非異인 즉 서권동시라 한다. 이 같은 이와 사가 비일비이非一非異이고, 역과 용이 교철동시인 도리는 심오하여 밝히기 어렵다.

체는 낱낱 그대로 두루 미치어 차별이 없지만, 사事의 자취는 능能과 소所의 차별이 있는 것 같다. 사事는 이理로 인해 건립되나 이理를 감추지 않은 채 사事를 이루고, 이理는 사事로 인해 드러나나 사事를 허물지 않은 채 이理를 드러낸다. 서로 상즉을 이루니 곧 각각 본래 자리를 지키고, 서로 상입을 이루니 곧 함께 공하다. 또한 숨고 드러나 번갈아 일어나고, 걸림이 없어 가지런히 나타난다. 또한 서로 어긋나고 서로 부정하니 곧 유有도 공空도 아니며, 서로 상즉하고 서로 이루니 곧 상존도 단멸도 아니다.

體全遍而不差 , 跡能所而似別。事因理立 , 不隱理而成事 ; 理因事

彰 , 不壞事而顯理。相資則各立 , 相攝則俱空 ; 隱顯則互興 , 無閡則
齊現。相非相奪 , 則非有非空 ; 相卽相成 , 則非常非斷。

　　이 단락은 이와 사가 본래 번갈아 서로 장애하지 않는 도리를 매우
분명하게 설명하고 있다. 「체전편이불차體全遍而不差」에서 체體란 본체
・이체・법체로 오온화합의 가체가 아니라 불가사의한 진심의 체를
말한다. 만법의 근본이 될 수 있고 사시四時를 좇아 시들지 않은 까닭에
「일진법계 제법실상」이라 한다. 「전全」이란 낱낱 그대로 없지 않다는
뜻이고, 「변遍」이란 불법은 이와 같이 조금도 차별이 없다는 뜻이다.
그래서 《화엄경》에 이르시길, "마음과 부처 중생 이 셋은 차별이 없다."
하셨다. 「적능소이사별跡能所而似別」에서 적跡은 곧 사적事跡이다. 일심
을 말미암아 제법이 일어나는 사상에서 보면 필연코 능현能現・소현所
現의 사적이 있다. 이를테면 중생의 안 등 육근은 능能이고 색등 육진은
소所이고, 근진根塵이 비록 모두 마음을 체로 삼을지라도 시심是心의
견분見分・상분相分 이 분은 단지 근진의 본위 상에서 확실히 뚜렷이
다른 차별이 있는 것 같다. 이 두 문구는 합쳐서 말하면 곧 체(理)는
항상 같지만, 적(事)은 항상 다르다. 비록 항상 같을지라도 항상 다른
것은 체로 말미암아 용을 일으키고, 이理로 말미암아 사事를 이루는
까닭이다. 비록 항상 다를지라도 항상 같은 것은 용을 거두어 체로
돌아가고, 사事가 이理로 인해 건립되는 까닭이다. 이렇게 말하면
이와 사, 체와 적跡은 법 그대로 걸림이 없다.

　　「사인이립事因理立 불은이이성사不隱理而成事」 제법이 연기하는 사
상은 제법이 자성이 없는 공리空理로 인해 비로소 인연에 따라 화합하여
건립되고 성공性空의 이理를 떠나면 연기의 사상은 없다. 《중론》에서
이르시길, "공의空義로 말미암는 까닭에 일체법은 성립될 수 있고,
제법이 불공이면 일체법은 성립될 수 없다." 하셨다. 이와 사, 공과
유는 필연코 서로 의지하고 서로 이루는 까닭에 집문에서 잇따라
말씀하시길, "이理는 사事로 인해 드러나나 사事를 허물지 않은 채
이理를 드러낸다." 하십니다. 《중론》에서 이르시길, "부처님께서는

인연으로 생하되 곧 생함이 없고, 그 가운데 생하는 자성이 없다 설하셨다."66) 생함이 없음은 이理이고, 인연으로 생함은 사事이다. 사事의 당체는 바로 이理로 사事를 떠나서 이理를 찾을 수 없다.

「상자칙각립相資則各立 상섭칙구공相攝則俱空 ; 은현칙호흥隱顯則互興 무애칙제현隱顯則互興」 이 네 구는 제법은 연기하는 까닭에 이사에 걸림이 없는 상황을 설명한다. 「상자相資」란 저것과 이것이 인연하여 상즉相卽을 이룸을 뜻한다. 일과 십의 숫자는 번갈아 서로 상즉을 이루어 본래 자리를 잃지 않는다. 십은 일이 쌓여 이룬 연으로 법을 이루므로 일이 없으면 십 또한 없다. 그래서 십은 일 가운데 십이고, 일은 십 가운데 일이다. 화엄종에서는 하나와 여럿이 서로 같지 않으나 용납하고 제법이 상즉하여 자재하다고 한다. 유식종에서는 종자가 현행을 생하고 현행이 종자를 훈습한다고 한다. 성종에서는 기신론에서 설한 일심이문에 의거하여 진여연기라 하고, 진여의 체는 이理이고 인이며, 생멸의 상은 사事이고 과이어서 이사인과理事因果가 번갈아 서로 인연을 이루어 본래 자리를 잃지 않는다고 한다. 천태종에서는 법계연기라 하고, 십법계 일체사법이 만유의 연에 의탁하여 일어나 홀로 건립됨은 없다고 한다. 그래서 일법으로 일체법을 이루고 일체법으로 일법이 일어나니, 이는 곧 제법이 상즉하여 자재하다. 이같이 이理와 사事가 상즉을 이루어 각각 자리를 지킴은 마치 물과 물결이 비록 상즉할지라도 각각 본래자리를 잃지 않는 것과 같다.

「상섭相攝」이란 저것과 이것이 연하여 상입相入을 이룸을 뜻한다. 상자는 법체를 기준으로 말한 것이고 상섭은 법용을 기준으로 말한 것으로 체이건 용이건 모두 연으로 이루어 자성이 없다. 그래서 「모두 공하다(俱空)」고 하셨다. 「은현즉호흥隱顯則互興」이라 함은 이미 일법이 일체법에 즉하면 일체법은 드러나고 일법은 숨는다. 일체법이 일법에

66) 《무열뇌용왕청문경無熱惱龍王請問經》에 이르시길, "무엇이 인연으로 생하면 생함이 없고, 그 생하는 자성을 갖추지 않는다. 무엇에 의지해 연기하면 자성이 공하다. 공성을 알면 방일하지 말지라(何者緣生則無生, 不具彼生之自性, 何依緣起則空性, 若知空性不放逸)." 하셨다. /편주

즉하면 일법이 드러나고 일체법이 숨는다. 이처럼 혹 드러나기도 혹 숨기도 하는 상은 인연을 따라 번갈아 서로 흥기하여 서로 방애하지 않는다. 「무애즉제현無㗊則齊現」이라 함은 제석천궁에 걸린 구슬 그물이 구슬마다 각각 일체 구슬의 그림자가 나타나되, 겹겹이 그림자가 나타나 궁진함이 없듯이 제법의 이와 사, 체와 용도 또한 이와같다. 상즉상입相卽相入 중중연기重重緣起(나란히 나타남)가 걸림없이 다함이 없다.

「상비상탈相非相奪 즉비유비공則非有非空 ; 상즉상성相卽相成 즉비상비단則非常非斷」 마지막 네 구는 팔불중도八不中道[67]로 즉 이사무에의 실상을 말한다. 제법의 연기공성 측면을 기준으로 말하면 서로 어긋나고 서로 부정하니, 곧 일체법의 이체는 모두 그것이 유이다 공이다 말할 수 없다. 제법의 공성연기 측면을 기준으로 말하면 상즉이고 서로 이루니, 곧 일체법의 사상은 또한 상존이다 단멸이다 집착하지 않는다. 제법의 이와 사는 모두 일심이문·팔불중도·이사무애의 실상이다.

만일 사事를 여의고 이理를 궁구한다면 성문의 어리석음에 떨어지고, 또한 이理를 버리고 사事를 행한다면 범부의 집착과 같아진다. 마땅히 알지라. 이理를 떠나서 사事가 없으니 물 전체가 물결이고, 사事를 떠나서 이理가 없으니 물결 전체가 곧 물이다. 그러나 이理는 곧 사事가 아니니 동動과 습濕이 같지 않고, 사事는 곧 이理가 아니니 능能과 소所가 각각 다르다. 또한 이理도 아니고 사事도 아니니 진제와 속제가 함께 사라지고, 이理이기도 하고 사事이기도 하니, 진속 이제二

---

67) 삼론종三論宗에서 일체 법의 실상을 표현하는 데 쓰는 말이다. 불생不生·불멸不滅·불거不去·불래不來·불일不一·불이不異·부단不斷·불상不常, 이 여덟 가지는 중도삼론中道三論의 지극한 종지로 바꾸어서 말하면 생生·멸滅·단斷·상常·일一·이異·거去·래來의 여덟 가지 잘못된 견해(8미八迷·팔계八計의 희론)일 뿐이다. /편주

諦가 항상 세워진다. 쌍조雙照인 즉 가假로 완연하여 환 같이 존재하고, 쌍차雙遮인 즉 공으로 민연泯然[68]하여 꿈 같이 고요하다. 공도 아니고 가도 아니며 중도로 늘 밝아서 움직이지 않고 인연하니 (어찌 걸림이 있고), (사로 말미암아) 이체理體를 드러내니 어찌 부족함이 생기겠는가.

若離事而推理, 墮聲聞之愚; 若離理而行事, 同凡夫之執。當知: 離理無事, 全水是波; 離事無理, 全波是水。理卽非事, 動濕不同; 事卽非理, 能所各異。非理非事, 眞俗俱亡; 而理而事, 二諦恒立。雙照卽假, 宛爾幻存; 雙遮卽空, 泯然夢寂。非空非假, 中道常明; 不動因緣, 寧虧理體。

이 단락의 집문은 먼저 이승과 범부의 어리석은 집착이 모두 이와 사가 서로 의지하고 원융무애함을 밝히지 못한 과실로 말미암는 것임을 밝힌다. 다음으로 물과 물결의 비유를 들어 대승 이사무애의 중도를 밝힌다. 그런 다음 법에 계합함으로 바로 이제무애二諦無碍가 현전한다. 성문이 닦는 것은 생사를 여의고(事) 열반을 증득함(理)으로 부처님께서 "방편력으로써 휴식할 수 있도록 열반을 설하셨음"[69]을 알지 못한다. 이승의 열반은 성불하는 중도에 잠시 휴식하는 객사客舍로

---

68) 공(空)을 형용하는 말이다. 첫째 물건의 형적이 없어지는 것을 뜻하고, 둘째 망념·사량분별이 없어진 상태를 뜻한다. 곧 평등·무분별의 상태이다. /일광

69) 《법화경》 화성유품에 이르시길, "그래서 방편의 힘으로 휴식할 수 있도록 열반을 설하시길, 너희들이 고를 멸하면 모든 일을 다 이룬 것이니라 하였다(故以方便力 爲息說涅槃 言汝等苦滅 所作皆已辦)." 하셨다. 그래서 방편지력에 의지해 삼승교법을 설하여 이승의 제자로 하여금 중도에 휴식할 수 있도록 유여열반과 무여열반에 들게 하니, 이를 고멸제苦滅諦를 증득하여 생사의 일대사를 이미 마침이라 이름한다. 《법화경 강의》, 석성범 /편주

이미 휴식하였다면 반드시 이와 사에 걸림이 없이 모든 바라밀을 널리 행하여 부처님의 지혜로 이끌어 들여야 한다. 그렇지 않으면 그는 어리석은 성문에 불과하다.

이러한 불법을 듣지 못한 범부는 완전히 연기성공의 도리를 알지 못해, 자신이 조작하는 일 곳곳마다 실유實有에 집착한다. 더욱이 그는 자기 자신에 대해 집수執受하여 순경이면 탐욕을 일으키고, 역경이면 성을 내며, 탐하고 성낸 다음 바로 어리석음에 빠진다. 일체 번뇌를 불러일으켜 일체 유루번뇌에 물든 생사의 업을 조작한다. 업인이 이미 이루어지면 반드시 생사의 괴로운 과보가 있고 육도윤회를 마칠 기한이 없으니, 실로 불쌍하다!

이 때문에 연수 대사께서 물과 물결의 상즉, 비유를 들어 이와 사가 걸림 없이 서로 이룸을 말씀하셨다. 물을 떠나서 물결이 없음은 이理를 떠나서는 사事가 없음을 비유한 것이다. 물결이 낱낱 그대로 물임은 사事가 낱낱 그대로 이理에 즉함을 비유한 것이다. 물은 일심 진여문의 이理를 비유한 것이고, 물결은 일심 생멸문의 사事를 비유한 것이며, 일심이문은 법 그대로 불일불이不一不異이다. 이理는 공관空觀이고, 사事는 가관假觀이며, 불일불이는 중관中觀이다. 불일不一인 까닭에 이理는 곧 사事가 아니니, 이는 물이 습한 성질이고 물결은 움직이는 성질인 것과 같다. 사事는 곧 이理가 아니니, 이는 물이 능생能生이고 물결은 소생所生인 것과 같다. 그래서 「동動과 습濕이 같지 않고, 능能과 소所가 각각 다르다」 하셨다. 불이不異인 까닭에 이理도 아니고 사事도 아니며, 이理이기도 하고 사事이기도 하며, 인연으로 생기하여 자성 없어 공하고, 자성이 없어 공하여 인연으로 생기한다. 차遮는 집착하지 않는다는 뜻이다. 쌍차雙遮는 삼관三觀도 임시로 시설한 것임을 말한다. 이에 달을 보도록 가리키는 손으로 청정심·실상을 증오하면 진제와 속제는 모두 말할 수 없어 삼관 또한 공하다. 그래서 「진제와 속제가 함께 사라진다」 하셨다. 조照는 경계를 비추어 형상을 나타낸다는 뜻이다. 쌍조雙照는 삼관이 일으킨 권실 두 가지 지혜를 말한다. 쌍으로 진속이제를 비추어 능조能照와 소조所照가 분명하여 잃어버리지 않는다. 그래서 「이제가 항상 세워진다」 하셨다. 다만 능조의 관지觀智와 소조의 진속이제(理事)는 법 그대로 인연소생이고 대대하여 유有이니, 환상과 같다. 그래서 「쌍으로 비추는 즉 가상으로 완연하여(즉 법 그대로) 환 같이 존재하고」하셨다. 쌍차를 기준으로 말하면 청정심 가운데 진속(이사) 모두에 집착하지 말아야 하니, 단지 일심으로 인연하여 이루는 체용일 뿐이다. 이미 인연으로 생하니 자성이 없어 이를 공이라 한다. 바로 일체 자성이 있다는 견해에 대한 집착이 흔적도 없이 사라짐(泯絶)을 말한다. 《법화경》약초유품에서 이르시길, "여래의 이와 같은 일상일미의 법과 이른바 해탈상·이상·멸상·구경열반상·적멸상이 마침내 공空으로 돌아가느니라(如來如是一相一味之法 所謂解脫相離相滅相 究竟涅槃 常寂滅相 終歸於空)." 하셨다. 그래서 「민연泯然하여 꿈 같이 고요하다」하셨다. 바로 이와 사가 모두 한맛으로 공하고 고요하다. 일심이문·불일불이의 진여는 가假가 아닌 진공이고, 생멸은 공이 아닌 묘유이다. 그래서 「공도 아니고 가도 아니며 중도로 늘 밝다」하셨다. 이는 일심삼관一心三觀·이지원명二智圓明·이제융통二諦融通·이사무애理事無碍의 진면목이다.

「부동인연不動因緣 영휴이체寧虧理體」이 이 구는 법에 계합함이다. 인연이 유有에 속함은 속제俗諦이고, 이체가 공空에 속함은 진제眞諦이다. 일체법은 이제가 서로 의지하고 서로 이루는 것이 아님이 없고 자성이 없다. 그래서 법마다 모두 이제(이사)에 걸림이 없다. 「부동인연不動因緣」은 성공연기를 가리킴으로 체로부터 용을 일으키고 이에 의지해 일을 이루니, 어찌 서로 걸림이 있겠는가? 「영휴이체寧虧理體」는 연기 즉 성공을 가리킴으로 용을 거두어 체로 돌아가고 사로 말미암아 이체를 드러내니 어찌 부족함이 생기겠는가(虧欠)? 제불께서 증득하는 대상(所證)은 바로 일심이문으로 이제에 걸림이 없고 제불께서 설하시는 법문(소설)도 또한 일심이문으로 이사에 걸림이 없다. 이것을 제외하고 그 밖에 어떤 불법이 있어 증득할 수 있고 설할 수 있겠는가! 그래서 《대지도론》에서 이르시길, "제불께서는 모두 이제二諦에 의지해 설법하신다." 하셨다.

3. 인용하여 증명하다

3-1 인증人證

그래서 보살은 무소득으로 방편 삼아 유有를 건너되 공空을 거스르지 않고, [진]실제에 의지하여 교화의 문을 일으키며, 진眞을 밟되 속俗에 걸림이 없다. 항상 지혜의 횃불을 밝혀서 심광에 어둡지 않으며, 자비의 문을 구름처럼 펼치고 행의 바다에 파도처럼 출렁이시어, 마침내 걸림 없이 세속과 함께 하며 인연에 따라 자재하시니, 일체 하는 일이 불사가 아님이 없다.

> 故菩薩以無所得而爲方便, 涉有而不乖空; 依實際而起化門, 履眞而不閡俗。常然智炬, 不昧心光, 雲布慈門, 波騰行海, 遂得同塵無閡, 自在隨緣, 一切施爲, 無非佛事。

이 단락에서는 먼저 불보살께서 행하신 이사무애를 인용하여 증명하신다. 보살은 인지因地에서 세 가지 마음에 의지할 수 있으니, 첫째 보리원심菩提願心이요, 둘째 방편혜심方便慧心이요, 셋째 대자비심이다. 또한 일심삼관을 갖추시니, 공관·가관·중관이다. 그리고 육도만행을 닦으니, 그래서 언제 어디서나 모두 무소득으로써 방편을 삼으신다. 이와 달리 범부와 이승은 모두 소득심을 가지고 있다. 「무소득無所得」이라 함은 보살이 일심이문의 진리를 몸소 깨달아 마음에 유이니 공이니 집착한 바가 없는 것으로 바로 무분별지이자 이사무애이다. 《대열반경》 보행품에서 이르시길, "보살은 실로 무소득이니 무소득이라 함은 사무애지(四無礙智; 법法·의義·사辭·요설무애樂說無礙)라 한다. 유소득이란 곧 장애가 있음이고, 장애가 있음이란 사전도(四顚倒; 신身·수受·심心·법法)이다. 보살은 네 가지 전도가 없는 까닭에 무애를 얻고 무소득이라 한다. 또한 무소득이라 함은 곧 지혜(반야)라 하니, 보살이 얻는 것은 지혜인 까닭에 무소득이라 한다. 유소득이란 무명으로 보살은 영원히 무명의 어둠을 끊은 까닭에 무소득이라 한다.

또한 무소득이라 함은 대승이다. 보살은 제법에 머무르지 않는 까닭에 대승을 얻는다. 유소득이라 함은 이승이다. 보살은 영원히 이승의 도를 끊는 까닭에 불도를 얻고 그래서 보살 무소득이라 한다. 또한 무소득은 제일의공이라 하니, 제일의공을 관하여 모두 보는 바가 없는 까닭에 무소득이라 한다. 유소득이란 오견(오견; 신身·변邊·사邪·견취見取·계취戒取)이라 하니, 보살은 영원히 이 오견을 끊는 까닭에 무소득이라 한다. 또한 무소득은 아뇩다라삼먁삼보리라 하니, 보살은 무상정득각을 얻을 때 모두 소견이 없어 무소득이라 한다. 유소득이란 이승보리라 하니, 보살은 영원히 이승보리를 끊는 까닭에 무소득이라 한다. 또한 유소득이란 생사의 바퀴이니, 일체 범부는 생사에 윤회하는 까닭에 유소득이다. 보살은 영원히 일체생사를 끊는 까닭에 보살은 무소득이라 한다.

보살은 「유有를 건너되 공空을 거스르지 않는다.」 보살은 이미 무소득으로써 방편을 삼아 행한 일(유)은 진리(공)에 위배되지 않는다. 공은 이와 사가 서로 방애하지 않는다. 길장 대사께서는 《중론소》에서 말씀하시길, "반야는 제법실상을 곧장 비추어 방편이 바로 반야의 묘용이다. 용에는 여러 문이 있으니, 첫째 공을 비추어 증득하지 않고, 둘째 공을 관하는 즉 동시에 유를 비추며, 셋째 건너되 다시 집착이 없을(공을 거스르지 않을) 수 있다." 하셨다. 이는 곧 중생을 두루 제도하되, 중생을 제도하였다는 상이 없다. 위로 불도를 이루되, 성불하였다는 상이 없다. 그래서 중생을 제도하지 않음도 성불하지 않음도 아니다.

보살은 「[진]실제實際70)에 의지하여 교화의 문을 일으키며, 진眞을

---

70) 《섭대승론석攝大乘論釋》에 따르면 진실하므로 「실」이라고 하고, 궁극의 경지이어서 「제」라고 한다. 즉, 존재하는 것의 궁극적인 모습을 의미한다. 《보적경寶積經》에 따르면 실제는 진실제眞實際의 준말이며, 그 의미는 잘못됨이 없는 것이고, 일체 처에 편만하여 단 한 법도 실제 아님이 없다고 한다. 이러한 이유로 여래의 의미가 된다. 《대지도론》에서도 아라한을 일컬어 「실제에 머무는 자」라고 하는데, 법성을 증득했기 때문이다. 문화콘텐츠 용어사전 /편주

밟되 속俗에 걸림이 없다.」 본집 하권에서 말씀하시길, "(일승법인) 실實은 곧 진제(眞際; 심진여문)요, (방편법인) 권權은 곧 교화의 문으로 진제를 좇아 교화를 일으키되 실 밖에 권이 따로 없고, 사적(事跡; 심생멸문)으로 인해 근본을 얻되 권 밖에 따로 실이 없어 항상 일지(一旨; 권실 두 가지 지혜)에 은밀히 계합하고 (이와 사에) 걸림 없이 쌍으로 행하나니, 차(遮; 空)와 조(照; 假)가 동시요 여리(如理; 眞) 지혜와 여량(如量; 俗) 지혜가 나란히 나타난다." 하셨다. 《사십화엄》 제34권에 이르시길, "비록 사성제四聖諦를 관할지라도 소승성과에 머물지 않는다. 비록 일체 십이연기를 관할지라도 치혹(痴闇; 무명)을 여의는 법을 증득하지 않고 또한 치혹癡惑과 함께하지 않는다.[71] 비록 깊고 깊은 연기를 관할지라도 구경적멸에 머물지 않는다. …… 비록 오취온五取蘊이 공함을 관할지라도 영원히 제온諸蘊을 멸하지 않는다. 비록 육처六處에 집착하지 않아도 영원히 육처를 멸하지 않는다. 비록 진여에 안온히 머물지라도 진실제에 떨어지지 않는다. 비록 일체법이 생함이 없고 멸함이 없음을 알지라도 진실제를 증득하지 않는다. 비록 공을 관할지라도 공견空見을 일으키지 않는다." 하셨다. 또한 《유마경》에 이르시길, "비록 제불국토 및 중생이 공함을 알지라도 언제나 정토를 닦아 군생들을 교화할 수 있다."[72] 하셨다. 《무량수경》에 이르시길, "[일체]법이 번개 같고 그림자 같은 줄 알아 (진실제에 의지해) 구경원만한 보살도로 (교화의 문을 일으켜) 여러 공덕의 근본을 구족하여야 수기 받아 반드시 부처가 되리라. 제법의 자성본체를 통달하여 일체 법이 공이고 무아임

---

71) "무명치혹無明癡惑이 본래 법성인데, 어리석고 미혹한 까닭에 법성이 무명으로 변하여 모든 전도顚倒 선불선善不善 등을 일으킨다." 《마하지관》 /편주

72) "보살은 대승의 공리空理, 즉 제불국토가 모두 공이고 일체중생이 공함을 잘 안다. 제불의 국토는 모두 공이고 공 가운데 유를 장애하지 않아 항상 일체공덕을 닦아 부처님의 국토를 장엄한다. 중생이 공함을 잘 알아도 일체중생을 교화하여야 한다. 부처님의 정토를 장엄함은 자신을 위해 누리는 것이 아니라 중생을 제도하기 위함이다. 당신이 중생이 공함을 알고 중생 자신도 공함을 알아도 여전히 미혹을 일으켜 업을 지으므로 당신은 본래 공한 중생을 교화할 수 있다." 《유마힐소설경 강기》 도원 장로 /편주

을 깨닫고서 전일하게 청정불토를 구하여 이러한 극락찰토를 반드시 성취할지어다." 하셨다. 이는 모두 이사원융의 가장 훌륭한 주해이다.

보살은 세 가지 마음의 관계에 의지하여 무소득으로써 방편을 수행하는 이외에 또한 항상 일체지지一切智智와 상응하여 뜻을 지을 수 있어 「항상 지혜의 횃불을 밝힌다」 하셨다. 《대반야경》에서 이르시길, "반야는 큰 횃불과 같아 사면으로도 접촉할 수 없다." 지혜의 횃불이 즉 반야이고, 반야는 제불보살의 지혜이다. 《관세음보살보문품》에서 이르시길, "무구의 청정한 광명은 지혜의 태양처럼 일체 암흑을 깨뜨리고 능히 풍화의 재난을 조복할 수 있으며 널리 세간을 밝게 비추느니라." 하셨다. 보살은 대자대비한 마음을 갖추고 있어 만행의 인도자로 삼는다. 그래서 「심광에 어둡지 않다」 하셨다. 《관무량수경》에 이르시길, "부처님의 법신을 볼 수 있으면, 또한 부처님의 마음도 볼 수 있느니라. 제불의 마음이란 바로 대자비이니, 무연의 자비로써 모든 중생을 섭수하시느니라." 대자대비는 제불보살의 심광인 까닭에 육바라밀·사섭법四攝法 내지 만행萬行·중선衆善을 염념이 잊지 않고 또렷하여 어둡지 않다. 불보살의 자비심은 무아로 세간 사람의 자비심이 여전히 인상·아상을 지니고 있는 것과 같지 않다. 자비의 문을 구름처럼 펼치고 행의 바다에 파도처럼 출렁이시어, 마침내 걸림 없이 세속을 따르며 자재하게 인연에 수순하시니, 일체 하는 일이 불사가 아님이 없다. 이미 무아일 수 있는 한 곧 본심의 청정광명이 저절로 현발한다. 선종에서 말씀하시길, "신령한 광명 홀로 빛나니, 육근육진 저 멀리 벗어났네(靈光獨耀 廻脫根塵)."[73] 하셨다. 이 청정한 심광을 비추니, 세간을 벗어나 깨달음의 길에 오를 수 있고 저 언덕에 도달할 수 있다. 이 심광으로써 세간을 비추어 인민이 안락을 얻고 세계가 화평할 수 있다. 항상 지혜 횃불을 밝힘은 이理이고, 심광에 어둡지 않음은 사事이다. 이로써 보살이

---

73) 이는 자성이 용用을 일으킴이다. 근은 육근이고 진은 육진이다. 탈脫은 떼어놓음, 내려놓음이다. 회迴는 저 멀리, 심원深遠의 뜻이다. 근과 진을 저 멀리 떨쳐버린다. 이 물건은 장애이고 쓰레기이다. 이 물건을 말끔히 치워버리고 떨쳐내면 신령스런 광명이 홀로 빛난다. 이는 바로 광명이 두루 비춤으로 자성지혜광명이다. 《정토대경과주淨土大經科註》, 정공 법사 /편주

이와 사에 걸림이 없음을 진실로 묘사하였다.

「자비의 문을 구름처럼 펼치고 행의 바다에 파도처럼 출렁이신다.」 구름과 파도는 비유이고, 문과 바다는 형용사이다. 보살이 베푸시는 무아의 자비는 천상의 비구름처럼 내리쬐는 햇빛을 가려서 대지를 시원하게 해줄 수 있고, (중생의 기에 응하여) 단비가 내려서 만물을 윤택하게 자라도록 할 수 있다.《관세음보살보문품》에 이르시길, "연민의 체인 계행은 뇌성·번개와 같고 자애의 마음은 미묘하고 큰 구름과 같아 감로 같은 법의 비를 내려서 번뇌의 불꽃을 꺼서 없애느니라." 하셨다. 방마다 문이 있어 걸림 없이 출입·통행할 수 있듯이 문으로써 보살에게 무아 자비가 있어 장애 없이 출입하며 교화를 행할 수 있어 자리이타의 공덕을 성취한다. 그래서 「자비의 문을 구름처럼 펼친다」 하셨다. 보살이 닦는 육도만행은 큰 바다가 끝없이 깊고 넓듯이 이와 사에 걸림 없이 번갈아 연기하여 일으키는 행과 얻는 복이 겹겹이 다함이 없다. 그래서 행의 바다가 파도처럼 출렁이는 모습으로 형용하였다.《관세음보살 보문품》에 이르시길, "일체 공덕을 구족하고 계시고 자비의 눈으로 중생을 살피시어 그 복이 바다처럼 모여 무량하니, 이런 까닭에 마땅히 정례할지니라." 하셨습니다.

「마침내 걸림 없이 세속과 함께 하며 인연에 따라 자재하시니, 일체 하는 일이 불사가 아님이 없다.」 이 네 마디 집문은 보살수행의 총결로 모두 이와 사에 걸림이 없이 인연에 따라 자재한 까닭에 일체 작위를 얻을 수 있고, 이미 보살이 성불한 자량이고 또한 부처님을 대신하여 교화를 행하신다. 그래서 「일체 하는 일이 불사가 아님이 없다」 하셨다. 동진무애同塵無閡는 보살이 닦은 사섭법四攝法 중에서 동사섭同事攝이다. 법안으로 중생의 근성을 보아 그 하고자 하는 바에 따라 형상으로 나타내 보이시고 그 하는 일을 함께 하며 함께 이익을 고르게 받아 한계와 걸림이 없다. 그래서《관세음보살 보문품》에서 이르시길, "만약 어떤 국토에 중생이 있어 부처님의 몸으로써 제도 받음을 얻는 자에게 응하여 관세음보살이 곧 부처의 몸으로 나타나서 설법하고, …… 갖가지 형상으로 모든 국토에서 노닐면서 중생을 제도하고 해탈케 하느니라." 하셨다. 세상의 더러운 것과 합류하는 것(同流合汚)이 아니라 중생의 기류에 따라 몸을 나타나는 것(隨類現身)으로 먼저 욕망으로 낚아다가 나중에 불지佛智에 들게 한다. 또한 보살은 먼저 근본지根本智를 증득하고 후득지後得智의 방위가 없는 묘용妙用을 일으키는 까닭에 인연에 따라 자재함을 얻으니, 관음보살과 같고 묘음보살과 같다74)는 것도 동진무애의 모범이다. 또한 석가세존께서 팔상으로 성도하여 중생을 제도하는 화신의 자취도 동진무애의 모범이다.

3-2 법증法證

그래서 《반야경》에서 이르시길, "일심一心은 만행萬行을 구족하느니라." 하셨다.

故《般若經》云 : 一心具足萬行。

마음에는 다섯 가지가 있다. 첫째 육단심肉團心으로 이는 물질이다. 둘째 집기심集起心으로 즉 제8식이다. 셋째 사량심思量心으로 즉 제7말나식이다. 넷째 연려심緣慮心으로 즉 제6의식이다. 다섯째 견실심堅實心으로 즉 자성청정심이자 진여의 다른 이름이다. 일심一心은 중생이 현전하는 개이(介爾; 일찰나)의 일념 망심을 가리킨다. 이는 바로 진여심으로 집기·사량·연려·청정 등의 뜻을 가지고 있다. 만행萬行은 보살이 발심에서 성불에 이르는 일체 인을 닦고 과를 증득한 사상事相을 가리킨다. 그 수량은 무량한 까닭에 만행은 대명사이다. 또한 중생이

---

74) "또 묘음보살이 형상을 나타내어 설법하니, 온갖 고난을 구제함이 관세음보살과 다르지 않지만, 간략하여 두루 미치지 못하고 미묘하되 원만하지 못하다. 관세음보살은 이 행을 여의지 않고 대천세계에 원만히 감응하지만, 오고 가는 상이 없어 이른바 자재한 업이요 두루 통달하고 시현하여 묘음보살보다 나아가니, 그 실제로는 두 분 성인은 하나의 도에서 서로 시작과 종극이 된다."《관세음보살보문품 심요》(비움과소통) 참조 /편주

무시로부터 지금까지 지은 일체 심념과 작위라고 말해도 된다. 그것은 다시 무량무변한 까닭에 만행이라 한다. 《반야경》에서 "일심은 만행을 구족한다." 말한 것은 세 가지 방면에서 해석할 수 있다. 첫째 일심이 대하는 경계를 기준으로 말하면 십법계 의정과보는 모두 마음이 반연하여 생하는 경계로 그 수는 매우 많다. 천태종에서 일념은 삼천성상을 갖추고 우주만유의 일체법을 포괄한다고 말한 것과 같다. 둘째 일심의 자체 상용相用을 기준으로 말하면 이 마음은 바로 대승大乘이다. 대大라 함은 법계에 두루하고 마음이 태허를 감싼다는 뜻이다. 승乘이라 함은 중생을 실어 날라서 이를 통해 저곳에 이르니, 수레가 물건을 실어 나르는 것과 같다. 《기신론》에서 이르시길, "이 마음에 의지하여 마하연의 뜻을 드러내 보인다. 왜 그런가? 이는 심진여상으로 곧 마하연의 체를 보이는 까닭이고, 이는 심생멸 인연상으로 마하연의 자체상용을 보일 수 있는 까닭이다(依於此心顯示摩訶衍義。何以故？是心眞如相, 卽示摩訶衍體故；是心生滅因緣相, 能示摩訶衍自體相用故)." 하셨다. 셋째 일심이 만들고 일심이 얻는 것을 기준으로 말하면 이 일개 일념의 마음은 육범사성六凡四聖의 일체 인과법을 만들고 얻을 수 있다. 《화엄경》에 이르시길, "마음은 그림을 그리는 사람과 같아 세간을 그릴 수 있듯이 오온이 모두 이를 좇아 생겨나니 한 법도 짓지 법이 없다(心如工畫師 能畫諸世間 五蘊悉從生 無法而不造)." 하셨다. "누구든지 삼세 일체제불을 또렷이 알고 싶거든 마땅히 법계의 성품을 관할지니, 일체는 유심이 지은 것이다(若人慾了知 三世一切佛 應觀法界性 一切唯心造)." 하셨다. 사람마다 모두 마음이 있으니, 이미 《반야경》에서 명백히 일심이 만행을 구족하고 있음을 열어 보이신 까닭에 사람마다 모두 청정심을 발하여 육도만행의 공덕을 닦아 모아서 자신을 이롭게 하고 타인을 이롭게 할 수 있다. 공에 빠지지도 고요(寂)에 빠지지도 않으며, 이에 집착하고 사를 버리지도 않으며, 이 마음의 본래 갖춘 묘용에 매몰되지 않는다.

《화엄경》에서 이르시길, "해탈 장자가 선재 동자에게 말하기를, 내가 만일 극락세계의 아미타부처님을 친견하고자 하면 뜻대로 곧 친견할

수 있다. 내지 시방 제불을 친견하는 것도 모두 자심自心으로 말미암음
이다. 선남자야! 마땅히 알지니, 보살이 모든 불법을 닦고, 제불찰토
를 청정하게 하며, 묘행妙行을 쌓아 익히고, 중생을 조복시키며,
대서원을 발하는 등 이러한 일체만행도 모두 자심으로 말미암음이다.
이런 까닭에 선남자야! 마땅히 선법善法으로 자심을 도와주고, 마땅히
법수法水로 자심을 윤택하게 하며, 마땅히 경계에 임해 자심을 맑게
다스리며, 마땅히 정진으로 자심을 견고하게 하며, 마땅히 지혜로
자심을 밝혀서 이롭게 하며, 마땅히 부처님의 자유자재한 지혜로
자심을 계발하며, 마땅히 부처님의 평등대혜로 자심을 광대케 하며,
마땅히 부처님의 십력十力으로 자심을 비춰 살펴야 할 것이니라."
하셨다.

《華嚴經》云 : "解脫長者告善財言 : 我若欲見安樂世界阿彌陀佛 , 隨
意卽見 ; 乃至所見十方諸佛 , 皆由自心。善男子! 當知菩薩修諸佛法、
淨諸佛刹、積習妙行、調伏衆生、發大誓願 , 如是一切 , 悉由自心。是
故 , 善男子! 應以善法扶助自心、應以法水潤澤自心、應於境界淨治自
心、應以精進堅固自心、應以智慧明利自心、應以佛自在開發自心、應以
佛平等廣大自心、應以佛十力照察自心。"

청량국사의 《화엄경소》에 의거해서 간략히 해석하면 「해탈 장자」란
십주보살 제6 구족방편주具足方便住를 비유한 것이다. 이 장자가 얻은
것은 여래무애장엄해탈문으로 총 다섯 가지 뜻이 있다. 첫째 일체
여래는 각자 일체무애장엄을 갖추고 있고, 둘째 여래 한 분 한 분은
번갈아 걸림 없이 두루하고, 셋째 일체 여래장엄은 모두 장자의 몸으로
들어오고, 넷째 장자는 시방 부처님의 바다를 철견徹見하고, 다섯째
장자는 지혜를 다 갖추어(智持) 걸린다고 여기지 않는다.

「아약욕견안락세계我若欲見安樂世界」 이하 네 문구는 마음을 따라
부처님의 체성을 보고, 자심으로 말미암아 부처님을 친견하며, 마음은

거래가 없음을 설명한다. 꿈에서 기쁜 일을 보면 곧 유이나 공이다. 물에 달그림자처럼 어찌 오고감이 있겠는가? 환은 실이 아니지만 환의 상이 없지 않듯이 비록 오고감이 없지만 두루 친견함을 방애하지 않는다. 그래서 「내지 시방 제불을 친견하는 것도 모두 자심으로 말미암음이다」 하셨다.

「선남자善男子!」 이하 여덟 구는 일심만행을 설명한다. 모든 불법을 닦아 제불찰토를 청정히 함은 위로 불도를 구함이다. 「묘행妙行을 쌓아 익힘」은 보살이 수습한 제행은 모두 자신을 이롭게 하고 남을 이롭게 할 수 있는 까닭에 묘행이라 한다. 「중생을 조복시킴」은 아래로 군생을 교화함이다. 「대서원을 발함」은 사홍서원으로 위로 구하고 아래로 교화하는 대보리심원을 총섭한 것이다. 보살의 무량행원은 보현행원이라 하는데 이와 같은 행원의 종자는 모두 자기 진여심 가운데 본래 구족되어 있는데 선지식의 인도를 만나면 자심을 말미암아 발기하여 수습하는 까닭에 「모두 자심으로 말미암음이다」 하셨다. 행원 하나하나마다 적은 원이 무량무진에 이르도록 모임으로 말미암지 않음이 없다. 그래서 《보현행원품》 십대원왕에서 이르시길, "허공계 내지 중생들의 번뇌가 다함이 없는 까닭에 … 궁진함이 없어서, 염념히 계속하여 잠깐도 쉬지 않건만 몸과 말과 뜻으로 하는 일에 지치거나 싫어함이 없느니라." 하셨다.

「시고선남자是故善男子!」 이하 십구는 마땅히 이와 같이 마음을 닦으면 걸림없이 원만히 닦음을 설명한다. 「마땅히 선법善法으로 자심을 도와준다」 함은 저 병든 사람은 지팡이를 잡고 도움을 받아야 몸을 일으켜 행동할 수 있듯이 중생의 번뇌는 무거워 반드시 선법에 기대어 대치하고 도움을 받아야 미혹을 끊고 진심을 증득할 수 있다. 「마땅히 법수法水로 자심을 윤택하게 한다」 함은 법의 물이 윤택하게 함이 없으면 진여심 가운데 무루종자는 싹을 틔워 자랄 수 없다. 「마땅히 경계에 임해 자심을 맑게 다스린다」 함은 마주치는 인연에 무심하고 대하는 경계에 부동이면 육진에 물들지 않아 자심을 맑게 다스릴 수 있다. 「마땅히 정진으로 자심을 견고하게 한다」 함은 옛날 닦은 선에 섞이지 않고, 새로운 선에 끊임 없이 나아가며 닦으면 견고하다

할 수 있다. 「마땅히 지혜로 자심을 밝혀서 이롭게 한다」 함은 접촉한 경계에 요여(了如; 공空)하여 비추어 통달하지 않음이 없다. 「마땅히 부처님의 자유자재한 지혜로 자심을 계발한다」 함은 우리의 육근이 자재한 성품은 제불과 같아서 만약 육진을 떼어놓을 수 있다면 육근의 묘용을 일으켜 견문각지하여 분명히 자재하지 않음이 없다. 《법화경》 법사공덕품에 설한 육근의 공덕과 같다. 「마땅히 부처님의 평등대혜로 자심을 광대케 한다」 함은 중생의 심성은 부처님과 서로 같아 평등하고 차이가 없어 본체는 법계에 두루하여 광대 무애하니 어찌 자심이 국한된 마음을 생할 수 있겠는가? 「마땅히 부처님의 십력으로 자심을 비춰 살핀다」 함은 부처님께서는 십력十力75)을 구족한 까닭에 자신을 제도하고 타인을 제도한다. 보살이 마땅히 언제 어디서나 자심을 비추어 살펴서 무릇 닦은 바는 이 열 가지 힘에 빠지고 없어짐이 있겠는가? 어긋나고 등짐이 있겠는가? 있다면 고쳐야 하고 없다면 칭찬하고 격려하여야 한다.

---

75) 일체를 다 아시는 「부처님의 불가사의한 힘」을 말하는 것으로 《잡아함경》《관무량수경》 등에 나타나 있다. 1) 지시각비처력知是覺非處力: 도리와 비도리를 분별하는 힘. 2) 지업보력知業報力: 업과 그 과보의 관계를 아는 힘. 3) 지제선삼매력知諸禪三昧力: 가지가지 선정에 통달하는 힘. 4) 지타중생제근상하력知他衆生諸根上下力 : 중생의 근기를 아는 힘. 5) 지타중생종종욕력知他衆生種種欲力: 중생의 욕구나 이해의 정도를 아는 힘. 6) 지세간궤종종성력知世間櫃種種性力 : 중생의 성격을 아는 힘. 7) 지일체도지처상력知一切道智處相力: 업에 응해서 나타나는 세계를 아는 힘. 8) 지숙명력知宿命力: 과거세의 일을 기억하는 힘. 9) 지천안력知天眼力: 미래의 일을 아는 힘. 10) 지누진력知漏盡力: 번뇌가 다 없어진 것을 자각하는 힘. /편주

4. 결론 맺어 설명하다

고덕(청량淸凉 국사)께서 소석疏釋에서 이르시길, "마음이 만법을 갖춘다 함은 일념一念으로 부처님을 관함만이 자심自心으로 말미암을 뿐만 아니라, 보살의 만행과 불과佛果의 체용體用도 또한 마음을 여의지 않으며, 또한 망집妄執의 과실도 제거한다는 말이다." 하셨다. 어떤 사람이 헤아려 말하기를, "만법이 모두 마음이라 한다면 그것에 임운하면 곧 부처일 터인데, 분주히 돌아다니며 만행을 한다면 어찌 헛되이 수고한다 하지 않겠는가?"라 하니, 지금 밝히기를 "마음이 곧 부처일지라도 오랫동안 진로塵勞에 가려 있었던 까닭에 만행을 더욱 더 닦아 지금 그것이 밝도록 통철하여야 한다. 다만 만행이 마음으로 말미암는다고 말한 것이지 닦지 않는 것이 옳다고 말하지 않는다. 또 만법이 곧 마음이라면 닦는다고 어찌 마음에 걸리겠는가?"라고 하셨다.

古德釋云：心該萬法，謂非但一念觀佛，由於自心；菩薩萬行，佛果體用，亦不離心，亦去妄執之失。謂有計云：萬法皆心，任之是佛；驅馳萬行，豈不虛勞？今明：心雖卽佛，久翳塵勞，故以萬行增修，令其瑩徹。但說萬行由心，不說不修爲是；又萬法卽心，修何閡心？

이 단락은 경교에 의지해 이와 사가 걸림이 없음을 결론 맺어 설명하셨다. 「고덕古德」은 당나라 청량 국사이시다. 「석운釋云」은 청량 국사께서 저술하신 60권 화엄경소 제56권 중 해석하신 글을 가리킨다. 「마음이 만법을 갖춘다」는 바로 일심이 만행을 구족함이고, 또한 삼계 일체법은 오직 일심이 지은 것임을 가리킨다. 경에서 이르시길, "마음이 생하면 갖가지 법이 생한다." 하셨다. 「일념一念으로 부처님을 관함」은 보살이 인을 닦음이고, 「불과佛果의 체용體用76)」은 보살이 과를 증득함이다. 만약 인과가 모두 마음을 여의지 않으면 바로 일승인과이고 또한 일심인과이다. 「어떤 사람이 헤아려 말하기를」이라 함은 어떤 어리석은 사람이 "마음이 만법을 갖춘다"를 망녕되이 이해하여 삿된 헤아림을 일으켜서 "만법은 이미 우리의 일심이고, 이 마음에 맡겨 저절로 생각을 일으키고 행동함이 바로 부처인데, 구태여 보살의 육도 만행을 수습할 필요가 있겠는가. 분주히 돌아다니며 고생하는 것이 어찌 헛수고가 아닌가!" 라고 말함을 가리킨다.

「금명심수즉불今明心雖卽佛」이하 여섯 구에서는 바로 만행일심은 이理이고 일심만행은 사事이며, 이와 사가 서로 의지하고 서로 이루니, 이理에 집착하고 사事를 버려서 이와 사가 서로 걸림이 있어서는 안 된다고 설명하신다. 「만법이 곧 마음이다」 함은 이理에 걸림이 없음이고, 「닦는다고 어찌 마음에 걸리겠는가?」 함은 이와 사에 걸림이 없음이다. 「마음이 곧 부처일지라도 오랫동안 진로塵勞에 가려 있었던지라」 이 두 구에서는 이체 본성이 비록 부처일지라도 사상은 중생이라고 말씀하셨다. 중생은 청정한 마음이 무량겁이래 번뇌에 가리고 덮여서 현재 생사 범부이므로 범부가 성인을 남용해서는 안 된다.

「만행을 너욱 너 닦아, 지금 옥빛이 사무치게 하려는 것이다.」 이 두 구는 반드시 만행을 끊임없이 증진하여 수덕에 공이 있을지라도 본래 청정심을 회복하고 지혜 광명이 밝도록 통철通徹해야 성덕이 바야흐로 드러난다. 인이 원만하면 과도 충만하니, 인이 없는데 과가 있을 수 없고, 닦아서 성불할 수 없다. 「다만 만행이 마음으로 말미암는다고 말한 것이지 닦지 않는 것이 옳다고 말하지 않는다.」 이 두 구는 경교에서 말씀하신 뜻을 결론 맺어 설명한 것이다. 다만 일체는 마음으로 말미암아 지은 것이니, 중생의 식심을 본향에 도달하게 하려면 일심으로 말미암아 만행을 일으키고, 위로 불도를 교화하고 아래로 중생을 교화하겠다는 대보리심을 발하여 육도만행을 널리 닦고, 복혜를 원만하게 성취한 후에 성불한다고 말한다. 세간에는 천생의 석가모

---

76) 본체와 작용을 가리키는 말로 "체"는 가장 근본적 · 내재적 · 본질적이며, "용用"은 "체"가 바깥으로 나타난 표현 · 표상을 뜻한다. /편주

니와 자연의 미륵보살이 안 계시니, 중생심은 비록 부처일지라도 절대 닦지 않으면 성불할 수 없다.

5. 의문에 해답하다

5-1 짐짓 불조의 가르침을 어기려고 한다는 의심

묻건대, 조사께서 이르시길, "선악을 모두 사량하지 않으면 저절로 심체心體에 들어가리라" 하셨고, 《열반경》에서 이르시길, "제행이 무상하니, 이는 생멸하는 법이기 때문이라" 하셨다. 어째서 수행하기를 권해, 짐짓 불조佛祖의 가르침을 어기려고 하는가?

問曰 : 祖師云 :「善惡都莫思量 , 自然得入心體」;《涅槃經》云 :「諸行無常 , 是生滅法。」如何勸修 , 故違祖教 ?

답하되, 조사의 뜻은 종지에 의거하고, 경교經敎의 문구는 집착을 타파하기 위함이다.

答 : 祖意據宗 , 敎文破著。

만일 선종의 돈교頓敎[77]로 살피면 상이 다하여 없어지고 모든 반연을

---

77) 오랫동안 수행해서 뒤에 깨달음에 도달하는 교법을 점교漸敎라 하고, 빨리 불과佛果를 깨달아 차례를 밟아서 수학하지 않고 한꺼번에 깨닫는 것을 돈교라고 한다. 화엄종華嚴宗의 오교십종五敎十宗의 교판에서 오교五敎 중의 하나로, 문자나 언어를 여의고 수행의 차례를 말하지 않고, 말이 끊어진 진여眞如를 가리키는 《유마경(維摩經)》 등의 가르침을 가리킨다. /편주

여의어서 공空과 유有가 함께 사라지고, 체體와 용用이 쌍으로 고요하
다. 화엄의 원지圓旨로 살피면 동시에 덕을 갖추고, 이체와 행行을
가지런히 펴고 자비와 지혜로 번갈아 건지느니라. 그러므로 문수보살
께서는 이체로써 행行을 새기니 차별의 뜻이 이지러지지 않고, 보현
보살께서는 행行으로써 이체를 장엄하니 근본의 문을 폐함이 없느니
라. 본말本末이 일제一際요, 범부와 성인이 같은 근원이니, 속俗을
허물지 않은 채 진眞을 내걸고, 진을 여의지 않은 채 속을 세우지
않느니라. 지혜의 눈을 갖추어 생사에도 빠지지 않고, 대비심을
운용하여 열반에도 빠지지 않나니, 삼계의 제유諸有[78]를 보리의
대용大用으로 삼아 번뇌의 바다에 처하면서 곧 열반의 나룻가에
통하기 때문이니라. 대저 만선萬善은 보살이 성위聖位에 드는 자량이
고, 만행萬行은 또한 제불께서 도업道業을 돕는 계단점차階漸이니라.
만일 눈만 있고 다리가 없다면 어찌 청량한 연못에 이르겠으며,
실實만 얻고 권權을 잃는다면 어찌 자재한 경지에 오를 수 있겠는가!
그러므로 방편과 반야가 늘 서로 보좌하여 진공眞空·묘유妙有가
언제나 함께 자라도록 보살핀다.

若禪宗頓教, 泯相離緣, 空有俱亡, 體用雙寂；若華嚴圓旨, 具德同
時, 理行齊敷, 悲智交濟。是以文殊以理印行, 差別之義不虧；普賢
以行嚴理, 根本之門靡廢。本末一際, 凡聖同源；不壞俗而標眞, 不
離眞而立俗。具智眼而不沒生死；運悲心而不滯涅槃。以三界之有, 爲
菩提之用；處煩惱之海, 通涅槃之津。夫萬善是菩薩入聖之資糧；衆
行乃諸佛助道之階漸。若有目而無足, 豈到淸涼之池？得實而忘權,
奚昇自在之域！是以方便、般若, 常相輔翼；眞空、妙有, 恒共成持。

---

78) 제유諸有란 욕계·색계·무색계 삼계三界에 존재하는 모든 중생의
유형을 총망라하는 것으로 인간은 물론 사족四足의 짐승과 다족多足
의 곤충과 유형有形 무형無形의 모든 생명을 가리키는 동시에 자신
이 갖고 있는 모든 소유의 물질과 자신이 경험하는 모든 경계까지를
광범위하게 포함하는 것이다. /편주

《법화경》에서 "삼승三乘을 모아 일불승一佛乘으로 돌아가게 하느니라."라 함은 곧 만선이 모두 보리로 향한다는 뜻이요, 《대품반야경》에서 "일체가 둘이 없느니라." 함은 곧 온갖 행이 모두 일체종지로 돌아간다는 뜻이다. 그래서 《화엄경》에서 이르시길, "제7 원행지遠行地에서는 열 가지 방편 지혜의 수승한 도를 닦아야 한다. 말하자면 비록 공空 · 무상無相 · 무원無願삼매를 잘 닦을지라도 자비심으로 중생을 버리지 말며, 비록 제불의 평등법을 얻었을지라도 늘 제불께 즐겨 공양하며, 비록 공을 관찰하는 지혜의 문에 들었을지라도 부지런히 복덕을 모아서 쌓으며, 비록 삼계를 멀리 떠났을지라도 삼계를 두루 장엄하며, 비록 모든 번뇌의 불꽃이 마침내 적멸하였을지라도 또한 일체중생을 위하여 탐진치 번뇌의 불꽃을 일으키고 멸할 수 있으며, 비록 제법이 환 같고 · 꿈 같고 · 그림자 같고 · 메아리 같고 · 불꽃 같고 · 허깨비 같고 · 물속에 비친 달 같고 · 거울 속에 비친 상 같아 자성自性이 둘이 없는 줄 알지라도 마음을 따라 업을 지어 무량한 차별상을 보이며, 비록 일체 국토가 허공과 같은 줄 알지라도 능히 청정 묘행으로써 불토를 장엄하며, 비록 제불의 법신은 그 본성이 몸이 없는 줄 알지라도 상호로써 그 몸을 장엄하며, 비록 제불의 음성은 그 자성이 공적하여 말로 표현할 수 없는 줄 알지라도 일체중생에 수순하여 갖가지 차별의 청정한 음성을 내며, 비록 제불에 따라서 삼세가 오직 일념임을 깨달아 알지라도 중생이 마음으로 이해 분별하는 것에 수순하여 갖가지 상 · 갖가지 때 · 갖가지 접수로써 제행을 닦아야 하느니라." 하셨다. 또 《유마경》에서 이르시길, "보살은 비록 공空을 행할지라도 온갖 덕德의 근본을 심으며, 비록 무상無相을 행할지라도 중생을 제도하며, 비록 무작無作을 행할지라도 몸 받음을 나타내 보이며, 비록 무기無起를 행할지라도 일체 선행을 일으키는 것이 보살행이니라." 하셨다.

《法華》會三歸一 , 萬善悉向菩提 ; 《大品》一切無二 , 衆行咸歸種智。

故《華嚴經》云：「第七遠行地，當修十種方便慧殊勝道：所謂雖善修
空、無相、無願三昧，而慈悲不捨衆生；雖得諸佛平等法，而樂常供養
佛；雖入觀空智門，而勤集福德；雖遠離三界，而莊嚴三界；雖畢竟
寂滅諸煩惱焰，而能爲一切衆生起滅貪瞋癡煩惱焰；雖知諸法如幻、
如夢、如影、如響、如焰、如化、如水中月、如鏡中像，自性無二，而隨心
作業，無量差別；雖知一切國土猶如虛空，而能以清淨妙行莊嚴佛
土；雖知諸佛法身本性無身，而以相好莊嚴其身；雖知諸佛音聲，性
空寂滅，不可言說，而能隨一切衆生，出種種差別清淨音聲；雖隨諸
佛了知三世惟是一念，而隨衆生意解分別，以種種相、種種時、種種劫
數，而修諸行。」《維摩經》云：「菩薩雖行於空，而植衆德本，是菩薩
行；雖行無相，而度衆生，是菩薩行；雖行無作，而現受身，是菩薩
行；雖行無起，而起一切善行，是菩薩行。」

5-2 무념 유념의 의심

고덕께 묻기를, 만행이 오직 무념無念[79]에 총괄되거늘 지금 선善을
보고 악을 보고서 여의기를 발원하고 이루기를 발원하여 몸과 마음을
피로하도록 부리니, 어찌 해야 도를 위하겠는가?

답하시길, 이는 념을 여의고서 무념을 구함으로 아직 진실로 무념을
얻을 수 없나니, 하물며 념·무념에 걸림이 없음이겠는가! 또한
무념도 다만 만행 가운데 하나일 따름이니 이상에 인용한 것과 같다.
부처님의 참된 뜻이 환히 빛나거늘 어찌 빈 뱃속에 마음만 높아서
작은 것에 만족하여 개구리가 바다처럼 큰 용량을 싫어하고 반딧불로
햇빛을 가리려고 하는가!

---

79) 인식대상인 상相을 초월하여 진여眞如 본성을 관觀하여 마음까지도
여의는 것을 말한다. 무념무상無念無想은 무아의 경지에 이르러 일체
의 상념이 없음을 이르는 말이다. /편주

古德問云：萬行統惟無念，今見善見惡，願離願成，疲役身心，豈當
爲道。 答：此離念而求無念，尚未得眞無念，況念無念而無閡乎！又
無念但是行之一，豈知一念頓圓，如上所引。佛旨煥然，何得空腹高
心，以少爲足，擬欲蛙嫌海量，螢掩日光乎！

5-3 무작 유작의 의심

묻건대, 모든 것이 끊어져 의지할 것이 없음과 경계와 지혜가 함께
공함은 곧 불조佛祖가 깨달은 중요한 이치이자 성현이 걷는 중요한
길이다. 만일 유작을 논하면 마음의 경계가 완연하니, 어떤 교문敎文
에 의지해서 만선을 자세히 말할 것인가?

問：泯絶無寄、境智俱空，是祖佛指歸、聖賢要路。若論有作，心境
宛然，憑何敎文，廣陳萬善。

답하되, 제불여래의 일대시교一代時敎는 옛날부터 지금까지 나뉜 종
파가 매우 많지만, 그 대략을 간추려보면 삼종三宗에서 벗어나지
않으니, 첫째는 상종相宗이요 둘째 공종空宗이요 셋째는 성종性宗이
다. 상종은 시(是: 제법의 현상을 긍정하는 입장)를 늘어놓고, 공종은
비(非: 제법의 현상을 부정하는 입장)를 늘어놓으며, 성종은 오직 직지(直
指: 곧장 불성을 가리킴)를 논하였으니, 곧 조계의 견성성불과 같다.

答：「諸佛如來一代時敎，自古及今，分宗甚衆。撮其大約，不出三
宗：一、相宗。二、空宗。三、性宗。若相宗多說是；空宗多說非；性宗惟
論直指，即同曹溪見性成佛也。

요즈음 견성은 말할 것도 없고 정종正宗에도 어두운 이들이 흔히 시비에 집착하여 서로 뒤섞여 어지러이 다투기만 일삼는 것은 모두 불조의 밀의를 깨닫지 못하고 다만 언전言詮[80])을 맴돌기 때문이다. 교하에서 혹 시是를 설함은 곧 성성性에 따라 상相을 말한 것이요, 혹 비非를 설함은 곧 상을 파하고 성을 드러낸 것이다. 오직 성종의 일문만 직지直指를 바로 드러내고 시비를 말하지 않는다.

如今不論見性，罔識正宗，多執是非，紛然諍競，皆不了祖佛密意，但徇言詮。如敎中或說是者，卽依性說相；或言非者，是破相顯性；惟性宗一門，顯了直指，不說是非。

요즈음 비심非心·비불非佛·비리非理·비사非事, 모든 것이 끊어졌다는 말을 거듭 늘어놓고 현묘하다 생각하는 이들이 많다. 이 방편에 집착하여 표적(標的; 목표 대상)으로 여기고 오히려 표전表詮[81])의 곧장

80) 언어전주言語詮註의 준 말로 언어로 사량 분별하여 불법의 진리를 이해하는(詮註) 것을 뜻한다. /편주

81) 차전遮詮과 표전表詮: 차遮는 잘못된 것을 버리는 것이고, 표表는 옳은 것을 드러내는 것이다. 또 차遮는 당체當體 이외의 것들을 가려내고, 표表는 본질적 당체를 바로 보이는 것이다. 즉, 진여의 뜻을 설명할 때 진여는 도저히 말이나 글로써 표현할 수 없다고 하는 따위를 차전遮詮이라 하고 그 반대를 표전이라 한다. 여러 경전에 진여의 성품을 불생불멸不生不滅·부증불감不增不減·무인무과無因無果·비범비성非凡非聖이라고 한 것 등이 차전이다. 공종空宗에서는 흔히 차전을 쓴다. "만약 지견으로 지각하고 관조한다, 신령스러운 거울의 광명이다, 밝고 뚜렷하다, 당당하고 고요하다 등이라 하는 것은 모두 표전表詮이다. 만약 지견知見 등의 체가 없다면 어떤 법을 본성이라고 나타내며, 어떤 법을 불생불멸한다고 설명하겠는가. 지금 분명하게 아는 이것이 바로 나의 심성心性임을 반드시 알아차려야 비로소 이 지知가 불생불멸 한다고 설명할 수 있다. 예컨대 소금에 대해 '싱겁지 않다'고 하는 것은 차전이고, '짜다'고 하는 것은 표전이다." _《명추회요冥樞會要》 /편주

가리키는 가르침을 믿지 않고, 문득 실지實地를 잃어버리고 몽매해 진심眞心을 물리친다. 이는 마치 초楚 나라의 어리석은 사람이 닭을 봉황이라 여기는 것과 같고, 봄 못에서 어린 아이가 돌을 주워 보배구 슬이라 여기고 집착하는 것과 같다. 다만 천근한 정식(情識 ; 번뇌를 일으키는 마음)에만 맡겨 깊고 비밀스런 뜻은 찾으려 하지 않으며 공의 방편에 미혹하니, 어찌 참으로 돌아감을 안다 하겠는가!

如今多重非心‧非佛‧非理‧非事 , 泯絶之言 , 以爲玄妙 , 不知但是遮 詮治病之文。執此方便 , 認爲標的 , 却不信表詮直指之敎 , 頓遺實 地 , 昧却眞心。如楚國愚人 , 認雞作鳳 ; 猶春池小兒 , 執石爲珠。但 任淺近之情 , 不探深密之旨 , 迷空方便 , 豈識眞歸。

5-4 법체에 어긋남이 있다는 의심

묻건대, 제불여래의 삼승교전三乘敎典은 오직 해탈법문 일미一味만 있거늘 어찌하여 여기서는 세간의 생멸연기를 광설하는가? 마음을 헤아리면 곧 잃어버려 진여에 수순하지 못하고 생각을 움직이면 곧 어긋나서 법체에 어긋난다.

問 : 諸佛如來三乘敎典 , 惟有一味解脫法門 , 云何廣說世間生滅緣 起 ? 擬心卽失 , 不順眞如 ; 動念卽乖 , 違於法體。

답하되, 만일 일상一相‧일미一味만 논한다면 이는 곧 삼승의 권교權敎 이다. 이체를 기준으로 하여 말하면 일체 인연을 허물이라 생각한다. 지금 모아서 편집하는 것은 오직 원종圓宗82)을 드러내려 함이니,

---

82) 《화엄경》의 원융구덕圓融具德의 법문을 가리킴. 훗날 천태종이 흥성 하여 원돈일실圓頓一實의 종지를 고취하였으므로, 드디어 천태종의

연기緣起 하나하나가 모두 법계의 진실한 덕으로 모두 이루어지지도 파괴되지도 않고, 단멸함도 상존함도 아니다. 내지 신통변화를 베풀어서 모두 곧 법이 이와 같은 까닭이지,83) 신력神力을 빌려서 잠시 이와 같음을 얻은 것이 아니다. 한 법이라도 인연하여 생기니, 성기性起84)의 공덕 아님이 없다. 《화엄경》에 이르시길, "이 화장세계 바다에는 산이든 강이든 내지 숲·미진·털구멍 등 일체 처소 어느 곳이든 하나하나 모두 진여법계가 가이없는 덕을 갖추었다라고 불리지 않음이 없다." 하셨다.

答：若論一相、一味，此乃三乘權敎，約理而言，卽以一切因緣，而爲過患。今所集者，惟顯圓宗：一一緣起，皆是法界實德，不成不破、非斷非常。乃至神變施爲，皆法如是故，非假神力暫得如斯。纔有一法緣生，無非性起功德。《華嚴經》云：「此華藏世界海中，無問若山、若河，乃至樹林、塵毛等處，一一無不皆是稱眞如法界、具無邊德。」85)

별청이 되었다. /편주
83) "일체 국토의 모든 티끌이여, 티끌 하나하나에 부처님께서 모두 들어가사 널리 중생을 위해 신통변화를 일으키시니 비로자나 부처님의 법이 이와 같도다(一切國土所有塵,一一塵中佛皆入, 普爲衆生起神變, 毘盧遮那法如是)." 《화엄경》〈세계성취품〉/편주
84) 성기性起는 성性으로부터 일어난다는 의미이며, 불과佛果의 입장에서 모든 존재의 현기現起를 설한 것이다. 성기라는 말은 60권본《화엄경(華嚴經)》의 〈보왕여래성기품寶王如來性起品〉에서 연유한 것으로, 이 품에서 성기는 여래가如來家에 태어남, 여래의 출생出生·출현出現, 여래종如來種·여래성如來性의 시현이라는 의미를 가진다. 성기는 온 우주법계에 충만한 여래를 가리키는 것으로 볼 수 있다. /편주
85) 화장세계는 20층이 있는데, 이러한 화장세계는 무량·무변·무수·무진하여 「무량세계 바다, 중중무진」이라 불린다. 이 화장세계 바다에는 산이든 강이든 숲이든 어느 곳이든지 이는 바로 법계에 두루한 허공계 일체처소를 말합니다. 크게 말하면 화장세계이고 작게 말하면 미진 하나, 털구멍 하나입니다. 진여자성에는 크고 작음도 선후도

5-5 구태여 조작하려 한다는 의심

묻건대,《금강경》에 이르시길, "다만 범부가 그 일을 탐착할 뿐이니라."[86) 하셨다. 또《법화경》에 이르시길, "범부의 상相을 취하여 (중생의) 마땅한 바를 따라 설하시니라."[87) 하셨다. 만일 이치의 근본을 얻는다면 만행이 원만해질 터인데, 구태여 사事의 자취로 조작(의 생각)을 일으키려고 하는가?

問 : 經云 :「但凡夫之人 , 貪著其事。」又云 :「取相凡夫 , 隨宜爲說。」

없고, 시간 공간도 없으며, 공간 거리도 없이 일체입니다! 어떻게 출현합니까? 일념에 출현합니다. 이 일념은 일천 육백조 분의 일초, 매우 짧은 시간입니다. 전체 우주 현상은 모두 이렇게 무릇 모든 상은 다 허망하여, 화장세계 안에 포괄되고 모든 세계의 십법계 의정장엄을 포괄합니다. 이미 상이 허망하여, 망념은 진여에 의지해 일어납니다. 그것의 체는 진여이고 진여는 이미 상락아정을 구족하였고, 청정·불변·자재를 구족하였으며, 이와 같은 항하사 공덕을 구족하였으니, 전체 법계에 산하대지와 숲·화초는 말할 것도 없고 작게는 미진·털구멍의 처소에 이르기까지 "하나하나 모두「진여법계가 가이없는 공덕을 구족하였다」라 불리지 않음이 없다." 합니다. _정공법사 /편주

86) "수보리여! 이른바 일합상一合相이란 정해진 상이 없다고 말할 수 있으니, 본래 온갖 인연이 화합하여 있는 것이고 공도 아니고 유도 아닌데 어떻게 말할 수 있겠는가? 다만 범부의 사람이 상에 집취하여 진실한 일합상이 있다고 연연하여 집착할 뿐이다."《금강경도독金剛經導讀》/편주

87) "범부의 상을 취하여 (중생의) 마땅한 바를 따라 설하시니, 제불께서는 법에 최고로 자재함을 얻노라(取相凡夫 , 隨宜爲說 , 諸佛於法 , 得最自在)"《법화경신해품法華經信解品 제4》「범부의 상을 취하여 (중생의) 마땅한 바를 따라 설하시니」, 범부와 동등하게 변하시고 중생의 근기에 수순하여 설법하신다. 그래서「제불께서는 법에 최고로 자재함을 얻노라.」실제로 제불은 석가모니부처님 뿐만 아니다. 이미 깨달은 후에 법자재法自在를 얻고, 마침내 인간으로 다시 와야 한다. 얼마나 긴 시간이든 상관없이 중생은 정화되지 않으므로 부처님께서는 끊임없이 인간으로 오신다." _증엄 상인證嚴上人,《정사묘연화靜思妙蓮華》/편주

若得理本, 萬行俱圓, 何須事跡, 而興造作乎!

답하되, 그것은 곧 탐착하고 집취함을 파하려고 한 말이며, 인연사상
因緣事相의 법에는 간섭한 것이 아니다. 《정명경(淨名經; 유마경)》에 이르
시길, "다만 그 병을 제거할 뿐이고, 그 법은 제거하지 않는다."
하셨다. 《금강삼매경》에 이르시길, "(수행에는) 두 가지 들어가는
길이 있으니, 첫째는 (무위의) 이체로써 들어감이요, 둘째는 (유위의)
행으로써 들어감이니라. 이체로써 행을 이끌고, 행으로써 이체를
원만히 한다. 또한 보리라 함은 행으로써 무행無行에 드는 것이다.
'행으로써'라 함은 일체선법에 인연하는 것이고, 무행이라 함은 일체
선법을 얻지 않음이다." 하셨다. 어찌 이理에만 막혀 행이 이지러지며,
또한 행에만 집착하여 이를 어기겠는가?

答 : 此是破貪著執取之文, 非干因緣事相之法。《淨名經》云 :「但除其
病, 而不除法。」《金剛三昧經》云 :「有二入 : 一、理入。二、行入。以理
導行, 以行圓理。又善提者, 以行入無行。以行者, 緣一切善法; 無行
者, 不得一切善法。」豈可滯理虧行, 執行違理。

마명 존자께서는 저술하신 《대승기신론》에서 이르시길, "믿음을
성취하는 발심에는 세 가지가 있나니, 첫째는 직심直心으로 진여법을
정념正念하는 까닭이요, 둘째는 심심深心으로 일체 모든 선행을 즐겨
모으는 까닭이요, 셋째는 대비심大悲心이니 일체중생이 겪는 괴로움
의 뿌리를 뽑아내고자 하는 까닭이니라." 하셨다.[88] 《대승기신론》에

88)「첫째는 직심으로」: 직심直心은 반야정견般若正見으로 즉, 양변을
멀리 여의고 모든 희론을 버린 중관이다. 그래서 「진여법을 정념한
다」고 말한다. 일체법의 본성은 진여심이다. 정념正念은 무분별심과
상응하는 염념이다. 밝게 염하여 잊지 않고, 무분별심에 의지해 염하

서 묻건대, "위에서 법계는 일상一相이고 부처님의 본체는 둘이 없다 하였거늘, 무슨 까닭에 오직 진여만 염하지 않고, 다시 모든 선법의 (공덕) 행을 가자假藉하여 배우려고 하는가?"[89] 《논》에서 답하되,

---

여 밝음이 사무친다. 그래서 정념이라 이름한다. 만약 진여를 정념할 수 없다면 허망·전도·산란의 심행에 떨어져서 보리심을 성취할 수 없다. 「둘째는 심심으로」: 즉 깊고 넓은 마음이다. 보살은 「일체 모든 선행을 즐겨 모은다」, 즉 복덕과 지혜 자량을 닦아 모으는데, 지금까지 만족함이 없다. 「셋째는 대비심이니」: 즉 「일체중생이 겪는 괴로움의 뿌리를 뽑아내고자 하는」 공감력이다. 보리심을 발하여 응당 일체중생에 대해 대비심을 일으키고 복덕 지혜 자량을 응당 용맹히 닦아 모으며 응당 진여법을 정념하여 마음과 진여가 상응한다. 바꾸어 말하면 진여법을 정념하고, 모든 선행을 즐겨 모으며, 일체중생이 겪는 괴로움의 뿌리를 뽑아내고자 하는 세 가지 마음을 이와 같이 구족하여 상응함이 바로 보리심의 성취이다. 고덕께서는 갖가지 뜻으로 이 세가지 마음을 설명하셨다. 이를테면 직심으로 진여법을 정념하면 법신法身을 증득하고, 심심으로 일체 모든 선행을 즐겨 모으면 보신報身을 이룰 수 있으며, 대비심으로 일체중생이 겪는 괴로움의 뿌리를 뽑아내고자 하면 화신化身을 일으킬 수 있다. 세 가지 마음으로써 부처님의 덕을 대론하면 자재하게 말할 만하다. 경에서 발심을 말할 때 내용이 얕은 것도 있고 깊은 것도 있다. 어떤 사람은 진여법을 정념하는 것을 중시해서 발심하여 일체 희론을 여의어야 비색비심非色非心·비유비무非有非無 등을 깨닫는다고 말한다. 이는 반야견般若見을 중시하는 사람으로 승의 보리심에 입각해서 말한다. 초학자의 경우는 비심悲心·비사悲事와 상응할 수 없고, 자신을 제도하고 타인을 제도하는 굉원宏願(혹은 행보리심行菩提心, 원보리심願菩提心)을 일으키지 못하며, 견성명심見性明心에 치우친 즉, 발심을 성취하기 어렵다. 그래서 보리심을 발하면 반드시 모든 선행을 즐겨 모으고, 일체중생이 겪는 괴로움의 뿌리를 뽑아내고자 하며, 진여법을 정념하는 이 세 가지 마음이 상응하여 중도를 이루어서 완성된다. _인순 법사印順法師, 《대승기신론강기大乘起信論講記》/편주

89) "이理에 집착하고 사事를 폐하는 것은 세 가지 믿음을 성취하는 발심에 대해 의문을 일으키는 것이다. 그들이 생각하기에는, 「위에서」 「법계는 일상이고」, 진리는 평등하여 둘이 아니다. 법계를 원만히 증득한 여래의 「부처님의 본체는 둘이 없고」, 법신도 차별이 없다. 그렇다면 발심하여 성불하려면 진여법계를 정념正念하면 얻을 수 있다. 「무슨 까닭에」 발심하여 「오직 진여만 염하지 않고」, 여전히 「모든

"비유컨대 큰 마니보배의 본체자성은 광명·청정이나 다른 광석의 때가 들러붙어 있는지라, 혹 어떤 사람이 비록 보배의 체성을 생각하나 방편으로써 갖가지로 갈고 닦지 않는다면 끝끝내 청정한 보배를 얻을 수 없는 것과 같다. 이와 같이 중생의 몫 상에서 진여법의 체성도 공·청정이지만 무량한 번뇌의 때가 있는지라, 혹 어떤 사람이 비록 진여의 본체를 염하나 방편으로써 갖가지로 몸에 배도록 닦지 않는다면 또한 청정한 자성을 얻을 수 없다. 더러운 때가 무량하여 두루 (일체법에 구르는 까닭에) 일체 선행을 닦음을 대치로 삼아야 하니, 혹 어떤 사람이 일체 선법을 닦고 행할 수 있다면 저절로 진여법으로 귀향하여 수순한다.90)

선법」의 공덕「행」을 「가자假藉」하려고 하는가? 이는 중관과 유식학자에게서는 이런 잘못된 이해가 있을 리 없다. 진상유심론眞常唯心論 중에는 이런 잘못된 견해가 있다. 이러한 삿된 의심을 남김없이 제거하지 않으면 악취공惡取空 한가운데 떨어진다." 인순 법사印順法師, 《대승기신론강기大乘起信論講記》/편주

90) 논주는 그들을 위해 「답하여」 이해시킨다. 먼저 비유를 들어 말씀하시길, 「비유컨대 큰 마니보배의 체성은」 본래 「광명 청정이나」 「다른 광석」의 더러운 「때가 들러붙어 있다」. 마니보배는 곧 여의주이다. 그 체성은 광명청정으로 갖가지 공덕이 있는데, 이는 인도 전설 속의 보물이다. 불전에서는 심성의 본래 청정과 보리의 본래 청정을 늘 이것에 비유한다. 보살이 보리심을 발함은 마니주를 갈고 닦는 것과 같다. 이를테면 《화엄경》과 《대집경》 등에서 모두 이런 말씀이 있다. 《보성론寶性論》에서는 여래장을 자세히 밝히면서 마니주를 비유로 드는데, 《대집경》의 〈다라니자재왕품陀羅尼自在王品〉과 〈해혜보살품海慧菩薩品〉과 관련이 있다. 〈해혜보살품〉에 이르길, "청정한 보리심 보배는 아홉 가지 성질을 여의고 세 가지 청정을 얻나니, 마니보배의 본성인 광명청정을 갖가지로 갈고 닦아야 하는 것과 같다." 하셨다. 본 논에서는 곧 이 비유를 인용하였다. 「혹 어떤 사람이 보배의 체성」인 광명청정을 「염하면」 갖가지 덕용이 있지만, 마니주에 들러 붙어있는 다른 광석을 「방편으로써」 「갖가지로 갈고 닦지 않는다면」, 즉 들러 붙어있는 마니주 상의 더러운 때를 제거하지 않는다면 마니주는 「끝끝내」 「청정을 얻을 수 없다」. 《대집경》에서 말씀하시길, "마니보배에는 세 가지 청정의 수단이 있으니 감마磨·누름押·뚫음穿이다. 보살의 보리심에도 육바라밀의 갈고 닦음이 있으니, 보

祖師馬鳴《大乘起信論》云 : 信成就發心有三 : 一、直心 : 正念眞如法

시·지계는 감과 같고 인욕·정진은 누름과 같으며 선정·지혜는 뚫음과 같다." 하셨다. 다음으로 법에 맞게 말하면, 「이와 같이 중생의 진여법」도 비록 「체성은 공하고 청정하지만」, 무시이래로 「무량한 번뇌의 때가 있는지라」, 마니주가 광석의 때가 있는 것과 같다. 논에서는 광명·청정을 말하지 않고 공·청정을 말한다. 진여심이 종래 번뇌와 상응하지 않아 공空은 바로 청정의 뜻이다. 「혹 어떤 사람이 비록 진여를 생각하여」 무분별관을 지어 취착하지 않지만, 「방편으로써 갖가지로 몸에 배도록 닦지 않는다면」 진여도 여전히 「청정」을 「얻을 수 없다」. 일반적으로 진여는 본래 청정하여 사유분별을 짓지 않으면 즉, 선을 생각하지도 악을 생각하지도 유를 생각하지도 무를 생각하지도 않으면 진여와 상응한다고 여긴다. 성불도 이와 같을 뿐이라고 여긴다. 그 얼마나 잘못된 이해인가! 세 가지 마음 가운데 대비심으로 중생을 생각하여 일체 선행을 널리 모아야 실로 번뇌를 대치하는데 필수적임을 모른다. 왜냐하면 번뇌의 「더러운 때가 무량하여 두루」 「일체법에」 굴러서 곳곳마다 모두 번뇌에 물든다. 그래서 반드시 「일체선행을 닦음을」 번뇌에 대한 「대치對治로 삼아야 한다」. 이를테면 보시를 닦아서 견탐慳貪을 깨끗이 하고, 자비를 닦아서 진애瞋恚를 깨끗이 하며, 지혜를 닦아서 우치를 닦을 수 있다. 가없는 번뇌 잡염법雜染法이 있어서 곧 모름지기 가없는 청정선법이 있어야 그것에 대치한다. 「혹 어떤 사람이 일체 선법을 닦고 행할」 수 있다면 곧 「저절로」 연하여 「진여법眞如法」으로 「귀향歸向」하여 「수순」한다. 「혹 어떤 사람이 일체 선법을 닦고 행할 수 있다면 저절로 진여법으로 귀향하여 수순한다」, 이는 지극히 가치 있는 논의이다. 진여는 무소부재無所不在이다. 악법도 진여를 여의지 않고 진여와 서로 어긋나지 않으면서 진여법성에 수순하지 않는다. 그래서 혹 비법非法이라 칭한다. 이에 반해 선법은 법에 맞아 진여법성에 수순한다. 선행은 사事 상으로 힘써 노력할 뿐이라고 생각하지 말라. 사事상의 선행은 진여에 수순하는 것임을 알아야 진성眞性으로 향해 나아갈 수 있다. 계에 의지해 선정을 닦고 선정으로 인해 지혜를 얻으며 지혜에 의지해 해탈을 얻나니, 곧 선행의 점차로 말미암아 온다. 그렇지 않다면 직하直下의 지혜 닦음이 어찌 사事를 살핌이 아니겠는가! 그러나 불법은 결코 이와 같지 않다. 만약 계와 선정을 균등히 기초로 삼지 않는다면 승의勝義의 지혜는 성취할 수 없다. 《대지도론》에서 말씀하시길, "보시를 닦으면 일체 번뇌를 엷게 할 수 있다." 하셨다. 일체번뇌를 엷게 함은 일체선법을 닦아 모으는 가운데 있다. 선이 늘어날 수록 악은 엷어지고 저절로 진여로 돌아가 수순한다. 일분 학불하는 사람은 '이'에 집착하여 '사'를 폐하고 배우는 자에게 진여

故。二、深心：樂集一切諸善行故。三、大悲心：欲拔一切衆生苦故。論
問：上說法界一相，佛體無二，何故不唯念眞如，復假求學諸善法之
行。論答：譬如大摩尼寶，體性明淨，而有鑛穢之垢；若人雖念寶
性，不以方便，種種磨治，終無得淨。如是衆生眞如之法，體性空
淨，而有無量煩惱、垢染；若人雖念眞如，不以方便種種熏修，亦無
得淨；以垢無量，遍修一切善行，以爲對治；若人修行一切善法，自
然歸順眞如法故。

약설하면 방편에는 네 가지가 있으니, 첫째 근본을 행하는 방편이다.
일체법의 자성이 생함이 없음을 관하여 망견을 여의고 생사에 머물지
않으며, 또한 일체법이 인연으로 화합하여 업과를 잃지 않음을 관찰
하여 대비심을 일으키고 온갖 복덕을 닦아서 중생을 거두고 교화하며
열반에도 머물지 않을지니, 법성에 수순하여 머묾이 없는 까닭이다.
둘째 능히 그치는 방편이다. 스스로 부끄러워하고 남에게 부끄러워하
여 허물을 참회하고 능히 일체 악법을 그쳐 다시는 자라나지 못하게
함이니, 법성에 수순하여 모든 허물을 여의는 까닭이다. 셋째 선근을
일으켜 자라게 하는 방편이다. 삼보에 공양 예배하며, 찬탄하고
따라 기뻐하며 제불께 권청하길 부지런히 닦음이니, 삼보를 애경하는
마음이 두터운 까닭에 믿음이 날로 자라나서 능히 뜻을 세워 위없는
도를 구하며, 또한 불법승의 힘이 호념하여 주심으로 인해 업장을
소멸하고 선근에서 물러나지 않음이니, 법성에 수순하여 어리석음의
장애를 여의는 까닭이다. 넷째 평등한 대원을 발하는 방편이다.

법문에 바로 들어가 바로 무문별에서 시작하여 지금까지 아랫자리에
서 손도 대지 않으니, 실로 악인의 악견이다! 무량번뇌 악업이 마음
을 훈습하여 설사 닦고 증득할지라도 사정邪定이요 광혜狂慧일 따름
이다. _인순 법사印順法師,《대승기신론강기大乘起信論講記》/편주

미래세가 다하도록 일체 중생을 교화 제도하여 남는 이가 없도록
하고 모두 무여열반에 들도록 함이니, 곧 법성에 수순하여 끊어짐이
없는 까닭이며, 또한 법성이 광대하여 일체중생에게 두루하고 평등하
여 둘이 없나니, 피차를 생각하지 않고 구경에 적멸에 드는 까닭이다.

略說方便有四種：一者行根本方便。謂觀一切法自性無生，離於妄
見，不住生死；觀一切法因緣和合，業果不失，起於大悲，修諸福
德，攝化衆生，不住涅槃，以隨順法性無住故。二者能止方便。謂慚
愧、悔過能止一切惡法，令不增長，以隨順法性離諸過故。 三者發起
善根增長方便。謂勤修供養、禮拜三寶，讚歎、隨喜、勸請諸佛，以愛敬
三寶淳厚心故，信得增長，乃能志求無上之道；又因佛、法、僧力所護
故，能消業障，善根不退，以隨順法性離癡障故。四者大願平等方便。
所謂發願，盡於未來，化度一切衆生，使無有餘，皆令究竟無餘涅
槃，以隨順法性無斷絕故；法性廣大，遍一切衆生，平等無二，不
念彼此，究竟寂滅故。

우두융牛頭融 대사에게 묻건대, "제법이 필경에 공한데, 보살이 육도
만행을 행함이 있습니까, 없습니까?" 대사께서 답하되, "그것은 곧
삼승三乘이 (단斷·상常) 이견二見에 떨어지는 마음이다. 만일 마음이
본래 공함을 관하면 그것이 곧 진실한 지혜요 또한 진실한 법신을
보는 것이다. 그러나 법신이란 이런 공에도 머물지 않아, 각지覺知를
운용함이 있으면 곧 방편지혜이고, 방편지혜 또한 불가득이면 곧
진실한 지혜라고 한다. 또한 항상 서로 여의지 않아, 전념과 후념이
모두 이 두 가지 지혜로 말미암아 발한다. 그래서 이르시길, 지혜바라
밀은 보살의 어머니요, 방편바라밀은 아버지라 여길지니, 일체 중생
을 이끄는 스승이 이로 말미암아 생하지 않음이 없다 하셨다."

牛頭融大師問：諸法畢竟空，有菩薩行六度萬行否？答：此是三乘二

見心。若觀心本空，即是實慧，即是見眞法身；法身不住此空，謂有
運用覺知，即是方便慧。方便慧亦不可得，即是實慧；恒不相離，前
念後念，皆由二慧發。故云：智度菩薩母，方便以爲父，一切衆導
師，無不由是生。

선덕先德에게 물어 말하기를, "(중생의) 마음이 그대로 부처라면 무엇
때문에 수행을 합니까?" 하였다. 답하되, "다만 이러한 까닭에 수행하
는 것이다. 마치 철에 금이 들어있지 않다면 단련 과정을 거치더라도
금의 효용을 성취할 수 없다"고 대답하였다.

先德問云：即心是佛，何假修行？答：祇爲是故，所以修行。如鐵無
金，雖經鍛鍊，不成金用。

또 현수 국사께서 이르시길, "지금 부처님의 삼신과 십바라밀, 내지
보살의 이타행 등 일체 만행도 함께 자기 마음의 법에 의지하여
융화하여 굴러가나니, 즉 중생의 몸 가운데 진여眞如의 체대體大가
있어 오늘 수행하여 법신法身을 이끌어내고, 진여의 상대相大가 있어
오늘 수행하여 보신報身을 이끌어내며, 진여의 용대用大가 있어 오늘
수행하여 화신化身을 이끌어 낸다. 또한 마음 가운데 진여법성眞如法性
이 있어 저절로 간탐심이 없이 오늘 수행하고, 법성에 수순하여
간탐심이 없으며, 단檀바라밀 등을 이끌어낸다." 하셨다. 그래서
마땅히 알지니, 삼아승지겁 동안 도를 닦아도 일찍이 마음 밖에서
한 법도 얻지 않고, 일행도 행하지 않는다. 무슨 까닭인가? 다만
곧 자심自心으로 스스로 행을 청정히 하는(自淨行)91) 성덕을 이끌어내

---

91) 《정섭법경正攝法經》에 이르시길, "모든 승가에 대해 이와 같이 생각
할지니, 정법을 설하고 정법을 받아서 행하며 정법을 사유하여 정법
의 밭이 되고, 정법을 수지하고 법에 의지하여 머물며 법에 공양하

어서 수행을 일으킬 뿐이다.

賢首國師云：今佛之三身、十波羅蜜，乃至菩薩利他等行，並依自法，融轉而行。即衆生心中，有眞如體大，今日修行，引出法身；由心中有眞如相大，今日修行引出報身；由心中有眞如用大，今日修行，引出化身。由心中有眞如法性，自無慳貪，今日修行，順法性無慳，引出檀波羅蜜等。當知三祇修道，不曾心外得一法、行一行。何以故？但是自心，引出自淨行性，而起修之。

그래서 알지라. 마니보배주가 진흙에 묻혀 있으면 보배 비를 내릴 수 없고, 옛 거울에 먼지가 쌓여 있으면 어찌 사람 모습을 비출 수 있겠는가? 비록 심성이 원만하게 밝아 본래 갖추고 있지만, 만일 온갖 선행으로 드러내고 만행으로 갈고 닦으며 방편으로 끌어내어 그 묘용을 성취하지 않는다면 영원히 객진번뇌에 가리고, 오래 식식의 바다에 빠져서 허망한 생사를 이루어 청정한 보리를 장애하리라. 그러므로 조사의 가르침이 분명하니, 이理와 사事에 상즉相卽하되 치우쳐 점거되어서 사견의 강에 빠지지 말지라.

故知摩尼沈泥，不能雨寶；古鏡積垢，焉能鑒人？雖心性圓明、本來具足，若不衆善顯發，萬行磨治，方便引出，成其妙用，則永翳客塵，長淪識海，成妄生死，障淨菩提。是以祖敎分明，理事相卽，不可偏據，而溺見河。

여 법사의 업을 지으며, 법을 행의 경계로 삼고 법을 원만히 행하여 자성이 정직하고 자성이 청정하며 법성으로 불쌍히 여겨서 자비와 애민을 성취하여 항상 행하는 경계를 멀리 여의고 항상 법을 향해 나아가서 항상 스스로 행을 청정히 하느니라." /편주

제2장 권과 실을 함께 닦다(權實雙修)

"실實은 곧 진제眞際요, 권權은 곧 교화의 문으로 진제를 좇아 교화를
일으키되 실 밖에 권이 따로 없고, 사적事跡으로 인해 근본을 얻되
권 밖에 따로 실이 없어 항상 일지一旨에 은밀히 계합하고 (이와 사에)
걸림 없이 쌍으로 행하나니, 차遮와 조照가 동시요 여리如理 지혜와
여량如量 지혜가 나란히 나타난다(實則眞　際, 權則化門。從眞　際而起
化, 實外無權;因事跡而得本, 權外無實。常冥一旨, 無閡雙行;遮
照同時, 理量齊現)."

1. 세간 출세간, 십선을 근본으로 삼다

1-1 질문을 베풀다

묻건대, 선이 비록 악보다 나으나 생각을 일으켜 (선을 닦으면) 진심에
어긋나니, 도를 닦음을 기준으로 말한다면 모두 해탈의 도가 아니다.
어찌 널리 권해서 정당한 수행의 길을 막으려는가? 이미 인연[생멸법]
과 서로 관계하니, 실로 도에 방해된다!

問:善雖勝惡, 念卽乖眞;約道而言, 俱非解脫。何須廣勸, 滯正修
行。旣涉因緣, 實妨於道。

1-2 바로 답하다

답하되, 세간이나 출세간이나 오직 상선上善을 근본으로 삼나니,
처음에도 선으로 인해 들어가거니와 나중에도 또한 선을 가차假借하
여 성취를 돕는다. (선은) 실로 생사의 바다를 건너는 배요, 열반성으
로 가는 큰 길이 된다. 인천의 주춧돌을 놓음이고, 불조의 울타리가

되니 번뇌에 매인 사람이나 벗어난 사람이나 이는 잠시라도 폐할 수 없다. 십선이 어찌 허물이겠는가? 도를 넓히는 것은 사람에게 달려있다. 만일 탐착한다면 유루有漏의 천상에 나는 과果가 생기지만, 탐착하지 않는다면 위位가 무위의 도에 들 수 있다. 작은 심량으로 운영한다면 이승의 위에 떨어지지만, 큰 뜻을 발한다면 곧 보살의 계단에 오른다. 나아가 구경에 이르도록 원만하게 닦으면 마침내 불과를 성취하리라. 이로써 상선上善이 막히고 걸리는 인因이 될 수 있다는 것과 아무런 관련이 없음을 알 수 있다. 득실의 허물을 이루는 것은 전적으로 수행자 자신에게 달려 있다.

答：世出世間，以上善爲本：初卽因善而趣入，後卽假善以助成。實爲越生死海之舟航；趣涅槃城之道路。作人天之基陛；爲祖佛之垣牆，在塵、出塵不可暫廢。十善何過？弘在於人。若貪著，則果生有漏之天；不執，則位入無爲之道。運小心，墮二乘之位；發大意，昇菩薩之階；乃至究竟圓修，終成佛果。以知非關上善能爲滯閡之因，全在行人自成得失之咎。

1-3 인용하여 증명하다

그래서 《화엄경》에 이르시길, "십불선업도十不善業道는 지옥·축생·아귀의 생을 받는 인이 되고, 십선업도는 곧 인·천 내지 유정처有頂處에 몸을 받는 인이 된다. 또한 이 상품上品의 십선업도를 지혜로써 닦고 익히되, 마음이 좁은 까닭에·삼계를 두려워하는 까닭에·대비심이 부족한 까닭에·다른 이의 소리를 듣고 깨달아 아는 까닭에 성문승聲聞乘을 성취하느니라. 또한 이 상품의 십선업도를 청정하게 닦고 다스리되, 다른 이의 가르침을 좇지 않고 스스로 깨닫는 까닭에·대비의 방편을 갖추지 못한 까닭에·깊고 깊은 인연법을 깨달아 아는 까닭에 독각승獨覺僧을 성취하리라. 또한 이 상품의 십선업도를 닦아 청정히 하되, 심량이 넓고 무량한 까닭에·자비와 애민을 구족한 까닭에·방편으로 거두는 까닭에·대원을 발하는 까닭에·중생을 버리지 않는 까닭에·제불의 큰 지혜를 희구하는 까닭에·모든 보살지를 청정히 하는 까닭에·일체 모든 바라밀을 청정히 닦는 까닭에 곧 보살의 광대한 행원을 성취하리라. 또한 상상上上의 십선업도는 일체 종자가 청정한 까닭에·나아가 십력十力과 사무외四無畏[92)를 증득하는 까닭에·일체불법을 다 성취할 수 있느니라. 그래서 나는 지금 십선을 평등하게 행하며, 일체 행을 구족하여 청정하게 하리라." 하셨다. "내지 보살은 이와 같이 선근을 쌓아 모으며·선근을 성취하며·선근을 자라나게 하며·선근을 사유하며·선근에 생각을 매어두며·선근을 분별하며·선근을 좋아하고 즐기며·선근을 닦아 모으며·선근에 안온히 머무느니라. 보살마하살은 이와 같이 온갖 선근을 쌓아 모으나니, 이 선근으로 얻은 의과의보依果依報로써 보살행을 닦아 염념 가운데 무량한 부처님을 뵈옵고 그 감응하시는 바대로 받들어 모시며 공양하느니라." 하셨다. 또한 이르시길, "비록 짓는 바는 없지만, 항상 선근에 머무느니라." 하셨다. 또한 이르시길, "비록 제법에는 의지할 것이 없는 줄 알지만, 선법에 의지한다 말하여 사바세계를 벗어나느니라." 하셨다.

故《華嚴經》云 :「十不善業道 , 是地獄、畜生、餓鬼受生之因 ; 十善業道 , 是人、天乃至有頂處受生之因。又此上品十善業道 , 以智慧修習 ,

---

92) 사무외四無畏 : 첫째는 정등각무외正等覺無畏로서 일체 모든 법을 평등하게 깨달아 다른 이의 힐난詰難을 두려워하지 않는 것이다. 둘째는 누영진무외漏永盡無畏로서 온갖 번뇌를 다 끊었노라고 하여 바깥의 재난을 두려워하지 않는 것이다. 셋째는 설장법무외說障法無畏로서 보리를 장애하는 것을 말하되, 악법은 장애되는 것이라고 말해서 다른 이의 비난을 두려워하지 않는 것이다. 넷째는 설출도무외說出道無畏로서 고통의 세계를 벗어나는 중요한 길을 나타내서 다른 이의 비난을 두려워하지 않는 것을 말한다. /편주

心狹劣故、怖三界故、闕大悲故、從他聞聲而了解故 , 成聲聞乘；又此
上品十善業道 , 修治清淨 , 不從他敎 , 自覺悟故、大悲方便不具足故、
悟解甚深因緣法故 , 成獨覺乘；又此上品十善業道 , 修治清淨 , 心廣
無量故、具足悲愍故、方便所攝故、發生大願故、不捨衆生故、希求諸佛
大智故、淨治菩薩諸地故、淨修一切諸度故 , 成菩薩廣大行；又此上上
十善業道 , 一切種淸淨故 , 乃至證十力、四無畏故 , 一切佛法皆得成
就。是故我今等行十善 , 應令一切具足淸淨。」「乃至菩薩如是積集善
根、成就善根、增長善根、思惟善根、繫念善根、分別善根、愛樂善根、修
集善根、安住善根；菩薩摩訶薩如是積集諸善根已 , 以此善根所得依
果 , 修菩薩行 , 於念念中 , 見無量佛 , 如其所應 , 承事供養。」又云：
「雖無所作 , 而恒住善根。"又云："雖知諸法無有所依 , 而說依善法而
得出離。」

《대지도론》에 이르시길, "부처님께서 말씀하시길, 나도 과거세에
악인이나 작은 벌레가 된 적이 있었으나 선근을 쌓은 연고로 성불할
수 있었느니라" 하셨다. "또한 십팔불공법十八不共法[93) 중에서 지욕志

---

93) 십팔불공법(十八不共法): 부처님께서만 홀로 능하여 그 나머지 이
    승이나 보살은 같을 수 없으므로 불공법이라 한다. 1) 불신무실佛身
    無失: 부처님께서는 무량 아승지겁 이래로 지계가 청정하여 몸에 아
    무런 과실이 없다. 2) 구무실口無失: 부처님께서는 무량 아승지겁 이
    래로 지계가 청정하여 일체의 미묘한 지혜를 얻고 번뇌를 모두 끊었
    기 때문에 온갖 말에서 조금도 잘못이 없이 중생을 깨닫도록 하신
    다. 3) 념무실念無失: 부처님께서는 사념처四念處 등의 깊은 선정을
    닦아 마음이 산란치 않으며 법에 집착하는 바 없이 항상 안온하다.
    4) 무이상無異想: 부처님께서는 항상 일체중생을 분별치 않고 보며
    자기 몸과 같이 대비大悲로서 멀고 가깝고 친하고 성차별을 하지 않
    고 제도하신다. 5) 무불정심無佛定心: 부처님께서는 항상 선정에 들
    어 있기 때문에 일상생활에서 어떤 동작에도 선정에서 떠나지 않는
    다. 6) 무불지이사無佛知已捨: 부처님께서는 제법을 아시지만 그 아
    는 바를 모두 버리고 일체에 집착치 않아 적정 · 평등에 임하신다.

欲에 덜함이 없음이라 함은 부처님께서는 선법의 은혜를 아시는 까닭에 항상 모든 선법을 모으려고 하신다. 그래서 지욕에 덜함이 없다. 또한 모든 선법을 닦아 모아도 마음에 만족함이 없다. 그래서 지욕에 덜함이 없다. 어느 때 눈먼 장로 비구 한 분이 떨어진 승가리僧伽梨94)의 옷깃을 기우려고 사람들을 향해 말하기를, 누군가 복덕을 즐겨 지을 분이 계시면 저를 위해 바느질을 해줍시오. 그때 부처님께서 그의 앞에 나타나 말씀하시길, 나는 언제나 복덕을 즐겨 지어도

---

7) 욕무감欲無減: 부처님께서는 일체 공덕을 구족하셨으면서도 제법諸法에 있어서 지욕志欲의 쉼이 없다. 또는 부처님께서 일체 중생을 제도하려는 뜻과 욕망에 조금도 덜함이 없다. 8) 정진무감精進無減: 부처님께서는 지욕志欲이 증장하여 중생을 제도하기 위한 방편의 쉼이 없다. 9) 념무감念無減: 부처님께서는 일체 지혜를 구족하고 중생을 제도하시지만 마음에 만족함이 없다. 10) 혜무감慧無減: 부처님께서는 일체 지혜를 얻고 또 삼세三世의 지혜가 하나도 장애가 없기 때문에 지혜를 잃거나 덜함이 없다. 11) 해탈무감解脫無減: 부처님께서는 모든 것에서 해탈하여 일체 번뇌를 끊었으므로 아무런 잃음이나 덜함이 없다. 12) 해탈지견무감解脫知見無減: 부처님께서는 자신이 일체 번뇌의 속박에서 벗어난 해탈의 모습을 지견知見하여 아무런 장애가 없다. 13) 일체신업수지혜행一切身業隨智慧行: 부처님께서는 중생을 이롭게 하기 위하여 신업身業을 조작함에 있어서 먼저 득실得失을 관찰한 지혜에 따라 행하시기 때문에 과실이 없다. 14) 일체구업수지혜행一切口業隨智慧行: 구업을 조작함에도 먼저 득실을 관찰한 후에 지혜에 따라 행하시기 때문에 과실이 없다. 15) 일체의업수지혜행一切意業隨智慧行: 의업을 조작함에도 먼저 득실을 관찰한 연후에 지혜에 따라 행하시기 때문에 과실이 없다. 16) 지혜지과거세무애무장知慧知過去世無碍無障: 부처님께서는 지혜로 과거의 일을 모두 통달하여 아무런 장애도 없다. 17) 지혜지미래세무애무장知慧知未來世無碍無障: 부처님께서는 지혜로써 미래의 일을 모두 통달하여 아무런 장애도 없다. 18) 지혜지현재세무애무장知慧知現在世無碍無障: 부처님께서는 지혜로써 현재의 일을 모두 통달하여 아무런 장애도 없다. /편주

94) 삼의三衣 중 하나로 여러 조각의 천을 겹치고 덧대서 만들기 때문에 중의重衣, 합의合衣, 복의復衣라 하고, 삼의 중 가장 크기 때문에 대의大衣라고 하며 왕궁이나 마을에 탁발할 때 입기 때문에 입왕궁취락의入王宮聚落衣라고도 한다.

만족함이 없는 사람이니, 그대를 위해 바늘과 (실)을 가지고 왔소. 이 비구는 아름다운 부처님의 광명을 보고 또한 부처님의 음성을 알아듣고 부처님께 아뢰기를, 부처님께서는 무량공덕의 바다로 그 바닥 가장자리까지 다하시는데, 어찌 만족함이 없다 하십니까? 부처님께서 비구에게 이르시길, 공덕의 과보는 깊고 깊어서 나만큼 그 은분恩分을 아는 이가 없다. 내가 비록 공덕이 가득하여 그 바닥까지 다하였지만, 또한 본래 지욕의 마음으로 싫어함이 없기 때문에 부처를 이루었다. 이런 까닭에 지금도 오히려 쉬지 않나니, 비록 다시 얻을 공덕이 없을지라도 나의 지욕 또한 이와 같이 쉬지 않는 것이다. 제천과 세간 사람들은 놀라서 깨닫길, '부처님께서도 공덕을 오히려 만족함이 없으시거늘 하물며 나머지 사람이랴. 이와 같이 부처님께서 그 비구를 위하여 법을 설하시니, 이때 비구는 육안肉眼이 곧 밝아지고 혜안慧眼이 성취되었다." 또 이르시길, "부처님께서 이르시길, 「만일 중생이 청정 불국토를 성취하지 못하면 위없는 도를 이루지 못하리라. 왜 그러한가? 인연을 갖추지 못하면 아뇩다라삼먁삼보리를 얻을 수 없기 때문이다. 인연이란 일체 선법을 말함이니, 처음 뜻을 냄에서부터 단(檀: 보시)바라밀을 행함과 십팔불공법에 이르기까지 이 같은 행법 가운데 억상 분별함이 없는 까닭이다." 하셨다.

《大智度論》云:「佛言:我過去亦曾作惡人小蟲,因積善故乃得成佛。」「又如十八不共中,有欲無減者:佛知善法恩故,常欲集諸善法,故欲無減;修集諸善法,心無厭足,故欲無減。如一長老比丘目暗,自縫僧伽梨,衽脫,語諸人言:誰樂欲爲福德者,爲我衽針。爾時佛現其前語言:我是樂欲福德、無厭足人,持汝針來。是比丘斐亹,見佛光明,又識佛音聲,白佛言:佛無量功德海,皆盡其邊底,云何無厭足?佛告比丘:功德果報甚深,無有如我知恩分者;我雖復盡其邊底,我本以欲心無厭足故得佛,是故今猶不息;雖更無功德可得,我欲心亦不休。諸天世人驚悟:佛於功德尚無厭足,何況餘

人。佛爲比丘說法，是時肉眼卽明，慧眼成就。」「又云：佛言，若不成
就衆生淨佛國土，不能得無上道。何以故？因緣不具足，則不能得阿
耨多羅三藐三菩提。因緣者，所謂一切善法，從初發意行檀波羅蜜，
乃至十八不共法，於是行法中，無憶想分別故。」

2. 두 가지 인因을 함께 갖추어야 부처님의 법체를 성취한다.

2-1 질문을 베풀다

묻건대, 대저 여래의 법신은 담연히 청정한데, 일체중생은 다만
객진번뇌에 덮여 현전할 수 없을 뿐이다. 이제 반연만 쉬어버리면
그대로 선정의 물은 맑고 청정할 텐데, 어찌 온갖 선을 행하느라
바깥을 향해 어지러이 달려가 도리어 참된 수행을 등지고 수고로운
생각을 이루려고 하는가.

問：夫如來法身，湛然淸淨，一切衆生祇爲客塵所蔽，不得現前。如
今但息攀緣，定水澄淨，何須衆善，向外紛馳，反背眞修，但成勞
慮。

2-2 바로 답하다

답하되, 마음에 집착함이 없어 고요히 나타남이 요인了因[95]이요,

---

95) 요인了因 : 생인生因에 대하여 요달한 인因이라 한다. 종자가 생인
　　이라면, 물과 흙 등은 요인이 된다. 「인명대소因明大疏」에 이르기를
　　"마치 종자에서 싹이 나오고 잎을 피우는 온갖 용을 포함하므로 생
　　인이라 하고, 등불로 물건을 비칠 때 능히 그 나타나는 결과가 등불
　　에 모두 포함되어 있으므로, 요인이라 한다."고 했다. /일장

복덕으로 장엄함은 모름지기 연인緣因96)을 따라 일어난다. 이 두 가지 인因을 함께 갖추어야 부처님의 법체(불과의 삼신삼지三身三智)를 성취한다.

答 : 「心寂現 , 此是了因 ; 福德莊嚴 , 須從緣起。二因雙備 , 佛體方成。

2-3 인용하여 증명하다

이는 모든 대승경전에 빠짐없이 갖추어져 실려 있다. 《정명경》에 이르시길, "불신佛身이란 곧 법신法身으로 무량한 공덕지혜로부터 생겨나고, 자비희사慈悲喜捨로부터 생겨나며, 보시 · 지계 · 인욕 · 유화柔和 · 근행정진勤行精進 · 선정 · 해탈 · 삼매 · 다문多聞 · 지혜 등 모든 바라밀로부터 생겨난다. 나아가 일체 불선법을 끊고 일체선법을 모음으로부터 여래의 몸이 생겨나느니라." 하셨다. 또 이르시길 "복덕을 갖춘 까닭에 무위無爲에도 머물지 않고, 지혜를 갖춘 까닭에 유위有爲를 다하지도 않으며, 대자비인 까닭에 무위에도 머물지 않고 본원을 만족시키는 까닭에 유위를 다하지도 않느니라." 하였다.

諸大乘經無不具載。《淨名經》云 : 「佛身者 , 卽法身也 ; 從無量功德、智慧生 , 從慈、悲、喜、捨生 , 從布施、持戒、忍辱柔和、勤行精進、禪定、解脫、三昧、多聞、智慧諸波羅蜜生 , 乃至從斷一切不善法、集一切善法生如來身。」又云 : 「具福德故 , 不住無爲 ; 具智慧故 , 不盡有爲 ; 大慈悲故 , 不住無爲 ; 滿本願故 , 不盡有爲。」

---

96) 연인緣因 : 정인正因에 대하여 연인이라 한다. 연緣은 연하여 돕는다는 뜻이 있으니, 곧 일체의 공덕선본功德善本이다. 요인了因을 도와서 정인불성正因佛性을 개발하므로 연인이라 한다. /일장

2-4 결론 맺어 설명하다

어찌하여 스스로 원만한 말씀(圓詮)97)을 등지고 부처님의 말씀을
바르게 받들어 행하지 않으면서 열반의 밧줄에 붙들려 매이고 해탈의
구덩이에 빠지려고 하고, 높은 언덕에다 연꽃을 심고 공중에다 좋은
종자를 심어서 보리의 꽃과 열매를 구하려고 하니, 어떻게 성취할
수 있겠는가? 그래서 이르시길, "무위無爲의 정위正位에 들어간 자는
불법을 생하지 못하나니, 비유컨대 큰 바다로 내려가지 않으면 값진
보배구슬을 얻을 수 없다. 이와 같이 번뇌의 큰 바다에 들어가지
않으면 일체지一切智의 보배를 얻을 수 없느니라."98) 하셨다.

---

97) "우리 부처님께서 말의 방편을 빌려 진실을 드러내시고 가르침을
열어 중생을 길들이시어, 마침내 12분교(分教)를 건립하신 것을 전
(詮)이라고 표현하였다(我佛乃假言以顯實啓教以調生遂立十二分教名爲詮
也)."《어제비장전御製祕藏詮》/편주

98) 「무위無爲의 정위正位에 들어간 자는 불법을 생하지 못하느니라.」
성문중에게 꾸짖길, "당신이 무위법無爲法의 정도위正道位에 들어가
면 열반을 증득하여 불법이 생겨날 리가 없다. 종자를 허공에 심는
데 어떻게 발아할 수 있겠는가?"「비유컨대 큰 바다로 내려가지 않
으면 값진 보배구슬을 얻을 수 없다.」「값진 보배구슬」은 바로 여의
보주로 어디에 있는가? 큰 바다 속으로 들어가야 값진 보배구슬을
채취할 수 있다. 육지에서는 바다는 두려워 보인다. 큰 바다로 내려
가지 않고서 어떻게 값진 보배구슬을 구할 수 있겠는가? 「이와 같이
번뇌의 큰 바다에 들어가지 않으면 일체지一切智의 보배를 얻을 수
없느니라.」 천태종의 판교判教에 따르면 일체지一切智는 성문의 지혜
이고, 도종지道種智는 보살의 지혜이며, 일체종지一切種智라야 부처
님의 지혜이다. 천태종의 교판에 따라서 너무 딱딱하게 해석할 필요
는 없다. 왜냐하면 구마라즙 대사께서 경전을 번역할 당시에는 천태
사교가 흥성하지 않았다. 그래서 이렇게 상세하게 번역하시지 않았
다. 여기서 일체지는 부처님의 일체지로 일체종지이다. 당신은 어디
에 이르러야 일체지를 얻을 수 있는가? 번뇌의 큰 바다에 이르러야
한다. 그래서 번뇌를 도피해서는 안 되고 번뇌의 큰 바다에 가서 중
생을 제도해야 한다. 여기서 경문의 뜻을 요간料揀해보면 번뇌의 큰
바다에서 지혜 보배가 생겨나므로 보살은 한편으로 스스로를 이롭게
하고 한편으로 타인을 이롭게 해야 보살이다. 당신 자신이 번뇌를

何乃自背圓詮，不遵佛語。擬捉涅槃之縛，欲沈解脫之坑；栽蓮華於
高原，植甘種於空界，欲求菩提華果，何出得成？所以云：入無爲正
位者，不生佛法耳。乃至譬如不下巨海，不能得無價寶珠；如是不入
煩惱大海，則不能得一切智寶。

끊을 수 없는데 어떻게 다른 사람의 번뇌를 끊을 수 있겠는가? 당신
자신의 손이 묶여있는데 어떻게 다른 사람의 묶인 것을 풀어줄 수
있겠는가? 반드시 자신의 손이 풀려야 다른 사람의 밧줄을 풀도록
도와줄 수 있다. 당신 자신의 번뇌를 끊지 못하는데 어떻게 다른 사
람의 번뇌를 끊을 수 있겠는가? 단지 이승二乘만 배운 사람은 말할
필요도 없다. 나 자신의 번뇌도 끊지 못하고 자신의 생사도 깨닫지
못하고서 어떻게 중생이 생사를 깨닫고 불도를 이룰 수 있도록 돕겠
는가? 또한 자신이 산이나 동굴에서 머물며 수행하다 가면 중생이
깨닫도록 도울 필요도 없다. 이것을 구실로 삼는다면 틀렸다. 보살의
번뇌는 어디서 끊는가? 어떻게 끊는가? 그것을 분명히 연구하면 보
살은 중생을 제도할 때 끊는다. 당신이 날마다 중생과 접촉하다 보
면 사랑할 만하여 탐심을 일으키면 애착의 번뇌가 생기지 않는가?
미워할 만하여 미움을 일으키면 미움으로 번뇌가 생기지 않는가? 중
생을 제도할 때 즉시 관심을 쏟아야 한다. 사랑할 만해도 탐심을 일
으키지 않으면 애착의 번뇌가 감소하면서 차츰 제거된다. 사랑할 수
없어도 진애를 일으키지 않으면 차츰 공부가 진보하여 진애의 마음
이 감소하며 나아가면 끊어져 버린다. 이처럼 유추하면 **보살은 번뇌**
를 어떻게 끊는가? 그 번뇌중생을 제도할 때 끊는다. 현실을 도피하
여 깊은 산 동굴로 피해서 끊는 것이 아니다. 불법의 중도를 행하기
어렵고 이해하기 어려우면 범부에 치우치는 것이 아니라 이승二乘에
치우친다. 날마다 중생을 제도하여 스스로 번뇌를 끊을 필요가 없으
면 범부에 치우친다. 현실을 도피하여 스스로 번뇌를 끊으면 이승이
다. **대승보살의 생사는 어떻게 끊는가? 중생을 제도할 때 번뇌를 끊**
고, 중생을 제도할 때 생사를 깨닫는다. 언제나 경각심을 끌어올리면
내가 중생을 제도하고 중생이 제도 받을 필요는 없다. 내가 중생을
제도하기 위해 번뇌를 끊는 것이지, 내가 중생을 제도하기 위해서
번뇌를 증가시켜서 안 된다. 탐심의 경계가 일어나면 경각심을 끌어
올려서 나는 탐심을 일으키지 않는다. 진애의 경계가 일어나면 경각
심을 끌어올려서 나는 진애를 일으키지 않는다. 이렇게 번뇌가 점차
줄어들고 나아가면 끊어진다. 바로 이렇게 끊는다. 《유마힐소설경강
기維摩詰所說經講記》, 도원 장로 /편주

3. 무소득인 까닭에 득이고, 유위인 즉 무위이다

3-1 질문을 베풀다

묻건대, 법에 듦은 무득으로 문을 삼고, 도를 밟음은 무위로 선도한다. 만일 온갖 선법을 일으켜 득이 있다는 마음을 낸다면 이는 첫째 올바른 종지를 어기게 하고, 둘째 실행을 그치게 한다.

問：入法 , 以無得爲門 ; 履道 , 以無爲先導。若興衆善 , 起有得心 , 一違正宗 , 二虧實行。

3-2 바로 답하다

답하되, 무소득인 까닭에 유소득이 아님이 없고, 무위인 까닭에 유위가 아님이 없다. 무위인데 어찌 유위 가운데서 벗어나고, 무소득인데 유소득 밖에 있는 것이 아니다. 이미 유소득(권 · 이승 · 오견)과 무소득(실 · 대승 · 세일의공)이 온전히 다르지 않다. 유위와 무위도 차별되지 않고 같다. 다름도 아니고 같음도 아닌데, 누가 하나이다 둘이다 말하는가. 같으면서도 다르니 천만의 차별에도 방해하지 못한다. 같음과 다름, 두 가지 문에 미혹한다면 곧 단멸 · 상존, 두 가지 집착에 떨어지고 만다.

答：以無得故無所不得 ; 以無爲故無所不爲。無爲豈出爲中？無得非居得外。得與無得 , 旣非全別 ; 爲與無爲 , 亦非分同。非別非同 , 誰言一二 ; 而同而別 , 不閡千差。若迷同、別兩門 , 卽落斷、常二執。

3-3 인용하여 증명하다

그래서 《화엄경》〈이세간품離世間品〉에 이르시길, "알지니, 일체법은 무상이 곧 상이요, 상이 곧 무상이며99), 무분별은 곧 분별이요, 분별은 곧 무분별이며,100) 또 비유가 유요, 유가 비유이며, 무작이

---

99)「알지니, 일체법은 무상이다.」이는 바로 일체법의 본질은 무상임을 말한다. 그것은 본래 하나의 고정된 상이 없다. 화신으로써 말하면 우리들은 아이들의 부모이고 부모의 자식이며 회사의 직원 등등이다. 우리들은 도대체 이떤 신분, 이떤 상인가? 일체법은 모두 고정된 상을 얻을 수 없다! 설사 눈앞에 잠시 하나의 상이 나타날지라도 이 상은 인연이 화합하여 생긴 것이다. 만약 이들 인연을 세세하게 이해하여 그 중 단지 하나만을 추출해 낸다면 생성·존재하지 못할 것이다! 예를 들면 당신이 상사가 되었는데 직원이 없다면 상사의 상은 존재하지 않는다. 일체법은 모두 무상이란 말에 집착한다면 또 하나의 상으로 변한다! 이 상은 머리 위에 머리를 얹는 격이니 본래 없다. 진실한 상은 같은 것도 다른 것도 아닌 것(非一非異)으로 결국에는 일체법은 모두, 상은 무상과 본래 일체 인연이 화합하여 이루어져 그 성이 본래 비어 있는 연기성공緣起性空의 양면이다! 이를테면 태양이 지구 표면을 비추면 한 면은 밝고 한 면은 어두우니 이 지구는 밝으면서도 어둡다. 이것이 일체의 양면이다! 본질에서 말하면 일체상은 모두 공성空性에서 생성되어 흰색 도화지처럼 무한한 가능성이 있어 각종 물건을 그릴 수 있다! 이 경문은 상에서 이제원융二諦圓融한 이치를 말한 것이다! 《화엄경 강의》 혜겸 법사惠謙法師 / 편주

100) 육조 대사께서는 유마경의 말씀을 인용하여 (바깥으로) 제법의 상을 잘 분별하나 (안으로) 제일의제에 서서 움직이지 말라! 하셨다. 우리들은 불법과 세간법에 대해 비록 무분별로 평등히 대하려고 할지라도 여전히 양자 간의 차이를 분별하여 안다! 단지 제일의제에 서서 아마 평등한 곳에서는 평등심으로 대하고 아마 분별요지에서는 분별요지함을 안다!「무분별은 곧 분별이고 분별은 곧 무분별」이라 말함은 삼매경계 상에서 드러난 상이다. 예를 들면 우리들이 선방에서 좌선할 때 향을 사르고 계속 앉아 하나의 생각도 일어나지 않도록 좌선한다. 이때 생각이 없지만, 마음이 매우 청명하여 움직이지 않는다. 당신은 이러한 영명묘각靈明妙覺의 청명한 마음 한가운데 머물러 있고, 각성覺性이 두루하여 장애가 없다. 이때 인경을 한번 두드리면 당신은 곧 인경 소리가 있음을 안다! 이렇게 선방에서 앉아

작이요, 작이 무작이며, 설함 아님이 곧 설함이요, 설함은 곧 설함
아님이니, 불가사의하다. 마음과 보리가 평등한 줄 알고, 보리와
마음이 평등한 줄, 마음과 보리와 중생이 평등한 줄 알며, 또한
심전도心顚倒·상전도想顚倒·견전도見顚倒101)를 내지 않으니, 불가사
의하다.102) 또 저 염념 가운데에 멸진정에 들어 일체 누漏가 다하였으

서 생각이 일어나지 않음이 무분별이고, 갑자기 인경소리를 내어서
곧 알아차리는 것이 분별이다. 대승의 선정은 말라 버린 나무에 타
버린 재가 아니며 감각없는 나무 조각이 아니라 본래 갖추고 있는
각성 한가운데 안온히 머무는 것으로 각성은 영원히 상주부동으로
그것은 작용을 일으킴이 없을 때 무분별이지만, 연기하여 현전하면
또렷하고 오롯하여 항상 깨어 있음을 분별하여 안다! 대승의 선정은
말라 버린 나무에 타버린 재가 아니며 감각 없는 나무 조각이 아니
라 이 생각의 본래 갖추고 있는 각성 한가운데 안온히 머무는 것으
로 각성은 본래 생하여 영원히 상주부동이다. 그것이 작용을 일으킴
이 없을 때 무분별이지만 연기가 현전하면 또렷하고 오롯하여 항상
깨어 있음을 분별하여 안다! 이것이 바로 무분별이 곧 분별이고 분
별이 곧 무분별인 경계로 삼매 가운데 불가사의하고 이제원융한 현
량現量의 세계이다!《화엄경 강의》혜겸 법사惠謙法師 / 편주

101) 삼전도三顚倒로 세 가지 전도된 지음이다. 즉 1) 상전도想顚倒는
대상에 대한 잘못(錯誤)된 생각, 2) 견전도見顚倒는 잘못된 견해, 3)
심전도心顚倒는 두 가지 전도된 마음에 갖추고 있는 자체 즉 허망을
말한다.《대반야경大般若經》에 이르기를, "이와 같이 무상無常을 상常
이라 함은 상전도·심전도·견전도이다. 고苦를 락樂이라 함은 상전
도·심전도·견전도이다. 무아無我를 아我라 함은 상전도·심전도·
견전도이다. 부정不淨을 정淨이라 함은 상전도·심전도·견전도이다.
무상에서 그 상을 취함도 응당 이와같다." /편주

102) 이는 많은 사람들이 가장 오해하기 쉬운 부분이다. 매우 많은 사
람들은 마음과 부처와 중생 이 셋이 차별이 없다는 불경의 말씀을
보면 아무런 노력도 하지 않아도 저절로 자신이 부처라고 생각한다!
오히려 보윤 대사普潤大師의 육즉불六卽佛에서 말한 도리를 알지 못
한다. 육즉불은 매 단계마다 모두 부처이지만 차례로 차별이 있다.
가장 앞에 있는 이즉불理卽佛과 최후의 구경즉불究竟卽佛, 이 양자
간에 차별이 매우 큼을 알 수 있다. 하나는 법부가 망녕되이 육도삼
계에서 유전하는 괴로움을 받고, 하나는 생사 삼계 십법계에 모두
뜻대로 자재하게 출입할 수 있고, 일진법계一眞法界에 출입하지 않는

나 실제를 증득하지 않고 또한 유루의 선근도 다하지 않는다. 비록 일체법이 무루일지라도 누漏가 다함을 알고 또한 누가 멸함도 안다. 비록 불법이 곧 세간법이요 세간법이 곧 불법인 줄 알지만 불법 가운데서 세간법을 분별하지 않고, 세간법 가운데서 불법을 분별하지 않는다. 일체법은 빠짐없이 다 법계에 들어가되 들어가는 바가 없는 까닭에 일체법이 모두 둘도 없고 또한 바뀜도 없는 줄 아니,103)

십법계에 두루한 부처와 동등하다! 이 사이의 차이는 심전도心顚倒의 각도에서 말하면 심전도로 범부로 변하고 마음이 무명을 일으키고 탐진치를 일으키면 업력에 끌려간다. 전도되지 않으면 불보살처럼 자기의 원력에 따라 일체법계를 바꿀 수 있다! 상전도想顚倒의 각도에서 말하면 중생은 마음을 일으키고 생각을 움직여 상념想念하는 것은 모두 오욕으로 어떻게 감관을 자극하는 쾌락을 추구하여 날마다 상념이 망집하는 것은 모두 자기를 위하여 가는 곳마다 진을 친다. 그러나 제불보살은 이것들이 모두 가짜임을 일아 그의 상념은 모두 이 염심이 선정에 들어 움직이지 않아 진여의 마음, 각성의 마음, 자비 원력의 마음에 안온히 머물러서 이 마음이 자신과 타인을 이롭게 하는 보리열반의 작용을 일으키게 한다. 이 양자 간의 상념은 뚜렷이 다르다. 그래서 상전도로 결과를 조성하는 것도 다르다! 견전도의 각도에서 말하면 범부는 다섯 가지 사견邪見으로써 자기의 지견을 받치고 있다. 이 다섯 가지 사견 중 첫째는 신견身見으로 매우 돌파하기 어렵다! 설사 오랜 세월 수행한 사람일지라도 [아我]·[아견我見]의 집착을 깨뜨리기 쉽지 않는데 하물며 일반인이랴. 그러나 불보살은 초과初果, 신위信位보살에서 부터 이러한 지견을 끊기 시작하여 오분법신五分法身, 실상법신實相法身으로 몸을 삼아 육근으로 바깥 육진경계를 보지 않고, 망녕되이 헤아리는 정집지견情執知見으로 자기의 지견을 삼지 않는다. 왜냐하면 이 육근이 바깥 육진경계에 반연하는 정집지견은 어떤 사람이 색안경을 끼고 세계를 보면 보이는 세계가 모두 진실한 모습이 아닌 것과 같다. 그러나 불보살은 지혜로써 세계를 보고 일체중생을 보아 아라한을 증득하여 견사혹見思惑을 깨뜨린 지혜로 보고, 벽지불僻支佛을 증득하여 진사습기塵沙濕氣의 혹업惑業을 깨뜨린 지혜로 보며, 옴도 없고 감도 없는 법신을 증득하여 진사혹塵沙惑과 무명혹無明惑을 깨뜨린 지혜로 본다! 이 양자의 차이는 매우 크다!《화엄경 강의》혜겸 법사惠謙法師 / 편주

103) 이는 세 가지 지혜로 청량 국사의 교판에서는 권실즉이부즉權實卽

而不卽의 지혜라 부른다. 이 경문에서 세 가지로 나누어 권실의 즉
이부즉卽而不卽의 지혜를 설명한다. 첫째는 다하되 다하지 않음(盡而
不盡)의 지혜이다. 멸진정滅盡定은 또한 멸수상정滅受想定이라 부른
다! 보살은 염념 가운데 수온受蘊이 허망함을 알아 저절로 수온에
미혹되지 않는다. 그의 선정은 이런 지혜 상에 있어 움직이지 않고
깊은 신심이 있다! 보살은 또한 염념 가운데 상온이 허망함을 알아,
우리들의 심식心識이 염념이 옮아 흐름(遷流)을 한층 더 분명히 드러
내어 상을 여의고 상을 여의는 관지觀智에 머묾을 알 수 있다. 보살
의 선정은 무주심無住心의 지혜에 기대어 수상受想을 여읜다. 이는
원각경圓覺經에서 "환인 줄 알면 곧 여의어 방편을 짓지 아니하고,
환을 여의면 곧 깨달음이라 점차도 없느니라(知幻卽離 不作方便 離幻
卽覺 亦無漸次)"라고 말한 것과 같다. 이는 이승二乘의 선정이 멸진
정의 공空 한가운데 머무는 것과 다르다! 그래서 보살은 수상온受想
蘊에 미혹되어 물들지 않아 멸진정에 들지만 취하지도 버리지도 않
는다. 이 선정은 그래서 실제를 증득하지 않는다. 비록 진실을 증득
하지 않지만 이 수상온受想蘊의 물듦 한가운데 떨어지지 않는다! 그
래서 반야심경에 "무명도 없고 또한 무명이 다함도 없으며, 내지 노
사도 없고 또한 노사가 다함도 없고 고집멸도도 없다."고 말한다. 바
로 보살은 일체법에 머물지 않아 생사법에도 머물지 않고 열반법에
도 머물지 않는다, 마음에 머묾이 있지만 응당 머무는 바 없는 행으
로 열반법에 머물지 않아 일체성一切性이 본래 청정한 까닭이다. 그
래서 이것이 바로 성정열반性淨涅槃(진여)이다! 대반야경에서 항상
출현하는 말이 불가득不可得이란 글자이다. 생사도 불가득이고 열반
도 불가득이다. 비록 불가득일지라도 연기법을 폐하지 않는다. 왜냐
하면 불가득이어서 보살은 가서 머물지 않는다! 이 같은 수상온의
물듦에 머무는 영향을 받지 않아 염념이 멸진정에 들어도 자비로 서
원한 까닭에 무주의 지혜인 까닭에 실제를 증득하지 않는다. 실제를
증득하지 않아 유루의 선근을 다하지 않고 사정근법四正勤法을 행한
다!

둘째는 무이불무無而不無의 지혜이다. 비록 일체법이 무루無漏일지라
도 누漏가 다함으로 누가 멸함을 안다고 함은 일체법은 본래 얻을
수 있는 자성이 없어 본래 불생불멸이므로 일체법은 무루無漏라고
말한다! 비록 일체법은 무루임을 알고, 누가 다함을 알지라도 일체법
은 무생無生, 본래 자성이 없음을 알지라도 중생이 일체법을 취하고
집착을 일으키면 여전히 유루有漏이다. 그래서 보살은 이 같은 연기
를 폐하지 않고, 또한 누가 멸하는 불법을 가르쳐서 일체중생이 생
사를 여의고 피안에 이르게 한다! 그래서 무無는 바로 성공性空의

불가사의하다" 하셨다.

所以《華嚴 . 離世間品》云：「知一切法，無相是相，相是無相；無分別是分別，分別是無分別；非有是有，有是非有；無作是作，作是無

지혜라고 말하고 불무不無는 바로 연기의 묘지妙智라고 말한다. 유무有無는 본래 무정법無定法으로 인연에 따라 쓴다! 보살은 보살도를 행할 때 마음에 내가 중생을 제도한다는 마음이 일어나서는 안 되지만, 행동은 확실히 중생을 적극 제도하여야 한다. 이 두 가지는 서로 충돌하지 않는다. 보살은 중생을 제도할 때 마음에 득실이 없고 청정심 하나를 보임하여 잘 지닌다. 중생을 제도하지 않을 때는 염념이 모두 중생이다. 이것이 바로 무이되 불무이고, 불무이되 무인 선교善巧 지혜이다!

셋째, 즉이부즉卽而不卽의 지혜이다. 비록 불법이 곧 세간법이요 세간법이 곧 불법인 줄 알지만, 불법 가운데서 세간법을 분별하지 않고, 세간법 가운데서 불법을 분별하지 않는다고 함은 바로 보살의 마음은 평등하여 양변에 머물지 않고, 세간법과 출세간법 중 어느 것이 우수하고 어느 것이 하열한지 구별하지 않는다. 실제로 불법은 단지 부처님께서 우리들의 고질병을 위해 여신 처방이다. 만약 과도하게 집착하면 또한 별종의 편집적인 독약으로 변한다! 과도하게 불법에 집착하면 이승에 떨어지고, 과도하게 세간법에 집착하면 생사범부에 떨어진다. 보살은 양변을 취하지 않고 늘 중도를 행하여야 세간법을 행할 때 인연에 따라 중생을 제도할 수 있다. 그러나 세간법에 지나치면 또한 생사에 뒤섞여 물들고 만다. 그래서 여전히 불법을 행해야 한다. 불법과 세간법을 원만히 통달하여 걸림이 없는 사람이 바로 보살이다!

끝으로 일체 제법이 빠짐없이 다 법계에 들어간다 함은 바로 일체 제법이 사라지고 자성에 돌아감이다. 모두 일진법계로 돌아가 일체법의 한가운데 취하지도 집착하지도 않으며 머물지 않음이 들어가는 바가 없다. 비록 일체법이 모두 일진법계를 여의지 않고 빠짐없이 다 일진법계에 들어가며 사라져 자성으로 돌아가지만 여전히 일체제법을 행하되 바뀜이 없다! 그래서 일진법계, 두루 일체 십법계 한가운데 들어가서 불사를 짓는다. 그렇다면 이 들어감[入]은 무계無界인 일진법계이지만 여전히 유계有界인 십법계에 나란히 차별이 만 가지이다! 이것이 바로 같지도 않고 다르지도 않음(不一不異)이자 바로 곧 십법계에 즉하고 십법계에 즉하지 않음이다. 일진법계에 즉하고 일진법계에 즉하지 않음이 자재하여 걸림이 없는 지혜이다! 《화엄경 강의》혜겸 법사惠謙法師 / 편주

作；非說是說，說是非說，不可思議。知心與菩提等，知菩提與心
等，心及菩提與衆生等；亦不生心顚倒、想顚倒、見顚倒，不可思議。
於念念中入滅盡定，盡一切漏而不證實際，亦不盡有漏善根；雖一切
法無漏，而知漏盡，亦知漏滅；雖知佛法卽世間法，世間法卽佛法，
而不於佛法中分別世間法，不於世間法中分別佛法；一切諸法，悉入
法界，無所入故；知一切法皆無二、無變易，不可思議。」

4. 다만 연기에 따를 뿐, 유무에 떨어지지 않는다

4-1 질문을 베풀다

묻건대, 일체중생이 해탈함을 얻지 못한다 함은 모두 가명假名[104]을
(실체로) 잘못 인식하여 망妄을 따라 윤회하는 것이다. 《능엄경》에서는
"오직 담연 청정한 묘성妙性으로 그 허망한 생과 멸을 돌려서 조복하여
본각으로 돌아가고, 근본의 묘명진각妙明眞覺이 생멸이 없는 진성眞性
을 획득하여 이를 인지因地의 초심으로 삼은 다음에 과지果地의 수증修
證을 원만히 성취할 수 있느니라."고 하셨는데, 일향으로 이 가명만
따르도록 지엽적인 선법(散善)[105]만 논해서 갈수록 허망심만 더하게
한다면 어찌 초심에 이익이 되겠는가?

問：「一切衆生不得解脫者，皆爲認其假名，逐妄輪迴，《楞嚴經》
中唯令以湛旋其虛妄滅生，伏還元覺，得元明覺無生滅性，爲因地

---

104) "헛되고 임시적인 명칭이나 공명空名을 뜻한다. 객관의 측면에서
실재가 없는 물건과 상응하고, 임시로 시설하여 명목상 표시하는 물
건이나 그 자신은 단지 인연화합일 뿐 자성이 없음을 가리킨다."
《불교사상대사전》/편주
105) 근본의 무루법에 대하여 지말적인 막연하고 조리 없는 선법善法을
가리킨다. /편주

心, 然後圓成果地修證。云何一向徇斯假名, 論其散善, 轉增虛妄,
豈益初心？」

4-2 바로 답하다

답하되, 명자성공이 모두 오직 실상 뿐이다. 오직 연기에 따를 뿐,
유무에 떨어지지 않는다.

答：名字性空, 皆唯實相, 但從緣起, 不落有無。

4-3 인용하여 증명하다

《법구경》에서 이르시길, "부처님께서 보명보살에게 이르시길, 그대
는 또한 제불의 이름을 보는가. 이름이 유라 하면 사람들과 함께
식사를 이야기하는 것만으로 마땅히 배고픔을 충족시켜야 하리라.
이름이 무라 하면 정광여래도 나의 수기를 받지 못했을 것이고,
그대 이름이 수기 받지 않음과 같음에 미치면 나도 부처를 이루지
못했을 것이니라. 응당 알지니 자구字句, 그것이 (성공性空과) 같은지
오래고 나(의 명상名相)와 같은 까닭에 제법의 명자성공이 유무에
있지 않음을 모두 드러내느니라." 하셨다.106) 또 《화엄경》에서 이르

---

106) 연수대사의 말씀에 따르면 이름 그 자체는 비록 공가空假이지만,
실상을 구체적으로 실현할 수 있다. 이름은 인연(이름으로 표현하는
물건)따라 일어난 것이다. 그래서 이미 이름을 유로 간주할 수 없는
한 이름은 무로도 간주할 수 없다. 말하자면 이름 그 자체는 이름이
표현하는 실제 물건과 동등하지 않다 말하면 이름은 헛된 가명이지
만, 이름이 표현하는 실제 물건이 있다고 말하면 이름을 공무空無라
고 간주할 수 없고 이름의 의의와 작용을 부정할 수 없다. 그래서
대사께서는 「만일 이름이 쓸모가 없으면 제법의 본체를 드러낼 수
없고, 또한 불을 가져 오라고 했는데 물을 가지고 오면 되겠는가. 그
래서 알지니, 통발과 올무를 쳐놓으면 헛되지 않아 고기나 토끼를

시길, "예컨대 제법은 자성을 분별하지 않고 음성도 분별하지 않되, 또한 자성을 버리지 않으며 이름도 멸하지 않느니라. 보살도 또한 이와 같아서 행문行門을 버리지 않고 세간에서 하는 일(악을 그치고 선을 행함)을 따르되, 이 두 가지에 집착하지 않는다." 하셨다.

《法句經》云：「佛告寶明菩薩：汝且觀是諸佛名字，若是有，說食與人，應得充飢；若名字無者，定光如來不授我記，及於汝名如無授者，我不應得佛。當知字句其已久如，以我如故，備顯諸法，名字性空，不在有無。」《華嚴經》云：「譬如諸法不分別自性，不分別音聲，而自性不捨，名字不滅；菩薩亦復如是，不捨於行，隨世所作，而於此二無執著。」

4-4 결론 맺어 중도를 설명하다

그러므로 실제를 움직이지 않은 채 행문을 건립하고, 가명을 무너뜨리지 않은 채 자성을 원만히 통달한다.

是以不動實際，建立行門；不壞假名，圓通自性。」

여기서 얻는다.」(《만선동귀집》1권) 라고 말씀하신다. 연수대사의 이 견해는 의미를 변정辯正함이 적지 않다. 《영명연수 선사의 염불론永明延壽禪師的念佛論》, 오유상呂有祥 /편주

5. 일념에 문득 갖출지라도 만행을 베풀고 행한다

5-1 질문을 베풀다

묻건대, 그렇다면 어찌 임운하여 등등히[107] 무심으로 도에 합하지 않고 어찌 만행에 마음이 끌려 움직이려고 하는가?

問：「何以不任運騰騰，無心合道？豈須萬行，動作關心？」

5-2. 바로 답하다

답하되, 고덕께서 불과佛果를 드러냄에 세 가지가 있으니, 하나는 말을 잊고 행을 끊고서 홀로 법신을 밝혀 지음이 없는 과果요, 둘은 행을 따라 점차 닦아 위位가 삼지겁이 지나 만족해지는 과이다. 셋은 처음부터 이지理智를 따라 단박에 자재하고 원융한 과이다. 이는 상상근인이 원만히 닦고 원만히 증득해 비록 일념에 문득 갖출지라도 만행을 베풀고 행함에 방해되지 않으며, 만행을 베풀고 행할지라도 일념을 여의지 않는다. 정情을 잊고 몰래 계합한다면 각각의 행이 일문이니, 더디고 빠름은 근기에 맡기고, 법에는 전후가 없다.

答：「古德顯佛果有三：一、亡言絶行，獨明法身無作果。二、從行漸修，位滿三祇果。三、從初理智自在圓融。此是上上根人，圓修圓證，雖一念頓具，不妨萬行施爲；雖萬行施爲，不離一念。若亡情冥合，各是一門；遲速任機，法無前後。」

---

107) 일체사물과 현상이 자연에 운행에 따라 자재로운 것을 가리킨다. 「임운任運」은 흐르는 대로 내맡겨두는 것을 뜻하고, 「등등騰騰」은 왕성하고 번성하며 그치지 않고 이어지는 것을 뜻한다. /편주

제3장 이제를 아울러 펼치다(二諦並陳)

"제불께서는 늘 이제에 의지해 설법하신다. 왜 그런가? 속제는 진실한 말씀이고, 속제를 요달하면 자성이 없어 바로 진제이다. 그래서 이르시길. 속제를 얻지 않으면 제일의를 얻지 못한다 하셨다. 그래서 진제는 세움을 기다리지 않아도 늘 나타나고, 속제는 버림을 기다리지 않아도 절로 공하니, 이제二諦가 같이 존재한다. 마치 물결과 물처럼 물이 궁진하여 물결이 끝나고 파도와 물이 동시에 존재하며, 물결이 물의 근원에 사무치고 움직임과 젖음이 일제一際이다(諸佛常依二諦說法。何以故？俗是眞詮，了俗無性，卽是眞諦。故云：若不得俗諦，不得第一義。所以眞不待立而常現，俗不待遣而自空。二諦雙存，如同波水：水窮波末，波水同時；波徹水源，動濕一際)."

1. 속제를 따라 진제로 들어가다

1-1 질문을 베풀다

묻건대, 눈에 부딪치는 것마다 보리요, 걸음을 옮기는 것마다 도인데, 왜 따로 사상事相의 도량을 세우려고 하는가? 생각을 부리고 형상을 수고롭게 함이 어찌 [일승의] 미묘한 종지에 잘 어울린다 하겠는가?

問：「觸目菩提，擧足皆道，何須別立事相道場，役念勞形，豈諧妙旨？」

1-2 바로 답하다

답하되, 도량108)에는 두 가지가 있나니, 하나는 이理도량이고 둘은

사事도량이다. 이도량이란 미진찰토에 두루 함이고, 사도량이란 청정한 땅에 장엄하고 꾸밈이다. 그리하여 사事로 인해 이理를 드러내고 이理를 빌려 사事를 이룬다. 사事는 허하여 이理를 가져서 이理가 아닌 사事가 없고, 이理는 실하여 인연에 감응하여 사事에 장애되는 이理가 없다. 그래서 사事에 즉하여 이理를 밝힘에 모름지기 장엄을 가차하여야 하고, 속제를 따라서 진제에 들어감에 오직 도량 건립에 의지하여 귀경歸敬을 근본으로 삼고 책발策發의 문을 지으며, 존상을 보고 마음을 장엄하여 자타를 모두 이롭게 한다.

答:「道場有二:一、理道場;二、事道場。理道場者,周遍刹塵;事道場者,淨地嚴飾。然因事顯理,藉理成事。事虛攬理,無不理之事;理實應緣,無閡事之理。故卽事明理,須假莊嚴;從俗入眞,唯憑建立,爲歸敬之本,作策發之門,覿相嚴心,自他兼利。

1-3 인용하여 증명하다

《지관》에 이르시길, "원교圓教에서 초심初心은 이관理觀이 명확할지라도 아직 무생법인無生法忍[109]을 이루지 못하였는데, 모름지기 청정한

---

108) 삼승의 제자가 도를 배우는 장소 및 행법을 사도량이라 한다. 유마경 보살품에 이르시길, "직심이 도량이라 37조도품이 도량이다." 일체 공덕의 모인 장소를 이도량이라 한다. 대일경소에 이르길, "도량이란 집취集聚라 이름한다. 내지 10세계 미진수의 차별지인差別智印이 윤원輪圓의 바퀴살 처럼 한 곳으로 모여든다. 익폭대일심왕翼幅大日心王이 일체중생으로 하여금 보문(普門)으로 나아가는 까닭에 도량이라 말한다." 하셨다. /강의

109) 생멸을 멀리 떠난 진여실상眞如實相의 이체理體를 이른 말이다. 참된 지혜로 이 같은 이치에 안주하여 움직이지 않음을 뜻한다. 초지初地 또는 7, 8, 9지地 보살이 얻는 깨달음이다. 《지도론》에 이르시길, "무생인無生忍이란 나아가 미세한 법도 가히 얻을 수 없거든 하물며 나머지 것이랴. 그래서 무생이라 하였다. 또 이 무생법을 얻으면 온갖 업행을 짓거나 일으키지 않나니, 이를 무생법인이라 한다.

땅에 도량을 장엄하고 건립하여 밤낮 여섯때 오회방편(五悔)110)을
수행하여 육근의 죄를 참회하고 관행觀行에 들어 지혜를 전일하게
닦고 계를 엄격히 지켜서(乘戒兼急)111) 이와 사에 모두 흠이 없다면112)
제불께서 위신력으로 가지하시어 진명眞明이 문득 발하고 곧장 초주
初住에 이르러 모두 일생에 (십지보살에) 오를 수 있다." 하셨다.

「《止觀》云:"圓教初心, 理觀雖諦, 法忍未成, 須於淨地嚴建道場,
晝夜六時, 修行五悔, 懺六根罪, 入觀行卽乘戒兼急, 理事無瑕, 諸
佛威加, 眞明頓發, 直至初住, 一生可階。"

《상도의上都儀》에 이르시길, "대저 삼보에 귀명한다 함은 방위와
상을 가리켜서 마음을 머물게 하여 실상경계를 취하게 함으로, 상에
집착하지 않고 망념을 여읨을 밝히는 것이 아니다. 부처님께서는
범부가 마음을 매어두는 것을 할 수 없는 줄 아셨나니, 하물며 상을

따라서 이 법인을 얻은 보살을 아비발지(阿鞞跋致, 불퇴선시)라 안
다." 하셨다. /편주

110) 《마하지관》에 이르시길, "지금 도량에서 밤낮으로 여섯 때 행하
길, 참회懺悔하여 대악업죄를 깨뜨리며, 권청勸請하여 불법을 비방한
죄를 깨뜨리며, 수희隨喜하여 시기 질투한 죄를 깨뜨리며, 회향하여
삼계 제유諸有의 죄를 깨뜨리며, 발원하여 공空과 무상無相에 수순하
면 그 얻은바 공덕이 한량이 없고, 계산하고 헤아려 또한 말할 수
없다. 만약 오회五悔 방편으로 근행할 수 있다면 관문이 열리는 것
을 돕고 일심삼제一心三諦로 활연히 명지明智가 열릴 것이다." /편주

111) 《마하지관》에 이르시길, "인천의 몸을 얻음은 사를 지녀 계의 힘
을 얻음이고, 부처님을 친견하고 득도함은 승을 닦아 관력을 얻음이
다. 사와 이를 함께 지님을 제행 중에서 최상이다. 그래서 느긋해서
는 안 된다." /편주

112) "사라무자事理無瑕란 사事는 곧 전사前四이고 이理는 곧 후육後六
이다. 원교의 사람이 일생에 십지보살에 뛰어 오른다는 뜻이 있다.
그래서 일생에 획득할 수 있다고 말한다."《마가지관보행전홍결摩訶
止觀輔行傳弘決》/편주

여읨이라?113) 마치 신통술이 없는 사람이 허공에 머물며 집을 지으려는 것과 같다. 그래서 보배불상 등 삼관三觀114)에 의지하고 반드시 의심치 말지니라." 하셨다. 부처님께서 말씀하시기를, "내가 멸도한

113) 이는 바로 기타법문의 어려움을 말한 것입니다. 어떤 부분에 어려움이 있습니까? 어려움은 상을 여읨에 있습니다. 정토종은 상을 여의지 않고, 극락세계에 상을 세웁니다. 먼저 방위의 상을 가리키고 정토에 태어나길 구합니다. 극락세계에 이르러서 상을 여읩니다. 그래서 고인께서는 "단지 아미타부처님을 친견하기만 하면 (되는데) 어찌 개오하지 못한다고 근심하랴(但得見彌陀 何愁不開悟)"라고 말씀하셨습니다. 우리들은 개오하는 일은 극락세계에 놓아두고 현재는 전일하게 정토를 구하면 됩니다. 이병남 스승님께서는 그 당시 저에게 "대승불법의 종극적인 목표는 명심견성明心見性 견성성불見性成佛이다. 정토도 예외가 아니다."라고 일러주셨습니다. 정토종의 목표는 무엇입니까? 서방극락세계에 이르러 목표는 명심견성이고 현재의 목표는 일심전념一心專念입니다. 정토종의 수승한 점은 그래서 48원이 중요합니다. 48원은 아미타부처님께서 당신 스스로 말씀하신 것입니다. 석가모니부처님께서 우리를 위해 아미타부처님의 말씀을 전해주셨습니다. 원마다 중생을 제도하기 위함이고, 원마다 중생이 일생에 성취하여 일체가 모두 부처 되길 돕습니다. 이 점을 우리는 모르면 안 됩니다. 삼보에 귀명한다는 이 문구는 보기에는 쉽지만 진정한 귀명은 쉽지 않습니다. 일반 문자상으로 보면 귀의皈依가 귀명이고, 삼보는 각정정覺正淨입니다. 귀歸는 머리를 돌림이고, 귀명은 우리 자신을 돌림입니다. 우리의 신명을 자성삼보에 의지해야 합니다. 불佛은 자성각自性覺으로 깨달아서 미혹하지 않습니다. 법法은 자성정自性正으로 올바르고 삿되지 않습니다. 승은 자성정自性淨으로 청정하여 물들지 않습니다. 각정정은 자성삼보로 《무량수경》의 경 제목입니다. 청정은 승보이고 평등은 법보이며 각은 불보입니다. 우리들의 신명을 청정·평등·각으로 바꾸어서 생각마다 여의지 않고 곳곳마다 여의지 않습니다. 《정토대경해연의淨土大經解演義》 정공 법사 / 편주

114) 천태종에서 일심一心에 모든 것이 갖추어져 있다는 것을 세 가지 측면에서 관찰하는 관법觀法을 말한다. 공관空觀·가관假觀·중관中觀이라고도 약칭하며, 공가중空假中 삼관이라고도 한다. 이때의 삼관은 《보살영락본업경菩薩瓔珞本業經》의 종가입공이제관從假入空二諦觀·종공입가평등관從空入假平等觀·중도제일의제관中道第一義諦觀을 바탕으로 하여 정립한 것이다. 본문에서는 바로 뒤에 나오는 《대지도론》의 보살삼사무염관菩薩三事無厭觀을 말하는 듯하다. /편주

후엔 관상觀像을 할 수 있는 사람은 나와 다름이 없느니라." 하셨다.

> 上都儀云："夫歸命三寶者，要指方立相，住心取境，不明無相離念也。佛懸知凡夫繫心，尚乃不得，況離相耶？如無術通人，居空造舍也。依寶像等三觀，必得不疑。"佛言："我滅度後，能觀像者，與我無異。"

《대지도론》에 이르시길, "보살은 오직 세 가지 일에 만족할 줄 모르나니 첫째 부처님께 공양 올리는 일에 만족할 줄 모르고, 둘째 법을 듣는 일에 만족할 줄 모르며, 셋째 승가에 공양물을 제공하는 일에 만족할 줄 모른다." 하셨다.

> 《大智論》云："菩薩唯以三事無厭：一、供養佛無厭。二、聞法無厭。三、供給僧無厭。"

천태지자 대사에게 묻기를, 세간에 공空을 행하는 사람이 있어 그 어리석은 공(痴空)에 집착하여 (점점 법공法空을 보아) 수다라(修多羅: 경전)의 뜻과 계합하지 않고서 이렇게 마음을 관하라(염불하라)는 말을 듣고서 난처하게 하고자 말하기를, "만일 관하는 마음이 곧 법신과 동등하다면 마땅히 부딪치는 곳마다 평등해야 할 것인데 어찌하여 경전이나 불상에는 공경심을 내고, 종이나 나무에는 교만심을 내는가? 공경심과 교만심은 달라서 곧 평등이라 할 수 없으니, 평등이 아닌 까닭에 법신의 뜻이 성립될 수 없다."

> 天台智者問云：世間有空行人，執其癡空，不與修多羅合，聞此觀心，而作難言：「若觀心是法身等，應觸處平等，何故經像生敬，紙木生慢？敬慢異故，則非平等；非平等故，法身義不成。」

천태지자 대사께서 답하시기를, "나는 범부위凡夫位 가운데 들어
이와 같은 상을 관할 따름이니, 이러한 실상을 열어 나타내기 위해
경전과 불상을 공경하여 지혜에 얽매이지 않게 하며, 무량한 사람에
게 선을 쌓아 올리고 악을 물리치게 하여 방편에 얽매이지 않도록
하나니, 어찌 그대들과 같겠는가?" 나아가 널리 법회를 일으키며,
단을 설치하여 위의를 건립하며, 손으로 인을 맺어 가지加持115)하며,
그 수승한 일을 장엄하며, 마침내 도량에서 제불께서 위신력으로
가지하시는 현증을 얻는 일이 모두 대성인께서 자비를 드리워 그
요긴한 법궤를 보이시는 것이다. 혹 향화의 상을 보아 계덕戒德이
거듭 청정하며, 혹 보현보살의 진신眞身을 친견하여 죄의 근원이
마침내 청정하며,116) 이로 인하여 법사法事가 원만히 갖추어지고

---

115) 가지加持 : 대자대비한 불보살의 가호를 받아 중생이 깨달음의 경
지로 들어가는 것을 말한다. 특히 삼밀가지란 부처의 신·구·의 삼
밀三密과 중생의 신·구·의 삼밀이 일치하는 경지를 얻도록 수행하
여 부처의 가피를 얻을 목적에서 행하는 수행법이다. 삼밀유가법三密
瑜加法이라고도 한다. 행법은 우리의 신·구·의 삼업三業이 본래 부
처의 삼밀과 동등하여 차별이 없음을 깨닫는 데서부터 시작된다. 그
실천적 수행방법으로는 손으로 인(印: 진리와 깨달음의 세계를 표시
함)을 맺고 입으로는 진언을 외우며, 뜻으로 자기가 본래 부처임을
알아서 중생과 부처는 본성이 본래 같고 범부와 부처의 본체가 동일
하다는 것을 관하게 된다. 이와 같은 수행을 계속하여 정신이 통일
되면 중생의 삼업이 부처의 삼밀과 상응 일치하고 서로 걸림이 없으
며, 수행자가 곧 부처의 경계에 들어가고 부처가 나에게 들어오는
일여一如의 경지에 이르게 된다. /편주
116) 《묘법연화경》 보현보살권발품에 이르시길, "세존이시여! 후오백세
에 오탁악세에 이 경을 수지하는 사람이 있어 다니거나 서 있거나
이 법화경을 읽고 외우면 제가 그때 여섯 개의 상아가 달린 흰 코끼
리 왕을 타고 대보살 성중과 함께 그가 있는 장소에 가서 저의 몸을
나타내 보여주어 공양 수호하여 그 마음을 안온하게 하겠습니다. 만
약 앉아서 이 경을 사유하면, 제가 다시 흰 코끼리 왕을 타고 그 사
람 앞에 나타나겠습니다. 이때 법화경을 수지독송하는 사람이 문득
저의 몸을 보게 되면 매우 크게 기뻐할 것입니다. 저를 본 까닭에
바로 삼매 및 다라니를 얻을 것입니다." 하셨다. 법화삼매와 선다라

불도佛道가 멀리까지 융성해지나니, 이러한 감통感通117)이 나타나서

니를 얻으면 바로 무명을 깨뜨려 없애고 법신을 증득하는 까닭에 「죄의 근원이 마침내 청정하다.」하셨다 /강의

117) "부처님 아니면 보지 말고, 부처님 아니면 듣지 말며, 부처님 아니면 말하지 말라. 매일 기도공과를 결코 빠뜨리지 말고 예불을 많이 하고 착실히 참회하며, 지성심으로 감통感通을 얻고 복덕과 지혜를 동등하게 배워서 신·원·행 삼자량을 구족하면 상품 연꽃이 피어나리라." 어떤 방법으로 감통感通합니까? 지성심至誠心으로 합니다. 진성眞誠이 절정에 이른 것이 지성至誠입니다. 오르지 진성眞誠이 절정에 이르러야 제불보살을 감통시켜 가지加持를 받을 수 있습니다. 지성至誠의 방법으로 진여본성을 통달하는 것이 바로 구경의 통달입니다. 세간 사람들은 구경의 이치를 밝히지 못하고 자성을 통달하지 못하고, 단지 국부적인 사리를 밝힐 수 있을 뿐입니다. 이 때문에 자성을 통달하여야 비로소 근본에 이릅니다. 유교와 불교에서는 모두 우리들에게 "지성감통至誠感通"을 가르칩니다. 위로는 제불보살을 감동시키고 아래로는 천지 귀신을 감동시킬 수 있습니다. 진성심으로 삼보의 가지를 구하고 공덕을 닦고 쌓아서 공덕을 원친채주와 함께 나누면 감동을 받지 않을 수 없습니다. "지성감통至誠感通"이면 세간 출세간 일체법에 막힘없이 잘 통합니다. 이것이 바로 《화엄경》에서 말하는 "이사무애理事無碍 사사무애事事無碍"입니다. 학인은 지성으로 발심하여 간절히 공경하며 명예와 이익을 끊고 태만을 금하며 고정관념을 제거하여 이와 같이 부처님을 공경하여 불법을 존숭하며 스승을 모시고 벗과 친하게 지내야 합니다. 바야흐로 감통을 획득하려면 모름지기 성경誠敬이 불문의 비약祕鑰이 됨을 알아야 합니다. 이는 인광 대사께서 자주 학인들에게 훈계하신 말씀입니다. 증국번曾國藩 선생은 "성誠"을 "일념도 생하지 않음을 성誠이라 한다."고 정의하셨습니다. 만약 망념이 하나라도 있으면 성에 이르지 못한 것입니다. 진성이 절정에 이르면 감응통달합니다. "지성감통至誠感通" 단지 지성에 이르도록 하면 시방삼세 일체제불여래와 통합니다. "불성무물不誠無物", 성실하지 않으면 아무것도 아닙니다. "지성감통至誠感通", 지성이 인因이고 감통이 과果입니다. 요컨대 진성의 마음으로 일문에 깊이 들어가야 개오開悟하여 불과를 증득할 수 있습니다. "정성이 지극하면 쇠와 돌도 열린다." 했습니다. 만약 상대방을 감동시킬 수 없으면 우리의 진성이 부족한 것입니다. 진성이 절정에 이르면 결정코 상대방을 감동시킬 수 있습니다. 장애가 없는 법계에 어떻게 계합해 들어갈 수 있습니까? 진성심이면 법계에 들어갈 수 있습니다. 진성이 절정에 이르면 장애가 없습니다. 그래서

돌아가 의지할 근거가 생긴다. 이러므로 모름지기 지나간 성현들의 사적을 기록한 전장들을 좇을 것이요, 헛되이 가슴 속에 나온 것에 의지하여 덕과 선을 훼손하여 그릇된 바퀴에 떨어지거나, 유有를 버리고 공空에만 멈추어 삿된 그물에 던져지는 일이 없도록 할지니라.

答：我以凡夫位中，觀如是相耳，爲欲開顯此實相，恭敬經像，令慧不縛；使無量人，崇善去惡，令方便不縛，豈與汝同耶？乃至廣興法會，建立壇儀，手決加持，嚴其勝事，遂得道場現證、諸佛威加，皆是大聖垂慈，示其要軌。或覩香華之相，戒德重清；或見普賢之身，罪源畢淨，因茲法事圓備，佛道遐隆，現斯感通，歸憑有據。是以須遵往聖，事印典章，不可憑虛出於胸臆，毀德壞善，翻墮邪輪，撥有凝空，枉投邪罥。

2. 이제二諦가 융통무애하다

2-1 질문을 베풀다

묻건대,《금강반야경》에 이르시길, "만일 색色으로 나를 보거나 음성으로 나를 구하면 이 사람은 삿된 도를 행하여 여래를 볼 수 없느니라."[118] 하셨나니, 어떻게 상을 세우고 모양을 낸다고 불사佛事라고

대덕께서는 세간법과 출세간법을 모두 통달하고자 함에 있어 오직 "지성감통至誠感通"을 요결로 삼아서 불보살의 위신력 가지를 구했습니다. _정공법사 /편주

118) 「색色」자는 일체색상을 통틀어 가리키고, 32상 또한 그 안에 포섭된다. 두 「아我」자는 여래의 말씀을 가리키고, 곧 성性을 말한다. 「음성音聲」은 포괄해 설법음성이 들어있다. 이는 바로 일여평등一如平等한 모든 설법을 움켜쥐고 놓지 않으며 문자와 음성 중에서 구해서는 안 됨을 말한다. 견색見色은 안식眼識이고 문성聞聲은 이식耳識

부를 수 있겠는가?

問 :《金剛般若經》云 :「若以色見我 , 以音聲求我 , 是人行邪道 , 不
能見如來。」如何立相標形 , 而稱佛事？

2-2 바로 답하다

**답하되, 반연을 쉬고 일이 사라짐은 곧 파상종破相宗[119]의 주장이요,
곧장 논하여[120] 이치를 드러냄은 곧 대승시교大乘始敎[121]의 주장이
니, 이는 유와 무를 가지런히 행하고 체와 용이 서로 사무침을 얻지**

으로 두 식을 들어 나머지를 개괄하였다. 요컨대 견문각지見聞覺知의
그 체는 성性이다. 그러나 중생은 무시이래로 식으로 변하였다. 지금
만약 색견으로써 음성으로써 구하면 분명히 업식業識을 사용할 때
육진 경계상에 집착한다. 이로써 법신을 보고 이로써 법신을 구하고
자 함은 분명히 망견이고, 분명히 바깥을 향해 달리며 구하게 된다.
그 지견은 이미 크게 바르지 않나니, 하물며 법신여래를 보고자 함
이라. 그래서 이를 물리쳐서 말씀하시길, 「이 사람은 삿된 도를 행히
여 여래를 친견할 수 없다.」하셨다. 진여의 성으로 이는 분별집착하
는 업식경계가 아닌 까닭이다. 결론적으로 (견문각지로) 일여一如를
보고자 함은 진허공의 정식情識으로 불가하다는 뜻이 아니다(結成欲
觀一如 非盡空情識不可之意)." 《금강경도독金剛經導讀》/편주

119) 《중관론》,《십이문론》,《백론》의 세 가지 경전의 교의敎義를 종지
宗旨로 하여 무상개공無相皆空을 베푸는 것을 목적으로 하는 종파.
인도의 나가르주나와 데바가 처음 주장하였다. /편주

120) "모든 무루법은 평등성에 수순한다. 그 성을 곧장 논하면 차별이
없지만 염법染法에 따라 차별상인 까닭이다."《기신론소기회열起信論
疏記會閱》/편주

121) "대승의 법문이지만 대승의 극치에 이르지 못한 최초의 가르침을
설한 시기로 《해심밀경》이나 《유식론》과 같은 법상의 시교와 《반야
경》과 《중관론》 같은 설법을 공의 시교라 한다. 모두 진여의 본성을
설하고 있지만, 화엄에서 주장하는 이사원융의 묘한 이치에는 도달
하지 못하고 있다."《깨달음을 전해주는 100가지 공안집 벽암록》/
편주

못한 것이다. 만일 원문圓門의 걸림 없는 종지를 기준으로 말한다면 성상(이제二諦)이 융통하여 미진 하나를 들어도 법계를 다 포함한다.

答 : 息緣泯事 , 此是破相宗 ; 直論顯理 , 即是大乘始教。未得有無齊行 , 體用交徹。若約圓門無閡 , 性相融通 , 舉一微塵 , 該羅法界。

2-3 인용하여 증명하다

《화엄경》에 이르시길, "미진찰토 수의 청정한 자애문122)에서 여래의 일묘상一妙相이 다 같이 생기도다. 하나하나 모든 상이 그렇지 않은 것이 없는 까닭에 보는 이마다 만족함이 없느니라."123) 하였다.

《華嚴經》云 : "清淨慈門刹塵數 , 共生如來一妙相 ; 一一諸相莫不然 , 是故見者無厭足。"

또 《법화경》에서는 "그대여, 일체 지혜와 십력十力 등 불법을 증득하고, 32상을 구족하며 진실의 적멸에 이르느니라."124) 하였다.

---

122) "불보살의 자애심(慈心)에서 모든 공덕 및 선교방편이 흘러나오므로 자애문(慈門)이라 부른다."《불광대사전佛光大辭典》/편주

123) "찰진수刹塵數는 미진 같이 그 수를 헤아릴 수 없는 국토를 뜻한다. 여래묘상如來妙相에서 묘는 불가사의하다는 뜻이 있다. 여래의 큰 자애, 묘상장엄, 즉 32상 80종호의 감미롭고 아름다움이 무등무상無等無上하다는 뜻이다. 이와 같이 좋은 상은 세세생생 닦은 공덕이 쌓여서 이루어진 것이다."《대방광불화엄경천석大方廣佛華嚴經淺釋》/편주

124) "그대여, 일체지를 증득하고"는 곧 반야般若이고, "32상을 구족하며"는 곧 법신이며, "진실의 적멸에 이르느니라."는 곧 해탈解脫이다. 삼법(三法; 삼덕)은 (셋이되 하나인 까닭에) 세로도 아니고 (하나이되 셋인 까닭에) 가로도 아니니 (불가사의하여), 곧 불성을 봄이다.《묘법연화경문구기》/편주

《法華經》云 : "汝證一切智 , 十力等佛法 ; 具三十二相 , 乃至眞實
滅。"

《대열반경》에 이르시길, "색이 아니라 말함은 곧 성문·연각의 해탈
이요, 색이라 말함은 곧 제불여래의 해탈이니라."125) 하셨다. (제불여
래의 해탈이) 어찌 범부가 거슬러서, 가로막힌(頑閡)126) 경계를 고집하
여 (오근·오진 등의) 실색實色으로 삼는 것과 이승이 치우쳐서, 회단灰斷
의 과127)를 증득해서 본래의 형상(眞形)이 되는 것과 같겠는가?

《大涅槃經》云 : 「非色者 , 卽是聲聞、緣覺解脫 ; 色者 , 卽是諸佛如來
解脫。」豈同凡夫橫執頑閡之境以爲實色 , 二乘偏證灰斷之質而作眞
形 ?

---

125) 「색이 아니라 말함」은 옛 가르침(昔敎)에는 다만 몸을 버리면 진
멸(盡滅; 무여열반)하였다 말하였지만 삼사三事는 말하지 않았다. 이
미 삼사가 없으면 법신이 드리워 응함도 없다. 그래서 색이 아니라
고 말씀하셨다. 「이승의 해탈」이란 분단分段 생사의 번뇌가 멸함을
해탈이라 한다. 이승의 신지身智는 유위有爲이므로 해탈이 아니다.
여래의 신지는 무위無爲이므로 해탈이란 이름을 얻었다."《대반열반
경집해大般涅槃經集解》/편주

126) 완頑은 색법에 지각이 없는 용用을 가리키고, 애閡는 색법에 질애
가 있는 체體를 가리킨다. /강의

127) 회신멸지는 무여열반의 동의어로서 몸을 재로 만들고 지혜를 멸한
다는 뜻인데, 분신회지(焚身灰智: 몸을 태워 없애고 지혜를 재로 만
든다)·회멸灰滅 또는 회단灰斷이라고도 한다. 여기서 몸은 육체를
뜻하고 지혜는 반야 또는 진여의 무분별지를 뜻하는 것이 아니라
(번뇌에 물든 상태의) 마음 즉 6식六識 즉 정情을 뜻한다. 따라서 무
여열반은 몸과 마음을 모두 돌이켜 공적空寂·무위無爲의 열반의 세
계로 들어가는 것을 말하며, 부파불교의 최종 목적이다. /편주

2-4 결론 맺어 설명하다

이러므로 육근이 대하는 경계마다 모두 여래를 친견하여 만상을 가지런히 보고 법계에 원명128)하나니, 어찌 형상과 그림자가 소멸함을 기다려서 비로소 현묘한 귀취를 이룬다고 하겠는가?

是以六根所對, 皆見如來 ; 萬像齊觀, 圓明法界, 豈待消形滅影, 方成玄趣乎 ?

3. 마음 그대로 부처이고 마음 그대로 부처가 된다(心是心作)

3-1 질문을 베풀다

묻건대, 즉심시불이라 하였는데, 어찌 굳이 밖에서 구하는가? 만일 바깥의 육진六塵 경계를 인정한다면 자신의 법(본심)은 곧 숨어버릴 것이다.129)

---

128) "열반해탈은 아름답다 할 만하니, 아름답긴 하다. 그러나 응당 모든 습기를 다하지 않고, 소지장所知障을 끊지 않으며, 일체지一切智를 얻지 않는다면 일체법계에 오히려 원명圓明할 수 없다. 또한 일체유정은 모두 나의 무시이래 육친권속인데, 어떻게 스스로 적멸을 구하려고 하지 않는지 묻지 않을 수 있겠는가? 이런 까닭에 보살마하살은 일체중생을 거두어 자기 자신으로 삼고, 뼈에 사무치는 고통 등에 대비심이 가득 넘쳐서 「중생을 다 제도하겠나이다」 서원한다. 시겁時劫을 겪으면서 가없는 복덕과 지혜를 널리 구하고, 번뇌장·소지장의 이장二障 습기習氣를 다 끊어서 마침내 법계에 원명圓明하여 원융무애圓融無碍함이 대승의 지극한 효과이자 불법 구경의 목적이다."《인생불교진의人生佛敎眞義》, 태허 대사太虛大師 /편주

129)《관무량수경》에서 말씀하신대로 "이 마음 그대로 부처가 되고, 이 마음 그대로 부처"여야 일심이문의 중도에 부합한다. 「타진他塵」이란 색성향미촉법의 육진 모두가 마음바깥에 있는 까닭에 타他라 한다.

問 : 卽心是佛 , 何須外求？若認他塵 , 自法卽隱。

3-2 바로 답하다

답하되, 제불의 법문도 또한 한결같지 않아서 모두 자력自力 · 타력他 力, 자상自相 · 공상共相이 있지만, [130] **십현문十玄門** [131] **에 다 거두고 육상의六相儀** [132] **로 융통하였다. 인연에 수순해 나눠진 것 같으나**

「자법自法」이란 자신이 본래 갖추고 있는 영명각오靈明覺悟의 본심이다. 미혹하여 본심을 잃어버리면 육진경계에 구르는 바가 되는 까닭에 곧 숨어버린다 하였다. /강의

130) 중생이 닦은 선근으로 감득하여 부처님을 친견할 수 있음을 「자력」이라 하고, 불보살이 발원한 본원으로 중생에 응현하여 보임을 「타력」이라 한다. 「자상」은 곧 제법 별상 · 이상異相이고, 「공상」은 제법 총상 · 동상同相이다. /강의

131) 십현문十玄門 : 십현문 또는 십현연기무애법문의十玄緣起無碍法門 義는 사사무애법계事事無碍法界의 연기설을 강설하는 데 사용 되는 교의로, 사사무애법계의 특징을 열 가지 측면에서 설명한다. 십은 만수滿數, 현은 심현深玄, 문은 사사무애事祉無碍의 법문이란 뜻이다. 십현문의 일문에 깨달아 들어서면, 열 가지 모두를 깨닫게 되는 관계에 있다. 지엄智儼이 세운 것을 구舊 십현이라 하고, 현수법장賢首 法藏이 《오교장五敎章》에서 이를 계승하고, 《탐현기》제1권에 표시한 것을 신新 십현이라 한다. 현재의 십현문은 신십현을 말한다. 십현문의 일문에만 들어서도 최고의 깨달음 경지인 사사무애의 경지를 완전히 이룬다. 신 십현문은 1) 동시구족상응문同時具足相應門 2) 광협자재무애문廣狹自在無碍門 3) 일다상용부동문一多相容不同門 4) 제법상즉자재문諸法相卽自在門 5) 은밀현료구성문(隱密顯了俱成門: 구 십현의 비밀은현구성문祕密隱顯俱成門) 6) 미세상용안립문微細相容安立門 7) 인다라망경계문因陀羅網境界門 8) 탁사현법생해문托事顯法生解門 9) 십세격법이성문十世隔法異成門 10) 주반원명구덕문(主伴圓明具德門: 구 십현의 유심회전선성문唯心廻轉善成門)이다. /편주

132) 사사무애법계事事無碍法界의 연기설을 강설하는 데 사용되는 교의로, 모든 존재는 총상總相 · 별상別相 · 동상同相 · 이상異相 · 성상成相 · 괴상壞相의 여섯 가지 모습을 가지고 있음을 뜻한다. 육상원융六相 圓融은 모든 존재가 여섯 가지 모습, 즉 육상六相을 갖추고 있는데,

성性을 기준으로 늘 합한다. 마음을 따라 경계가 나타나니, 경계
그대로 마음이다. 소所를 거두어 능能으로 돌아가니, 타(他 ; 부처)
그대로 자(自 ; 자심)이다.133)

> 答 : 諸佛法門 , 亦不一向 , 皆有自力、他力、自相、共相 , 十玄門之該
> 攝、六相義之融通。隨緣似分 , 約性常合。從心現境 , 境卽是心 ; 攝所
> 歸能 , 他卽是自。

3-3 인용하여 증명하다

고덕께서 이르시길, "만일 마음과 경계가 둘이라고 집착하면 차전遮詮
· 표전表詮의 언전言詮134)은 둘이 아니니, 마음 밖에 따로 육진경계가

모든 존재 전체와 각 부분이 서로 원만하게 융화되어 있으며 또한
각 부분과 각 부분도 서로 원만하게 융화되어 있다는 교의이다. /편
주

133) "경계는 마음으로 말미암아 나타나는 까닭에 성불하고자 하면 반
드시 마음을 말미암아 성불의 인연을 닦아야 부처님의 의정과보가
드러날 수 있는데, 이를 시심작불是心作佛이라 한다. 마음이 부처가
되지 않으면 마음은 부처를 나타낼 수 없는 까닭이다. 부처는 바로
마음이고 타는 바로 자이다. 성취하는 대상인 부처를 거두어 성취하
는 주체인 마음으로 돌아가는데, 이를 시심시불是心是佛이라고 한
다." /강의

134) 「차전문遮詮門」이란 그 그름을 쳐냄(遮遣)을 말하고 또한 그 나머
지를 가려냄(揀卻)을 말한다. 이를테면 열반은 불생불멸 진공적멸이
라고 말함은 공문空門의 언전言詮이자 차정문遮情門이다. 「표전문表
詮門」이란 그 옳음을 드러냄을 말하고 또한 자체를 곧장 보임을 말
한다. 이를테면 열반은 상락아정常樂我淨 삼덕을 비장하고 있다고 말
함은 유문有門의 언전言詮이자 표덕문表德門이다. 이 차전遮詮 표전
表詮이란 이름은 법상종法相宗에서 나오고 서정遮情 · 표덕表德의 목
目은 화엄종에서 나온다. 《종경록》 34에서는 공종空宗 · 성종性宗이
상위한 점을 판별한다. 그 십이十異 중 제6에서 "차전遮詮 표준表詮
의 다르다(異)함이란 차遮는 그 아님을 쳐냄을 말하고 표表는 그 옳
은 바를 드러냄을 말한다. 또한 차遮란 제경諸經을 가려냄이고 표表

없는 까닭이요, 만일 (마음과 경계가) 하나라고 집착하면 차전·표전의 언전은 하나가 아니니, 반연함이 없는 까닭이다." 하셨다. 또 《정명경》에 이르시길, "제불의 위신력으로 건립된 것이니라." 하셨다.

古德云:"若執心境爲二,遮言不二,以心外無別塵故;若執爲一,遮言不一,以非無緣故。"《淨名經》云:"諸佛威神之所建立。"

지자대사께서 이르시길, "대저 일향으로 무생無生을 관하는 사람(통교 보살)은 다만 자심의 이익만 믿고 바깥 제불 위신력의 가지를 믿지 않는다." 하셨다. 경에 이르시길, "안도 아니고 바깥도 아니로되, 안도 되고 바깥도 된다. 곧 안도 되는 까닭에 제불은 해탈을 심행 가운데서 구하고, 바깥인 까닭에 제불께서 호념護念하신다. 어찌 굳이 바깥의 이익을 믿지 않으려 하는가?" 하셨다.

智者大師云:"夫一向無生觀人,但信心益,不信外佛威加益。"經云:"非內非外,而內而外。而內故,諸佛解脫於心行中求;而外故,諸佛護念。云何不信外益耶?"

3-4 결론 맺어 설명하다

무릇 인연의 도와 진수進修의 문은 모두 온갖 인연이 이루어진 바요, 하나도 독립된 것은 없다. 만일 자력이 충분히 준비되어 있다면 곧 조력을 빌리지 않아도 될 것이다. 그러나 능히 자력으로 감당치

란 당체를 곧장 보임이다." 두순杜順은 화엄삼매華嚴三昧에서 말하길, "첫째 차정遮情이고 둘째는 표덕表德이다. 차정을 말함이란 묻건대 연기는 유有인가? 답하건대 아니다. 즉공卽空인 까닭이다."《불학대사전佛學大辭典/이문二門》/편주

못한다면 반드시 타인의 힘을 빌려야 한다. 비유하면 어떤 사람이
관청의 난에 처하여서 자력으로 풀려날 수 없다면 모름지기 힘 있는
사람의 구원을 빌리는 것과 같다. 또 무거운 물건을 끌어당길 때
자력으로 감당할 수 없으면 모름지기 여러 사람의 힘을 빌려야 비로소
움직일 수 있는 것과 같다. 다만 안으로 자신이 갖춘 덕을 헤아려
볼 것이요, 마침내 자신을 고집하여 다른 이를 방해해서는 안 된다.
또 혹 내력內力은 곧 자성自性이라고 고집해 말하거나, 혹 외력은
곧 타성他性을 이룬다고 말하거나, 혹 기감機感이 서로 투합함이
곧 공상共相이라고 하거나, 혹 비인비연非因非緣이라서 곧 인성因性이
없다고 한다면 이는 모두 집착함에 막혀 얽매임이요, 원성실성圓成實
性에는 들지 못함이다. 만약 진심을 깨닫고 본다면 곧 머무는 바가
없다.

夫因緣之道, 進修之門, 皆衆緣所成, 無一獨立。若自力充備, 卽不
假緣 ; 若自力未堪, 須憑他勢。譬如世間之人在官難中, 若自無力得
脫, 須假有力之人救拔。又如牽拽重物, 自力不任, 須假衆它之力,
方能移動。但可內量實德, 終不以自妨人。又若執言內力, 卽是自性 ;
若言外力, 卽成他性 ; 若云機感相投, 卽是共性 ; 若云非因非緣, 卽
無因性, 皆滯閡執, 未入圓成。若了眞心, 卽無所住。

4. 부처를 칭념하여 부처가 되다

4-1 질문을 베풀다

묻건대,《유마경》에 이르시길, "(스스로) 신체의 실상을 관하듯 부처님을 관함도 또한 그러하니라."135) 한 생각도 내지 않으면 천진天眞하여 단박에 밝으리라.136) 어찌하여 다른 부처님의 명호를 부르며 그 밖의 경전을 널리 염송하는가? 위아래의 괴로움에 윤회하고,137) 전후 생멸이 끊임없이 상속하며,138) 이미 선정을 방해하고 단지

---

135) 「여자관신실상如自觀身實相」이 문구를 또렷하게 이해하면 부처님을 친견하게 된다. 우리의 현재 신체는 가상으로 생긴 것이다. 사람은 태어나서 소년, 장년을 거쳐 노쇠하는 과정에 이 신체는 내가 아니다. 설사 성불하였을지라도 이 신체는 당신이 아니다. 어떤 사람은 그가 신체의 실상을 관했다고 말한다. 그는 좌선할 때 자신의 육신이 여기에 있는데 또 다른 신체 하나가 허공에 서있음을 보았다고 한다. 이는 환상이다. 우리가 백골관白骨觀이나 안나반나(安那般那; 수식관)를 닦는 것은 모두 수행법이지 목적이 아니다. 수행법의 목적은 「신체의 실상을 관할」 수 있어야 한다. 그래서 유마 거사는 어떻게 여래를 진견하여야 하는가 대해 답하길, "스스로 신체의 실상을 관하듯" 하라고 말한다. 실상은 본래 공하다. 이것이 바로 지혜오도智慧悟道이다. 내가 자신의 신체의 실상이 공임을 관한다. 그래서 「관불연역觀佛亦然」, 내가 부처님의 신체를 관함도 이렇게 공하다. _《유마힐경강해維摩詰經講解》, 남회근南懷瑾 국사 /편주

136) "이理는 조작함이 아닌 까닭에 「천진天眞」이라 하였고, 증지證智가 원만히 밝은 까닭에 「독랑獨朗」이라 하였다."《마하지관보행전홍결집주摩訶止觀輔行傳弘決輯注》/편주

137) "윤회하는 가운데 높은 지위를 다 누리면 반드시 떨어진다. 아무리 많은 재산을 축적하였을지라도 마침내 반드시 거의 다 흩어진다. 친구 등의 사람들이 모였다가 마침내 이별을 면하기 어렵다. 기쁘든 기쁘지 않든지 상관 없이 일은 이런 일들이 일어나고 만다. 이것이 윤회의 본질이고, 수많은 위아래의 괴로움이다." _조파梭巴 린포체 법어

138) "그러나 이와 같이 진여무위성眞如無爲性과 허공무위성의 아뢰야식阿賴耶識은 오히려 생멸성을 갖추어 일체 종자의 현행이 끊임없이 흘러내려(流注) 전후 생멸이 끊임없이 상속하게 된다."《등영燈影-등

음성만 따를 뿐이다. 물이 흔들리면 구슬 빛이 흐려지나니, 어찌 은밀히 계합할 수 있겠는가?

問 : 經云 :「觀身實相 , 觀佛亦然。」一念不生 , 天眞頓朗。何得唱他佛號 , 廣誦餘經？高下輪廻 , 前後生滅；旣妨禪定 , 但徇音聲。水動珠昏 , 寧當冥合？

4-2 바로 답하다

답하되, 대저 소리란 온갖 뜻을 간직하는 곳간이며 말이란 모두 해탈의 문이 되나니, 일체 부류의 소리는 소리마다 법계가 된다. 경에 이르시길, "하나하나 제법마다 일체 법을 머금고 있느니라."[139] 하셨다. 그래서 한마디 말과 소리 가운데 모두 감싸 안아 바깥이 없나니, 십계를 구족하고 삼제의 이치가 원만함을 알지라. 어찌하여 이것은 부정하고 저것만 소중히 여겨 상相을 여의고 진眞을 구하려 하며, 움직이고 고요함의 근원은 궁구하지 않고 드디어 말하고 침묵하는 사이에 잃고 마는가. 그래서 경에 이르시길, "일념이 처음 일어날 때에 처음이라는 상이 없음이 곧 진실한 호념護念이니라." 하셨다.[140] 반드시 생각을 쉬고 음성이 사라져야 바야흐로 은밀히

하묵燈下黑》 평실平實 거사/편주

139) "한 성품이 일체 성에 원만히 통달하고 한 법이 일체법을 두루 머금는다. 한 달이 일체 물에 두루 나타나고 일체 물에 비친 달을 한 달이 포섭한다. 제불의 법신은 나의 자성으로 들어가고 나의 자성은 다 같이 여래와 합하도다."《증도가》영가 선사永嘉禪師 /편주

140) 이 세 구는《화엄경》및《기신론》의 글을 인용하여, 염하되 무념이고, 이제二諦가 원융하면 염불하여 부처님을 친견하고 제불의 호념을 얻음을 증명한다. 예를 들면 아미타불을 칭념하고 마음을 일으켜 입으로 일념을 내는 가운데 능념能念 소념所念의 성품이 공적空寂하여 염이 곧 무념이고 무념이되 염임을 깨닫는다. 이 무념이되 염하는 불념은 연기성공緣起性空으로 최초에 일어나는 얻을 수 있는 실

실상에 통하는 것은 아니다. 이러므로 장엄의 문 안에는 만행이
이지러짐 없이 갖추어있고, 진여의 바다 가운데 털 한 올도 버리지
않는다. 게다가 일과 삼아 존호尊號를 염하라는 가르침이 경문에
밝혀져 있거니와 한 번이라도 염하면 진사겁塵沙劫의 죄를 소멸하고
십념十念을 갖추면 형상이 정토에 깃든다(왕생한다). 위험에서 건지고
고난에서 빼내며, 업장을 다하고 업원業冤을 소멸하여 일생에 잠시라
도 괴로움의 깊은 강나루141)에서 헤어날 뿐만 아니라 이 인연에
맡겨서 마침내 깨달음의 바다(覺海)에 몸을 던진다.

答：夫聲爲衆義之府，言皆解脫之門，一切趣聲，聲爲法界。經云：
「一一諸法中，皆含一切法。」故知一言音中，包羅無外，十界具足，
三諦理圓。何得非此重彼，離相求眞，不窮動淨之源，逐致語默之失。
故經云：「一念初起，無有初相，是眞護念。」未必息念消聲，方冥實
相。是以莊嚴門內，萬行無虧；眞如海中，一毫不捨。且如課念尊號，
教有明文。唱一聲而罪滅塵沙；具十念而形棲淨土。拯危拔難，殄障消
冤，非但一期暫拔苦津，託此因緣終投覺海。

4-3 인용하여 증명하다

그래서《법화경》에 이르시길, "만일 어떤 사람이 산란한 마음으로

법實法이 없고, 오히려 연기의 명구名句 문성文聲에 진실한 상용相用
이 있어 아미타부처님 본원과 감응도교 할 수 있고, 부처님께서 섭
수하시어 극락에 왕생하고 내지 일생에 성불하는 불가사의한 역용을
얻는다. 이를 부처님의 진실한 호념이라 하고, 또한 불법의 진실한
수용이라고 한다. /강의
141)《지도론智度論》11에 말씀하시길, "만물은 무상한데, 오직 복만을
믿을 수 있겠는가? 장차 사람이 괴로움의 깊은 강나루를 벗어나야
대도를 통달할 수 있으리라."《법화현찬法華玄贊》1에 말씀하시길,
"무리들로 하여금 괴로움의 깊은 강나루를 여의게 하여 마침내 깨달
음의 언덕에 오르게 하리." 자은대사慈恩大師 규기窺基 /편주

탑묘塔廟 중에 들어가서 한마디 나무불을 부르면 모두 불도를 이루게 되리라."142) 하셨다. 또 《아미타경》에 이르시길, "부처님의 명호를 수지하는 이는 모두 일체제불의 호념護念을 받는다."143) 하셨다.

---

142) "설사 이 사람이 평상시 망상이 매우 많아 마음속으로 탐진치에 이끌리는 대로 산란하여 육근을 쉽게 거둬들이지 못하더라도 단지 절에 들어가 기꺼이 부처님 전에 합장하고 혹 예배 장궤長跪하고 마음속으로 한마디 부처님 명호를 염하면 모두 자기 자신을 위하여 성불의 인연을 심는다. 그래서 「백정의 칼을 내려놓으면放下屠刀」 「선 자리에서 성불할(立地成佛)」 수 있다. 또 불경에는 「한 생각 청정한 믿음으로 8만4천 번뇌 온갖 죄를 멸할 수 있다.」는 말이 있다. 단지 일심으로 청정한 명호를 염불하여 한 생각 청정한 믿음을 일으키면 가없는 죄악이 모두 이 청정심에 녹아버린다. 이는 캄캄한 방 안에 등을 켜기만 하면 암흑이 삽시간에 사라지고 광명이 나타날 수 있으니 수행과 학불은 이렇게 간단하다!"_성운 대사星雲大師 /편주

143) 《아미타경》에 이르시길, "사리불아, 선남자 선여인이 이 경을 듣고 수지하고 제불의 명호를 듣는다면, 이 모든 선남자 선여인은 모두 일체 제불의 「호념」을 받아 아뇩다라삼먁삼보리에서 물러나지 않을 것이니라." 하셨다. 어떻게 아미타경을 수지하고 제불의 명호를 듣는다고 곧 일체제불의 「호념」을 받는가? 생각건대 아미타부처님은 법계장신法界藏身이다. 그래서 아미타부처님 한 분을 염하면 곧 일체 제불을 염하는 것이다. 아미타부처님의 자비는 불가사의한 까닭에 단지 부처님 명호를 듣기만 해도 전심이든 산심이든, 믿든 믿지 않든 묻지 않고 이근에 한번 스치기만 해도 즉 제불의 호념을 받는데, 모두 장래에 제도를 받는 인연 종자를 이루고, 동체법성同體法性에 선근을 도와서 일으키는 힘이 있어 비록 빨리 불과를 증득할 수 없을지라도 성불의 먼 인연을 얻고 마침내 구경에 불퇴전지를 원만히 증득할 수 있어 불과를 향해 나아간다. 부처님 명호를 지념持念하는 공부가 개인마다 깊고 얕은 차이가 있어 받는 「호념」 또한 다름이 있다. 일체제불께서 「호념」하시는 정도에 따라 나누어 말하면 (1) 「이즉호념理卽護念」 이는 부처님 명호를 닫지 믿음으로 믿지만 염하지 않음을 가리킨다. (2) 「명자즉호념名字卽護念」 이는 부처님 명호를 듣지만 칭념을 전일하게 하지 않아 미래에 해탈하는 수승한 인을 심음을 가리킨다. (3) 「관행즉호념觀行卽護念」 이는 명호를 듣고 칭념하며 또한 경전을 믿고 이해하여 수지염송함을 가리킨다. (4) 「상사즉호념相似卽護念」 이는 명호를 듣고 칭념하고 또한 사일심불란事一心不亂을 얻어 견사혹見思惑을 끊고 진제眞諦의 이치를 증득함을

故經云：「若人散亂心，入於塔廟中，一稱南無佛，皆已成佛道。」又
經云：「受持佛名者，皆爲一切諸佛共所護念。」

《보적경寶積經》에 이르시길, "고성으로 염불하면 마군들이 물러나
흩어지느니라."[144] 하셨고, 《문수반야경》에 이르시길, "중생은 어리

가리킨다. (5) 「분증즉호념分證卽護念」 이는 명호를 듣고 칭념하고
또한 이일심불란理一心不亂을 얻어 진사무명塵沙無明을 일부 깨뜨리
고 진여실성眞如實性을 일부 증득함을 가리킨다. (6) 「구경즉호념究
竟卽護念」 이는 명호를 듣고 칭념하며 또한 42품 무명을 다 끊도록
염불함을 가리킨다. 이로써 일체제불의 호념을 입는 정도를 관해보
면 모름지기 학불 수행하는 사람의 『염불공력念佛功力』을 평가할 수
있다. 요컨대 학불수행하는 사람이 아미타경을 묻고 수지하여 일심
불란을 증득하면 지행이 구족하니, 「반야덕般若德」과 같고, 수지한
부처님 명호의 만덕이 온전히 드러나 구경심성에 이르니, 「법신덕法
身德」과 같으며, 염념이 생사중죄를 소멸하여 인행因行이 청정하니,
「해탈덕解脫德」과 같다. 이 세 가지 비장祕藏을 일체제불이 같이 증
득하고 또한 중생이 함께 갖추니 능념能念의 마음과 소념所念의 부
저가 모두 삼덕을 여의지 않는다. 이 경을 듣고 수지하는 자는 이와
같은 공덕이 있는 까닭에 일체제불의 호념을 얻을 수 있다. _임수진
林水鎭 거사 /편주

144) 산란심을 없애는 중요한 방법으로 가장 중요한 것은 음성에 존재
한다. 음성이 분기시켜 격려하지 않는다면 심념心念은 곧 속으로 아
는 채 우쭐거려서 산란심이 가라앉지 않는다. 음성을 분기시켜 격려
할 수 있다면 잡초를 뽑아내고 다른 풀을 뽑아 한 줄에 꿰어서 뒤에
지팡이를 타고 목숨을 마친다는 마음으로 상대하여 영원히 그 산란
의 우환을 끊어 없애는 것이 바로 그 첫 번째 의의이다. 음성 및 정
념의 광명이 비추어 미치면 모든 악념이 일으킨 재난과 화가 곧 얼
음과 서리처럼 사라져 버린다. 그리고 갖가지 공덕의 총림이 수많은
산의 소나무처럼 무성하여 시들지 않음이 그 두 번째 의의이다. 나
아가 염불하여 정토에 왕생한 후 아미타부처님의 자마금빛깔 용안을
뵘은 곧 광명이 번쩍이고 온갖 색채 서광을 놓으며, 설법하실 때 칠
보의 하늘 꽃이 부슬부슬 비 내리듯 허공에서 떨어져서 이러한 갖가
지 수승함이 손가락으로 손바닥을 가리키는 것처럼 쉬운데, 이것들
모두가 고성염불로 인한 까닭이니, 이것이 바로 세 번째 의의이다.

석고 둔하여 관해도 이해할 수 없나니, 염하는 것과 소리 내는 것이 서로 이어지게 하면 저절로 불국토에 왕생할 수 있으리라"145) 하셨

또한 큰 나무 큰 돌을 운반할 때 너무 무거워서 실어 나르지 않을 수 없듯이 우렁찬 소리로 동시에 구호를 외치기만 하면 소리를 따라 나무와 돌을 표연히 가볍게 들 수 있으니, 이것이 네 번째 의의이다. 외도와 마군 등 적의 대중과 서로 전쟁할 때 정면에 깃발과 북을 만날 때 만약 음성과 선율을 차와 말로 군대가 이동할 때 쓰면 굳건하고 가지런한 마음으로 강한 적을 공격해 무찌르니 이것이 다섯째 의의이다. 음성은 이와 같이 여러 가지 의의를 이미 갖추고 있으니, 싫어할 이유가 있겠는가? 이 때문에 시끄러운 소리와 고요함 양자 모두 중시하고 모두 갖추며, 나아가 지관을 동시에 운영하여 부처님의 뜻에 합하면 매우 좋지 않겠는가? 선정과 지혜를 만약 균등히 할 수 있다면 동시에 마음과 부처가 서로 사라지니, 이는 당신이 묻는 문제와 같다. 이런 까닭에 여산廬山 혜원 대사慧遠大師께서는 《염불삼매서念佛三昧序》에서 이르시길, "공덕이 높고 넓어 정진수행하기 용이하여 염불만큼 우선 삼을 것이 없다. 나는 언제나 부처님 명호의 불가사의한 소리를 알아차리고 매번 마음의 현을 퉁길 때마다 마음속 부처님 명호를 잘 듣기만 하면 언제나 나를 얽매는 번뇌를 곧 녹여버릴 수 있다. 나를 가로막는 정식의 집착(執情)도 막힘없이 서로 통하고 탁 트여 밝아지기 시작한다. 만약 천하 사이에 지극히 심묘한 염불법문이 아니라면 또 누가 있어 이처럼 현묘할 수 있겠는가?" 하셨다. 만약 어떤 증명이 있는가 말하라고 하면 《화엄경》의 게송에서 하신 말씀만한 것이 없다. "차라리 무량한 괴로움 받으리니, 부처님 음성 들을 수 있다면(寧受無量苦 得聞佛音聲) 일체 즐거움을 받지 않으리니, 부처님 명호 듣지 못한다면(不受一切樂 而不聞佛名)" 진실로 이와 같아서 부처님 명호의 음성이 시방에 멀리 떨쳐 중생의 선근을 일으키고 보리심의 싹을 움트게 함이 대지를 울리는 봄날 우레 소리에 놀라고 쏘여 온갖 풀이 진동하는 것과 같으니, 어찌 염불소리를 경시하고 헐뜯는가? _《염불삼매보왕론백화천석念佛三昧寶王論白話淺釋》, 비석飛錫 화상, 법선法宣 법사 /편주

145) 이 말은 《화엄경》에서 지혜를 대표하는 문수보살께서 하신 말씀입니다. 중생은 확실히 어리석고, 확실히 느리고 둔합니다. 「관불능해觀不能解」, 해解는 이해입니다. 대소승법은 수행 면에서 말하면 모두 「지관止觀」 두 글자로 대표됩니다. 지止는 정지로, 내려놓음입니다. 관觀은 조견照見으로, 명료함입니다. 관해도 이해할 수 없는데, 왜 그렇습니까? 어리석고 둔하기 때문입니다. 여기서는 염불법을 사용하여 염하는 것과 소리 내는 것이 서로 이어지게 하라고 가르칩니

다.

《寶積經》云 :「高聲念佛 , 魔軍退散。」《文殊般若經》云 :「衆生愚鈍 ,
觀不能解 , 但令念聲相續 , 自得往生佛國。」

《지도론》에 이르시길, "비유컨대 어떤 사람이 태어날 때부터 곧
날마다 천리를 걸어 일천 년 동안 가득 채운 칠보를 가지고 부처님께
공양한다 해도 어떤 사람이 부처님 멸도 후 악세에서 한마디 부처님
명호를 소리내어 칭념하는 것만 같지 못하나니, 왜냐하면 그 복덕이
저 사람보다 더욱 뛰어나기 때문이다." 하셨다.146) 또 《대품경》에
이르시길, "어떤 사람이 산란한 마음으로 염불하면 괴로움이 끝나고

다. 한마디 아미타불을 잘 염하려면 대세지보살께서는 「정념이 서로
이어지게 하라(淨念相繼)」고 가르치셨습니다. 왜 정淨이라고 합니까?
의심하지 않고 뒤섞지 않는 것을 정淨이라 합니다. 상계相繼는 바로
한마디 이어서 한마디 줄곧 염해나가는 것입니다. 날마다 일이 있으
면 그대로 일을 하고, 일을 끝내고 염불하여 부처님 명호를 드는 것
이 상계相繼입니다. 혹자는 머리를 사용하는 일이 아니라 일을 하면
서도 염불할 수 있습니다. 머리를 사용해야 하는 경우 염불을 멈추
고 전심으로 일을 하고 일을 끝내고 다시 부처님 명호를 드는 사람
이 진실한 염불입니다. 이 방법은 우리가 망념이 없어지도록 돕습
니다. 이것이 염불의 제일목표입니다. 한마디 부처님 명호로 모든 망
념을 취하여 그것을 교체하는 것입니다. 염불의 이치가 여기에 있습
니다. 염불하는 가운데 뒤섞음이 있으면 왕생할 수 없습니다. 염불하
여 왕생하려면 반드시 정념이 이어져야 합니다. 현재 정념이 없으면
염불이 있어도 청정하지 못합니다. 마음이 청정하지 못한데 어떻게
왕생할 수 있겠습니까? 《정토대경해연의淨土大經解演義》, 정공 법사
/편주

146) "비유하면 어떤 사람이 일생 동안 날마다 천 리를 걸어서 일천
년을 꼬박 걸었다고 하면 얼마나 멀리 걸었겠습니까! 이 온통 땅에
가득 찬 보배를 전부 부처님께 공양한다면 그 공덕은 석가모니부처
님께서 멸도하신 후 한 마디 「나무아미타불」을 소리내어 칭념하는
것보다 못합니다." _《염불승이念佛勝易》 정종淨宗 법사 강술 /편주

그 복이 다함이 없느니라." 하셨다.[147)]

《智論》云：「譬如有人初生墮地，卽得日行千里，足一千年滿中七寶，以用施佛，不如有人於後惡世稱一佛聲，其福過彼。」《大品經》云：「若人散心念佛，乃至畢苦，其福不盡。」

《증일아함경增一阿含經》에 이르시길, "한 염부제의 일체 중생에게 사사공양四事供養한다면 공덕이 한량이 없으리라. 그러나 만일 어떤 중생이 선한 마음이 이어져서 부처님 명호를 우유를 짜는 시간동안[148)] 부른다면 얻는 공덕은 그보다 뛰어나서 불가사의·무량하리라."[149)] 하셨다. 또 《화엄경》에 이르시길, "자재한 마음에 머무는

---

147) 「대품大品」은 대품반야입니다. 「어떤 사람이 산심으로 염불하면」, 이는 일심이 아님을 변별하여 염불의 복보가 크고 불가사의함을 설명한 것입니다. 복을 닦으려면 어떤 수행법이어야 합니까? 염불하면 좋습니다. 기꺼이 염불하는 사람은 복이 있습니다. 이것이 산심으로 염불한다는 말입니다. 「고가 끝나고 그 복이 다함이 없느니라」, 필畢은 끝난다는 뜻입니다. 고苦는 과보果報인데, 과보가 다합니다. 과보가 다하면 어떤 사람입니까? 소승에서는 아라한이라고 말합니다. 아라한은 고인고과苦因苦果가 모두 완료되고 업이 다합니다. 대승 십지보살, 법운지法雲地의 보살은 견사번뇌見思煩惱·진사번뇌塵沙煩惱·무명번뇌가 다 끊어지고, 분단생사分段生死·변역생사變易生死가 전부 다하여 당신의 복보가 다하지 않습니다! 복보가 너무나 큽니다. 이것이 산심염불散心念佛인데 일심염불은 더 말할 필요가 없습니다. 일심으로 염불하면 서방극락세계에 가서 성불합니다. 이는 염불의 복보가 매우 크고 불가사의함을 설명한 것입니다."_《아미타경소초연의阿彌陀經疏鈔演義》, 정공 법사 /편주

148) 우유를 손으로 짜는 순간을 일구一搆로 여겼다. 우유를 짬을 말한다._《마하지관보행전홍결摩訶止觀輔行傳弘決》/편주

149) "사사四事는 의복·음식·침구·탕약으로 생활필수품입니다. 일상용품을 지구상의 일체중생에게 공양한다면 즉, 그들의 의식주 모든 일체를 모두 제공한다면 당신의 공덕이 얼마나 크겠습니까? 당연히 큽니다. 그러나 어떤 사람이 우유를 짜내는 긴 시간에 「나무아미타

염불문이니, 자심의 모든 욕락을 따라서 일체제불께서 그 형상을 나타내시는 줄 아는 연고이라."150) 하셨다.

불」을 칭념하면 그 공덕은 매우 커서 양자간의 차이를 생각할 수 없습니다. 왜 이렇게 말합니까? 왜냐하면 이런 행위(사사四事 공양)는 유위·유루有漏로 출리出離의 인을 지을 수 없고 해탈할 수 없습니다. 「나무아미타불」 명호는 진실·무위無爲·무루無漏로 정토에 이르러 성불하는 공덕입니다! 、이 한마디 명호는 아미타부처님께서 인지因地에서 청정심으로 불가사의 조재兆載 영겁토록 수행한 공덕입니다. 어떻게 그것과 견줄 수 있겠습니까?"_《염불승이念佛勝易》정종淨宗 법사 /편주

150) 「자재한 마음에 머무는 염불문이니 그 자심의 모든 욕락을 따라서 일체여래께서 그 형상을 나타내시어 감득함을 보는 연고이라(住自在心念佛門 隨其自心所有欲樂 一切如來現其影像咸得見故)」「자재한 마음에 머무는 염불문이니」, 자재自在함은 우리 모두 매우 부러워하고 바라는 경계입니다. 그러면 누가 자재를 얻습니까? 관세음보살께서 자재를 얻으셨습니다. 《반야심경》의 관자재觀自在 세 글자에서 관觀은 공부이고, 자재는 과보입니다. 관은 인因이고 자재는 과果라고 말할 수 있습니다. 《왕생론》에서 세친보살께서는 우리들에게 다섯 가지 염불방법을 가르쳐주셨습니다. 그 하나가 관찰입니다. 육근이 육진六塵경계에 접촉할 때 분별·집착하지 않는 것이 관찰입니다. 염불에서 관이 없는 것이 아닙니다. 일반적으로 선종에서 관을 매우 중시합니다. 지관止觀에서 지止는 바로 망념을 그침이자, 망상·분별·집착을 그침입니다. 관觀은 무엇입니까? 바깥 경계에 또렷하고 분명한 것입니다. 염불에서도 지관이 있습니다. 그래서 염불도 선이라고 합니다. 《대적경大積經》에 이르길, "염불은 무상심묘선無上深妙禪"이라 하셨습니다. 그 속에는 관의 말이 없는데, 무상심묘선을 어떻게 설법합니까? 자재함을 얻으려면 분별이 없어야 합니다. 생각을 관찰로 변화시킬 수 있으면 자재함을 얻을 수 있습니다. 「그 자심의 모든 욕락을 따라서」 망상·분별·집착을 간파하고 내려놓은 후 불자의 욕락은 일반인과 같을 리 없습니다. 불자에게는 어떤 욕망이 있습니까? 아마도 불자의 욕망은 경전에서 말한 대로 「경전을 수지·독송하고, 남을 위해 연설하는 것」입니다. 불자는 틀림없이 이 같은 욕망이 있습니다. 불자는 반드시 이를 즐거운 일로 진실한 즐거움으로 삼아야 합니다! 세상의 모든 일체 즐거운 것들에는 이런 즐거움이 없습니다. 세상 사람들도 남을 돕는 것이 쾌락의 근본이 되고, 남을 돕는 것이 즐거운 일임을 알고 있습니다. 그러나 이런 즐거움에는 진짜가 있고 거짓이 있으며, 반쯤이 있고 가득 참이 있으며, 치우침이 있고 원만

《增一阿含經》云：「四事供養，一閻浮提一切眾生，功德無量；若有眾生，善心相續，稱佛名號，如一搆牛乳頃，所得功德過上，不可思議，無能量者。」
《華嚴經》云：「住自在心念佛門，知隨自心所有欲樂，一切諸佛現其像。」

그래서 비석 화상飛錫和尙께서는《고성염불삼매보왕론》에서 이르시길, "큰 바다에서 목욕하는 사람이 이미 온갖 시냇물을 쓰는 것처럼 부처님 명호를 염하는 사람은 반드시 온갖 삼매를 이루리라. 또한 마치 물을 맑히는 구슬을 흙탕물에 넣으면 흐린 물이 맑아지지 않을 수 없는 것처럼, 염불을 산란한 마음에 던지면 산란한 마음이 부처가 되지 않을 수 없다. 이미 이렇게 계합하였다면 마음과 부처가 함께 사라진다. 함께 사라지니 곧 선정이요, 함께 비추니 곧 지혜다. 선정과 지혜가 이미 균등하니 또한 어떤 마음인들 부처가 아니겠으며, 어떤 부처인들 마음이 아니겠는가? 마음과 부처가 이미 그러하다면 모든 경계, 모든 반연이 삼매 아님이 없다." 하셨다. 누가 다시 이를 근심하

한 것이 있습니다. 오직 남을 깨닫도록 돕고, 남을 정토에 태어나길 구하도록 도우며, 그가 성불하도록 도와야 비로소 큰 즐거움이고 진실한 즐거움입니다. 세간법과 출세간법에서 단지 이 일만이 진짜이고, 다른 것은 모두 가짜입니다. 가짜는 내려놓아야 합니다. 가짜를 마음속에 두지 말고, 진짜를 마음에 두어야 합니다. 그래서 이 점이 대단히 중요합니다. 우리가 「자재한 마음에 머무는 염불」을 말하면 이익이 매우 큽니다. 「그 자심의 모든 욕락을 따라서」 반드시 당신의 욕망, 당신의 환희가 반드시 제불과 같아서 경전을 독송하고 수지하여 남을 위해 연설演說해야 합니다. 일상생활 가운데 이를 표연하고 모두 성취하여야 한다. 진성심眞誠心·청정심淸淨心으로 줄곧 염불하여 오랜 세월이 지나면 저절로 효과가 있습니다. 「일체 여래께서 그 형상을 나타내시어 감득함을 보는 연고라」, 이는 바로 감응도교感應道交입니다. 염불 속에는 반드시 이런 경계가 있습니다. 이런 경계가 나타날 때 결코 상에 집착해서는 안 되고, 다른 사람에게 말할 필요도 없습니다. 일체에 집착하지 않으면 상응하고, 상에 집착하면 상응하지 않음을 명심해야 합니다. _《화엄경보현보살행원품소華嚴經普賢菩薩行願品疏》강설, 정공 법사 /편주

여 마음을 일으키고 생각을 움직여 고성으로 염불하겠는가? 그래서 《업보차별경業報差別經》에 이르시길, "고성으로 염불하고 경전을 염송하는 수행에 열 가지 공덕이 있나니, 첫째 잠을 내보내고, 둘째 천상 마군이 놀래 두려워하며, 셋째 소리가 시방에 가득 퍼지고, 넷째 삼악도의 괴로움이 쉬며, 다섯째 바깥 소리가 섞여 들어오지 못하고, 여섯째 마음이 흩어지지 않게 하며, 일곱째 용맹한 마음으로 정진하게 하고, 여덟째 제불께서 기뻐하시며, 아홉째 항상 삼매가 현전하고, 열째 정토에 태어나느니라." 하셨다.

> 故飛錫和尚《高聲念佛三昧寶王論》云:「浴大海者, 已用於百川;念佛名者, 必成於三昧。亦猶淸珠下於濁水, 濁水不得不淸;念佛投於亂心, 亂心不得不佛。旣契之後, 心佛雙亡。雙亡定也, 雙照慧也。定慧旣均, 亦何心而不佛, 何佛而不心?心佛旣然, 則萬境、萬緣, 無非三昧也。」誰復患之, 於起心動念, 高聲稱佛哉?故《業報差別經》云:「高聲念佛誦經, 有十種功德:一、能排睡眠。二、天魔驚怖。三、聲遍十方。四、三塗息苦。五、外聲不入。六、令心不散。七、勇猛精進。八、諸佛歡喜。九、三昧現前。十、生於淨土。」

《군의론群疑論》에 이르시길, "묻건대 이름의 성품이 공하므로 제법을 자세히 설명할 수 없는데, 사람들에게 부처님의 명호를 전일하게 부르게 한다면 식사를 이야기하는 것만으로 배고픔을 충족시키려는 것과 무엇이 다르겠는가? 답하되, 만일 이름이 쓸모가 없으면 제법의 본체를 드러낼 수 없고, 또한 불을 가져오라고 했는데 물을 가지고 오면 되겠는가. 따라서 알지니, 통발과 올무를 쳐놓으면 헛되지 않아 고기나 토끼를 여기서 얻는다. 그래서 범왕이 부처님께 정법륜正法輪을 굴리시도록 간절히 권청勸請151)하시매 대성인께서 드디어

---

151) 첫째 정성으로 부처님께 설법해 주기를 원하는 것이고, 둘째 열반

근기에 응하시어 일승묘지를 널리 펴시자 사람과 천인, 범부와 성인
이 다 함께 바른 말씀을 받들고, 오도五道·사생四生이 모두 유훈을
좇았다. 자세히 듣고 독송하면 그 이익이 크고 깊으며, 또한 부처님
명호를 칭념하면 반드시 정토에 왕생하리라. 어찌 이름이 헛되고
임시적이라 말하여 얻지 않을 수 있고, 말씀을 드러냄이 있지 않겠는
가.

《群疑論》云:「問:名字性空, 不能詮說諸法。教人專稱佛號, 何異說
食充飢乎? 答:若言名字無用, 不能詮諸法體, 亦應喚火水來, 故知
筌蹄不空, 魚兔斯得。故使梵王啟請轉正法輪, 大聖應機弘宣妙旨;
人天凡聖咸稟正言, 五道四生並遵遺訓。聽聞讀誦, 利益弘深; 稱念
佛名, 往生淨土。亦不得唯言名字虛假, 不有詮說者乎。」

또 논論에 이르시길, "묻건대 무엇을 인하여 한번 염불한 힘이 능히
일체 업장을 끊을 수 있는가? 답하되 마치 전단향 하나가 능히 사십유
순의 이란림伊蘭林을 뒤덮는 것과 같고, 또 비유하면 어떤 이가 사자의
힘줄로 거문고의 줄을 만들어 쓰면 그것을 한 번 튕기는 소리에
나머지 줄이 모두 다 끊어지고 마는 것과 같으니, 만일 보리심 가운데
서 염불삼매를 행한다면 일체 번뇌 일체 업장이 모두 다 단멸해
버리고 마는 것이다."152) 하셨다.

에 들려하는 부처님께 오래도록 이 세상에 계시기를 원하는 것을 말
한다. 부처님께서 최초 성도 후 21일 동안 사유하며 설법하기를 주
저하셨다. 즉 부처님의 깨달은 경지가 심심미묘하여 세간의 일체 상
대에 얽매인 생각으로는 도저히 알아듣지 못할 뿐 아니라 오히려 정
법을 비방하는 허물까지 짓게 될 것이므로 주저하신 것이다. 그러나
범천왕梵天王이 이 뜻을 알고 부처님께 나아가 재삼 간절하게 권청
하였다. 이것이 권청의 시초라고 한다. 특히 밀교에서는 권청을 중요
시한다. /편주
152) 도작道綽 선사께서 《안락집安樂集》에서 이르시길, "부왕은 부처님

論云:「問:何因一念佛之力,能斷一切諸障?答:如一香梅檀,改四十由旬伊蘭林悉香;又譬如有人用師子筋以爲琴弦,其聲一奏,一切餘弦悉皆斷壞。若人菩提心中,行念佛三昧者,一切煩惱、一切諸障,皆悉斷滅。」

《대집경》에 이르시길, "혹 하루 밤낮이나 혹 이레 밤낮이라도 다른 업을 짓지 않고 지극한 마음으로 염불할지니라. 크게 염불하면 큰 부처님을 친견하고 작게 염불하면 작은 부처님을 친견하느니라."[153]

___

께 묻기를, 「염불의 공덕, 그 모습은 어떠합니까?」 하니, 부처님께서 부왕에게 이르시길, 「마치 이란림伊蘭林이 바야흐로 40유순인데, 우두전단牛頭梅檀이 한 그루 있지만 뿌리와 싹 뿐이고 아직 흙에서 나오지 않았으며, 그 이란림은 오직 냄새뿐이고 향기가 없습니다. 만약 그 꽃과 열매를 먹는다면 발광하여 죽습니다. 뒤에 전단의 뿌리와 싹이 점점 성장하여 나무를 이루고자 하여 향기의 번창을 이루어내면 이 숲을 변화시킬 수 있고, 두루 다 향기롭고 아름다워 중생이 보게 되면 모두 희유한 마음을 낼 것입니다.」 하였다. 부처님께서는 부왕에게 이르시길, 「일체 중생의 생사 가운데 일으키는 염불의 마음도 또한 이와 같습니다. 단지 계념繫念을 그치지 않을 수 있다면 결정코 부처님 전에 태어날 것입니다. 한번 왕생하기만 하면 일체 모든 악이 변하여 대자비를 이룰 수 있으니, 저 향나무가 이란림을 바꾸는 것과 같습니다.」 하였다. 「이란림」이란 중생의 몸 안에 세 가지 독(三毒)과 세 가지 장애(三障)가 가없는 중죄를 비유한 것이다. 「전단」이란 중생이 염불하는 마음을 비유한 것으로 일체중생이 단지 중단하지 않고 염불의 공덕을 쌓을 수 있다면 도업을 성취할 수 있다. _《반주삼매경 심요》(비움과소통) /편주

153) 두 개의 원문(대집일장분경)에서는 "크게 염불하면 큰 부처님을 친견하고 작게 염불하면 작은 부처님을 친견하느니라(大念見大佛 小念見小佛)."라고 말씀하였다. 고덕께서 해석하여 이르시길, "큰 소리로 염불하면 몸이 큰 부처님을 친견하고, 작은 소리로 염불하면 몸이 작은 부처님을 친견한다." 하셨다. 또 이르시길, "큰마음으로 염불하면 몸이 큰 부처님을 친견하고 대보리심으로 염불하면 곧 수승미묘한 응신이나 혹 보신의 부처님을 친견한다.《인광법사문초속편印光法師文鈔續編》, 인광 대사 /편주

하셨다. 또《문수설반야경》에 이르시길, "문수보살이 부처님께 여쭙기를, 「어떻게 하면 아뇩보리를 빨리 증득할 수 있겠습니까?」하니, 부처님께서 답하시기를, 「일행삼매一行三昧가 있느니라. 일생삼매에 들고자 하는 이는 마땅히 공한처空閑處에서 모든 산란한 뜻을 버리고, 어떤 모습도 취하지 않으며, 마음을 한 부처님께 매어두고 전일하게 부처님 명호를 염할지니라. 부처님의 방소를 따라서 몸을 단정하게 하고 바로 향하여 한 부처님을 염념함이 이어지면 곧 염하는 가운데 과거·현재·미래 제불을 친견하리라. 밤낮으로 늘 설하여도 지혜변재가 마침내 끊어지지 않으리라.」하셨다."154) 하셨다.

---

154) 법계일상法界一相이란 법계는 다함이 없는 까닭이고, 상이 없는 까닭이며, 허공과 같은 까닭에 곧 반야바라밀이다. 심연心緣을 법계에 매어다는 것을 곧 일행삼매라 한다. 심연을 법계에 매어달고 곧 반야바라밀을 수학한다. 그래서 「일행삼매에 들어가려면」 응당 먼저 반야바라밀을 말씀대로 수학하고 그런 후에 일행삼매에 들어갈 수 있다. 「공한처空閑處」란 홀로 텅 비고 한가한 곳에 거처함을 뜻하는 것이 아니라 오욕五欲·오개五蓋를 멀리 여읨을 말한다. 오욕이란 안·이·비·설·신·의로 색·성·향·미·촉을 탐착하는 것이고, 오개란 탐욕의 덮개·진에瞋恚의 덮개·도회掉悔의 덮개·수면의 덮개·의심의 덮개를 말한다. 오욕이란 전오식前五識에 있고 오개란 제6의식에 있다. 전오식이 오진五塵과 분별하지 않고 제6식이 오개와 분별하지 않아 이에 번뇌(結賊)를 허물 수 있음을 이름하여 안은安隱이라 한다.《대방광삼계경大方廣三戒經》에 이르시길, "어떻게 안은하는가? 분별이 없음이라." 하셨다.《대반열반경大般涅槃經》에서 말씀하시길, "번뇌結賊를 허무는 까닭에 안은이라 이름한다." 이와 같이 안은한 까닭에 공한처라 이름한다고 말하였다. 「모든 산란한 뜻을 버리고, 어떤 모습도 취하지 않으며,」 왜 모습을 취하지 않는가? 왜냐하면 모습을 취하면 분별이 생기고 분별이 생기면 여법하게 법계에 인연할 수 없다. 그래서 관을 닦음은 이러한 상을 취함이 아니라고 말하고, 행인이 관을 닦으려고 하면 응당 경교經敎에 의지하여 하고, 망녕되이 분별심으로 상을 취하여 집착해서는 안 된다. 그래서《관무량수불경》에서는 행인에게 모름지기 16관에 의해 닦음을 일으켜야 한다고 말하고, 이처럼 관하는 자는 정관正觀이라 하고 이처럼 관하지 않는 자는 모두 사관邪觀이라 한다고 말한다. 「마음을 한 부처님께 매어두고 전일하게 부처님 명호를 염할지니라.」 제불은 법계

《大集經》云 :「或一日夜 , 或七日夜 , 不作餘業 , 志心念佛。小念見
小 ; 大念見大。」又《般若經》云 :「文殊問佛 : 云何速得阿耨菩提 ? 佛
答 : 有一行三昧。欲入一行三昧者 , 應須於空閑處 , 捨諸亂意。不取相
貌 , 繫念一佛 , 專稱名字。隨佛方所 , 端身正向。能於一佛念念相續 ,
卽是念中能見過去、未來、現在諸佛。晝夜常說 , 智慧辨才終不斷絕。」

신으로 중생심과 둘이 아니고 다름이 아니다. 그래서 부처님은 불가
사의하고, 중생 또한 불가사의하다고 말한다. 제불·중생 및 마음은
모두 공간으로 시방에 두루 하고 시간으로 삼세에 궁진하다. 그래서
마음과 부처·중생, 이 셋은 차별이 없다고 말한다. 마음을 한 부처
님께 매어두면 마음을 딴 것에 팔지 않는다. 만약 마음을 딴 것에
팔지 않고 전심으로 부처님 명호를 부를 수 있다면 당하에 곧 아상
·인상·중생상을 여읠 것이다. 사상을 이미 여읜 까닭에 모든 상을
취하지 않고 마음에 분별이 없다. 비록 마음이 상을 취하지 않고 분
별이 없어도 오히려 또한 무념에 떨어지지 않는다. 왜냐하면 부처님
의 성호를 역력히 분명하게 염하는 까닭이다. 비록 분명하게 염할지
라도 오히려 바로 상을 취하지 않고 모든 생각이 없다. 이와 같이
염하되 무념이고, 무념이되 염하면 법계와 청정일여이다. 이를 "일념
이 청정하면 일념이 부처이고, 염념이 청정하면 염념이 부처"라고
한다 「부처님의 방소를 따라서 몸을 단정하게 하고 바로 향하여」,
이는 이른바 향처수向處修이다. 서방극락세계에 태어나길 구하는 이
는 행주좌와 사위의四威儀 중에 서방으로 향하고 감히 서방을 향하
여 똥을 누거나 눈물을 흘리거나 침을 뱉지 않는다. 경에서 이르시
길, "만약 서방을 기억하고 서방에 부처님이 계심을 알면 왕생할 수
있다." 하셨다. 이 단락의 문자는 사수事修를 중시하고 부처님의 권
지權智를 내보인다. 이수理修는 비록 미묘할지라도 쉽게 받아들일 수
있는 사수에 못 미친다. 그래서 제불보살께서는 권지가 불가사의하
다고 말한다. 「한 부처님을 염념함이 이어질 수 있다면」, 염념함이
이어짐이란 정념상계淨念相繼를 말한다. 이 정념 가운데 과거·미래
·현재 제불을 친견할 수 있다. 왜 그러한가? 한 부처님을 염한 공
덕은 무량무변하다. 왜냐하면 제불은 법신이 동일하기 때문이다. 그
래서 한 부처님을 염한 공덕과 제불을 염한 공덕은 둘이 아니다. 그
래서 석가모니부처님을 염하면 시방제불이 모두 석가모니부처님이다.
아미타부처님을 염하면 시방 일체제불이 모두 아미타부처님이다. 왜
냐하면 법계가 하나인 까닭이고 법이 둘이 아닌 까닭이다. 《문수사
리소설마하반야바라밀경석요文殊師利所說摩訶般若波羅蜜經釋要》 지유
법사智諭法師 /편주

4-4 결론 맺어 설명하다

이러므로 알지라. 부처님의 위신력은 생각하기 어렵고 그 현묘한 신통력은 헤아리기 어려워서 마치 돌이 쇠를 끌어당기는 것 같고,155) 물을 강물에 쏟아 붓는 것과 같아서156) 오직 자념慈念의 선근력이라야 이와 같은 일을 볼 수 있나니,157) 지극한 마음으로 귀명하는 자는 신령스러운 감응이 분명할 것이다.

是知佛力難思 , 玄通罕測 , 如石吸鐵 , 似水投河 , 慈善根力 , 見如是
事 , 志心歸者 , 靈感昭然。

---

155) "부처님의 본원 명호는 자석에 잘 비교되고 중생의 신원지명은 생
철에 잘 비교된다. 설사 중생의 업장이 거듭 무거울지라도 모두 부
처님 본원에 섭수(끌어당김)되는 바가 되어 일념 내지 십념에 업을
진 채로 왕생하여 결정코 정토에 태어난다." /강의

156) "중생이 일념 내지 십념을 염불함은 한 방울의 물에 잘 비교된다.
아미타부처님 대원의 바다에 쏟아 부을 수 있으면 바닷물로 혼합되
어 전체가 큰 바다의 상과 같아 분별이 없다." /강의

157) "중생의 자념 선근력이 능히 감感하고, 아미타부처님의 자비본원
이 능히 응應하여 감응도교하는 까닭에 이와 같이 일이 있을 수 있
다. /강의

부처님 존호(尊號)를 염(念)하는 가르침은
경전에 널리 밝혀져 있다.
실로 한번만이라도 부처님 명호를 염하면
진사겁(塵沙劫)의 죄를 소멸하고,
십념(十念)을 갖추면 몸이 정토에 나서
영원히 위급한 환난에서 구제된다.
업장이 녹고 원액(寃厄: 원통과 재앙)이
소멸하여 길이 고통의 나루를 헤어날뿐만
아니라, 이 인연에 의탁(依托)한다면
마침내 각해(覺海)에 도달한다.
- 영명연수 선사
〈생사해탈의 오직 한 길〉 중에서

제4장 성과 상이 원융하여 상즉한다(性相融卽)

"《무량의경》에 이르시길, 무량의無量義라 함은 일법에서 나온다. 법이라 말함은 바로 진심眞心이다. 일진심으로부터 불변不變과 수연隨緣 두 가지 뜻을 갖춘다. 불변은 성性이고, 수연은 상相이며, 성은 상의 체이고 상은 성의 용이다(無量義經云 : 無量義者, 從一法生。所言法者, 卽是 眞心, 從一眞心具不變隨緣二義。不變是性, 隨緣是相。性是相之體, 相是性之用)."158)

1. 취하지도 버리지도 말라

1-1 질문을 베풀다

묻건대, (금강경에 이르시길) "무릇 모든 상은 다 허망하니라." 하셨다.159) 그러나 좋은 경계가 있다고 그것을 취하면 곧 마의 경계가 된다. 어찌하여 상에 집착하여 마음을 일으켜서 은밀한 감응을 바라는가?

問 : 凡所有相, 皆是虛妄。但有好境, 取卽成魔。何得著相興心, 而希 冥感耶?

1-2 바로 답하다

---

158) 무량중생의 진여 청정심은 만법의 근본이고 불변과 수연의 두 가지 뜻과 진여와 생멸의 두 가지 문을 갖추었다. 진여와 불변은 성이고, 생멸과 수연은 상이다. 성은 상의 체이고 상은 성의 용이다. 체용이 여의지 않는 까닭에 성과 상이 원융하여 상즉한다." /강의

159) 《금강경》의 이 문구가 상을 깨뜨려 없애고 성을 드러내는 가르침임을 깨닫지 못하고, 성상이 모두 공임을 오해하여 단멸견에 떨어진다. /강의

답하되, 수행력이 지극하면 성스러운 경계가 바야흐로 밝아지나니, 선연소생善緣所生으로 본래 이와 같이 구족되어 있기 때문이다.160) 그래서 십지十地를 증득하면 상相이 모두 현전한다.161) 그리하여 뜻이 간절하면 은밀히 가지加持하고 도가 높으면 마魔도 왕성하다. 혹 선사禪思162)에 미세하게 들어가면 다른 상相으로 변하고, 혹 예송禮誦함에 뜻이 간절하면 잠시 아름다운 상서가 보이기도 한다. 그러나 (이 모든 경계가) 유심惟心임을 깨닫는다면 보아도 보는 바가 없다.163)

---

160) 법이法爾란 본래 있는 그대로 이런 능력을 구족하고 있다는 뜻 / 편주

161) 이는《화엄경》십지품에 말씀한 것으로, "보살은 이 환희지에 머물러 수많은 부처를 친견하고 공경하며 공양할 수 있다. …… 보살은 초지에 머물러 마땅히 제불보살을 따라 초지 중의 상相과 득과得果를 청문하고, 또한 제2지地에서 제10지 중의 상 및 득과를 청문할지니라. 이와 같이 지地의 상相을 잘 알아 처음 초지에서 행을 일으켜 중단하지 않고, 이와 같이 내지 제10지에 들어가서 단절하지 않아 모든 지의 지혜광명으로 말미암는 연고로 여래의 지혜광명을 이루느니라." /편주

162) 두 가지 성질의「선사禪思」가 있다. 한 가지는 심지心智를 집중하여 개발한 것(사마타 혹 삼마지) 또는 즉 전정일심專精一心(심일경성心一境性)이다. 경전에서 서술한 각종 방법을 빌려서 최고의 신비경계로까지 인도하여 상승시킨다. 예를 들면 "무소유처無所有處"나 "비상비비상처非想非想處"이다. 이들 모든 신비의 경계는 부처님께서 설하신 바에 근거하여 모두 심조心造 · 심성心生 · 인연소성因緣所成이다. 그것들은 실상 · 진리 · 열반과 무관하다 . 이 같은 성질의 선사禪思는 불타가 세상에 있기 전에 이미 존재하였다. 비록 그것은 순수한 불교가 아닐지라도 그것은 불교 사상의 바깥으로 배제되지 않았다. 그러나 그것은 열반을 몸으로 증득하는데 필수적인 것은 아니다. 불타 그 자신은 정각에 있기 전에 일찍이 다른 스승 하에서 이들 유가선瑜伽禪을 수습하였고 또한 최고의 신비경계에 도달하였다. 그러나 그는 결코 그것에 만족하지 않았다. 왜냐하면 그것들은 결코 그에게 완전한 해탈을 줄 수 없었고, 그것들은 최종 실상의 내명內明을 증입하여 모두 갖추지 못하기 때문이다. 그는 이들 신비의 경계는 단지 "그 속에서 생존하는 쾌락생활"일 뿐이라고 여겼다. 어쩌면 "안상安詳한 생활"일 뿐이거나 이와 같을(如是) 뿐이다. /편주

만약 이를 취하면 마음 밖에 따로 경계가 생겨 곧 마사魔事를 이룬다. 만약 이를 버리면 선한 공능까지 폐기해 닦아 나아갈 문이 없다.

答:「修行力至, 聖境方明; 善緣所生, 法爾如是。故將證十地, 相皆現前。是以志切冥加, 道高魔盛: 或禪思入微, 而變異相; 或禮誦懇志, 暫覿嘉祥。但了惟心, 見無所見。若取之, 則心外有境, 便成魔事; 若捨之, 則撥善功能, 無門修進。

1-3 인용하여 증명하다

《마하연론》에 이르시길, "혹 진실이기도 혹 허위이기도 함은 오직 자신의 망심이 현량現量164)하는 경계일 뿐 그것에는 실다움도 없고 집착할 것도 없는 까닭이다.165) 또한 혹 진실이기도 혹 허위이기도 함은 모두 하나의 진여요, 모두 하나의 법신으로 그 밖에 다른 경계가 없어 끊어 제거하지 못하는 까닭이다." 하셨다.

《摩訶論》云:「若眞若僞, 惟自妄心現量境界, 無有其實, 無所著

---

163) "이 두 구는 중도원융의 요의를 바로 보임이다. 심성은 저절로 청정하고 제법은 오직 일심이 나타난 바이다. 밝은 거울에 상이 나타나듯이 움직이지 않아도 수많은 상이 생겨난다. 중생이 요해하지 못하면 마음 바깥에, 경계에 있음을 집취한다. 만약 경계가 유심임을 깨닫는다면 곧 바깥 육진경계를 집착할 리가 없고 바로 종일토록 색을 보고 소리를 들어도 마음은 봄도 없고 들음도 없을 수 있다. /강의

164) "어떻게 현량하는가? 움직이지 않고 여실하게 염하여 아는 것이니, 끊임없이 흘러내리는 마음이 과거로 들어가서 아는 것이 아니다.(云何現量 謂不動念如實而知 非流注心 入於過去)."《명추회요》, 영명연수 대사 /편주

165) "진眞이란 심진여문을 가리키고, 위僞란 심생멸문을 가리킨다. 이와 같은 성상 내지 이와 같은 인연과보의 십여시가 모두 자심 생멸문의 현량하는 경계이다." /강의

故。又若眞若僞, 皆一眞如, 皆一法身, 無有別異, 不斷除故。」

또 《대지도론》에 이르시길, "버리지 않는다 함은 제법 중에 모두 조도助道의 힘이 있는 까닭이며, 받아들이지 않는다 함은 제법 실상이 필경 공하여 얻을 것이 없는 까닭이다." 하셨다.166)

《智論》云:「不捨者, 諸法中皆有助道力故;不受者, 諸法實相畢竟 空, 無所得故。」

태교(台敎; 천태종의 교문)에서 이르시길, "의심하는 자가 말하길, 대승은 평등하거늘 어찌 상을 논할 수 있겠는가? 지금 여기에서 말하면, 그렇지 않다. 다만 평등으로 말미암아 거울이 청정한 까닭에 모든 업의 모습이 나타난다.167) 지금도 지관止觀168)으로 마음을 연마하여

---

166) 제법의 성상·역용·인연과보는 능히 조도인연을 지을 수 있는 까닭에 마땅히 폐하여 버려서는 안 된다. 제법 연기의 당체는 곧 성상 공덕으로 무소득인 까닭에 마땅히 수용하여 지녀서(執受)는 안 된다. 그래서 고덕께서는 "진제이지眞際理地는 미진 하나도 세우지 않고, 불사문佛事門 중에는 한 법도 버리지 않는다." 하셨다. 앞 구는 성性을 가리키고, 뒤쪽 구는 상相을 가리킨다. 성에 의지해 말하면 수용해서는 안 되고, 상에 의지해 말하면 버려서는 안 된다. /강의

167) "수행인이 무량겁 이래로 지어온 선악의 모든 업은 혹 이미 과보를 받았든지 혹 아직 과보를 받지 않았든지 간에 평상시 운영하는 마음에서는 선악의 상이 나타나지 않지만, 지금 지관을 닦아 모든 업을 움직일 수 있는 까닭에 선악의 상이 나타난다.""지관은 햇빛과 같고, 업상業相은 만상萬像과 같다." _《마하지관보행전홍결摩訶止觀輔行傳弘決》/편주

168) 지관은 지止와 관觀의 합성어다. 지止는 정신을 집중하여 마음이 적정해진 상태이며, 관觀은 있는 그대로의 진리인 실상을 관찰하는 것을 의미한다. 지와 관은 서로 분리할 수 없고, 지계持戒 등과 함께

마음이 점점 밝고 깨끗해져 모든 선악을 비추니, 이는 마치 거울을 깨끗이 닦아 만상이 저절로 나타나는 것과 같다. 이는 있지 않되 있어 자성이 없이 인연으로 생기고, 있되 있지 않아 인연으로 생기되 자성이 없음[169]을 앎이다. 늘 실제에 은밀히 계합하고 중도中道를 취해 시원하여 기뻐하지도 슬퍼하지도 않고, 분별의 정이 끊어져 마음이 텅 비고 생각이 고요하니, 어찌 얻고 잃는 것에 미혹됨이 있겠는가? 또한 경전을 염송하여 대승을 수지하면 그 공덕은 깊고 그윽하며, 그 과보 또한 아득히 멀다.[170] 부처님께서도 친히 비교해 말씀하시기를, 비유컨대 한 사람이 문수보살과 같은 변재로 천하 사람들을 교화하여 모두를 일생보처一生補處에 이르게 하더라도 그 공덕을 가늠하면 향화로 방등方等경전에 공양하여 하등의 보배를 얻음만 못하다. 또한 아난이 의심하자 칠불께서 현신하여 증명하시기를, 실제로 그러하니라. 또한 여설수행하면 상등의 보배를 얻고 수지독송하면 중등의 보배를 얻는다. 향화로 공양하면 하등의 보배를 얻느니라." 하셨다.

불교의 중요한 실천덕목으로 원시불교 이래 여러 불경에 실려 있다. 이러한 지관을 종합적으로 설하고 있는 것은 수나라 때 천태지의天台智顗 대사가 지은 《마하지관摩訶止觀》이다. 이는 천태지의 이후 천태종의 근본 교리가 되었다. 천태종에서 「지」는 마음의 동요를 누르고 본원의 진리에 정주定住하는 것, 「관」은 부동의 마음이 지혜의 활동이 되어 사물을 진리에 따라 올바로 관찰하는 것이라 한다. /편주

169) 인연으로 생기는 것의 「자성自性」은 만물 자체가 가지고 있거나 자체가 형성한 것이 아니다. 그래서 만물은 「자성이 없다」 말한다. 인연으로 생기는 것은 모두 자성이 없다. /편주

170) "깊고 그윽하다(幽深)함은 범부·이승·보살은 모두 알지 못하고 이해할 수 없다는 뜻이고, 아득히 멀다(玄邈) 함은 공덕과보가 오래 되고 멀어 곧장 성불에 이르기까지 중간에 끊어짐이 없다." /강의

台教云：疑者言：「大乘平等，何相可論？今言不爾，祇由平等，鏡
淨故諸業像現。令止觀研心，心漸明淨，照諸善惡，如鏡被磨，萬像自
現。是知不有而有，無性緣生；有而不有，緣生無性。常冥實際，中道
泠然，欣慼不生，分別情斷，虛懷寂慮，何得失之所惑乎？又若諷誦
遺典，受持大乘，功德幽深，果報玄邈。如經佛親比校，譬如一人辯若
文殊，教化四天下人，皆至一生補處，格量功德，不如香華供養方等
經典，得下等寶。又阿難疑審，七佛現身證明，實有此事。又如說修
行，得上等寶；受持讀誦，得中等寶；香花供養，得下等寶。」

《법화경》에 이르시길, "사백만억 아승지 세계 중생을 공양하여 내지
(그들이) 모두 아라한도를 얻어 모든 유루가 다하고, 깊은 선정에
들어 모두 자재함을 얻어서 팔해탈八解脫을 구족한다 하더라도 50번
째 사람이 이《법화경》게송 하나를 듣고 따라 기뻐한 공덕만 못하여
그 백만억 분의 일에도 미치지 못하느니라." 하셨다. 또 경에 이르시
길, "(경전은 교화인도의 나루터이니《바라밀경》은 그 공덕이 가장 수승하고
《수능엄경》 또한 그 다음이라.) 어떤 사람이 경전을 독송하면 그 땅이
모두 금강이 되지만, 중생이 육안으로 볼 수 없을 뿐이니라." 하셨다.

《法華經》云："供養四百萬億阿僧祇世界眾生，乃至皆得阿羅漢道，
盡諸有漏，於深禪定，皆得自在，具八解脫，不如第五十人聞《法華
經》一偈，隨喜功德，百千萬億分，不及其一。"又經云："若人讀誦經
處，其地皆爲金剛，但肉眼眾生，不能見耳。"

남산(도선 율사道宣律師)《감통전感通傳》에 이르기를, "칠불의 금탑 가운
데 은인銀印이 있어서 대승경전을 독송하는 자의 입에 은인을 찍어
모두 잊어버림이 없게 하신다." 하였다. 《보현관경普賢觀經》에 이르시

길, "만일 일곱 대중의 불제자가 계를 범할지라도 일탄지一彈指의 극히 짧은 순간에 백천만억 아승지 생사의 죄를 없애려 하거나171) 내지 문수·약왕 모든 대보살께서 향화를 지니고 허공 중에 머물러 서서 시봉하심을 얻고자 한다면172) 마땅히 이《법화경》을 닦아 익히며 대승경전을 수지 독송하고 대승의 일을 염해서 이러한 공의 지혜로 마음과 상응하도록 할지니라."173) 하셨다.

南山《感通傳》云:"七佛金塔中有銀印,若誦大乘者,以銀印印其口,令無遺忘。"《普賢觀經》云:"若七衆犯戒,欲一彈指頃,除滅百千萬億阿僧祇劫生死之罪者,乃至欲得文殊、藥王諸大菩薩,持香花住立空中侍奉者,應當修習此《法華經》。讀誦大乘,念大乘事,令此空慧與心相應。"

---

171) "부처님께서 멸도하신 후 모든 불제자는 부처님의 말씀에 수순하여 참회를 행하는 자는 마땅히 보현행을 행하는 사람임을 알라. 보현행을 행하는 자는 악상惡相 및 악업보惡業報를 보지 않으리라. 어떤 중생이 밤낮으로 여섯 때에 시방불에게 예를 올리고 대승경을 독송하며 제일의第一義 심심공법 甚深空法을 사유하면 일탄지의 극히 짧은 순간에 백만억 아승지겁의 생사죄를 제거할 수 있으니라." _《불설관보현보살행법경佛說觀普賢菩薩行法經》/편주

172) "방등경을 독송하고 대승의 뜻을 사유하여 염송의 힘이 강한 까닭에 나의 몸과 다보불탑 시방분신 무량제불을 친견하고, 보현보살·문수사리보살·약왕보살·약상보살이 법을 공경하는 까닭에 여러 미묘한 꽃을 지니고 허공 중에 머물러 서서 법을 행지行持하는 이를 찬탄공경하리라." _《불설관보현보살행법경佛說觀普賢菩薩行法經》/편주

173) "일체 업장의 바다는 모두 망상을 따라 생겨나므로 만약 참회하려는 자는 단정히 앉아서 실상을 염할지라(不取), 온갖 죄는 서리 같고 이슬 같아서 지혜의 해가 능히 사라지게 하는 까닭에 마땅히 지극한 마음으로 육정근을 참회할지라(不捨)." _《불설관보현보살행법경佛說觀普賢菩薩行法經》/편주

《대반야경》에 이르시길, "모든 악한 짐승들이 없는 고요한 석굴을 거처로 삼고 이를테면 법을 듣고 밤낮으로 여섯 때 더욱 찬탄 염송하나 니, 그 소리가 높낮음을 여의고 마음은 바깥 경계를 반연하지 않으며 전심으로 억지하느니라." 하셨다.

《大般若經》云："無諸惡獸，巖穴寂靜，而爲居止。所謂聞法，晝夜六時，勤加讚諷。聲離高下，心不緣外，專心憶持。"

《현우경賢愚經》에 이르시길, "수행자가 불도를 이루려 한다면 마땅히 경법經法을 좋아하여 독송 연설할지니라. 재가자174)가 법을 설하여 도 제천 귀신이 모두 와서 공손히 듣거든 하물며 출가인이랴. 출가한 사람이 내지 길에서 경전을 독송하고 게송을 설하면 언제나 제천이 따라다니며 들었으니, 이런 까닭에 부지런히 경전을 독송하고 설법할 지니라." 하셨다.

《賢愚經》云："行者欲成佛道，當樂經法，讀誦演說。正使白衣說法，諸天鬼神悉來聽受，況出家人。出家之人乃至行路誦經說偈，常有諸天隨而聽之，是故應勤誦經說法。"

---

174) 백의白衣는 재가인이다. 석가모니 부처님 시대, 당시 인도의 풍속 으로 재가인은 흰색 의복을 좋아했다. 출가인의 의복은 황색이나 청 색으로 물들였다. /편주

1-4 결론 맺어 설명하다

이상은 모두 여래의 금구이자 참되고 진실하신 말씀175)이지, 망심으로 경솔하게 내뱉은 말이 아니다. 그러므로 지극한 마음으로 독송하는 사람은 증험이 헛되지 아니하니, 늘 시방여래와 석가모니부처님께서 은밀히 드리워 호념해 주심을 받고 "훌륭하다!" 칭찬하시며, 마정수기를 받고 여래와 함께 자며 옷을 덮어 주시고, 섭수하고 부촉하시며, 수희찬탄하고 위신력으로 가지하신다. 또한 사천신왕이 보호 가지하시고 천상 신선이 시봉하며, 금강신이 호위해 따르고 제석천과 범천이 하늘 꽃을 뿌려 찬탄할 것이다. 복의 인을 성취하니 그 크기는 법계허공 끝과 같고, 공덕을 견주어 헤아리니 항하사 칠보로 보시 결연하는 것보다 수승하다. 또한 범부의 몸으로 영통하고 육신이 무너지지 않으며, 혀는 붉은 연꽃 빛깔로 변하고 입에는 전단향이 솟아날 것이다. 한마디 경문만 들어도 필경 보리로 향하고, 절반 게송만 염송해도 그 공이 부처님과 같아질 것이다. 경권을 서사하면 욕계 제천의 과보를 받고, 경전을 수지하는 사람을 공양하면 복이 제불을 넘어설 것이다. 이를 일러 「법위덕력부사의문」이라 하니, 만 가지 상서와 천 가지 영험을 이로 인해 감득하며 삼현三賢 십성十聖이 이로부터 생겨나고, 옛날부터 지금까지 범부로부터 성인까지 삼업공양과 십종수지十種受持176)로 진실한 말씀을 모두 받아 전하고 지녀서

---

175) 제불께서 무량겁에 거짓말 하지 않은 연고로 광장설상을 얻어 말씀하신 것은 모두 진어眞語·실어實語·불광어不誑語·불이어不異語이다. /강의

176) 불도에 계합하는 열 가지 행위. 1) 서사書寫: 경율논 3장을 써서 길이 보존케 함. 2) 공양供養: 경전이 있는 곳을 부처님의 탑묘塔廟와 같이 공경 존중함. 3) 시타施他: 남을 위하여 정법을 말하며, 또는 경전을 남에게 주어 널리 교화함. 4) 체청諦聽: 남이 경을 읽거나 강의하는 것을, 일심으로 자세히 들음. 5) 피독披讀: 경전을 읽으며 외우는 것. 6) 수지受持: 부처님들의 교법을 받아 지님. 7) 개연開演: 부처님의 교법을 말하여 남들로 하여금 믿고 알게 함. 8) 풍송諷頌:

끊어지지 않는다. 지금 어찌 정법을 비방하여 법륜 굴림을 끊으려 하겠는가?177)

已上皆是金口誠諦之言, 非是妄心孟浪之說。是以志心誦者, 證驗非虛, 常爲十方如來, 釋迦文佛, 密垂護念, 讚言善哉；授手摩頭, 共宿衣覆；攝受付囑, 隨喜威加。乃至神王護持, 天仙給侍, 金剛擁從, 釋梵散華。成就福因, 等法界虛空之際量；校量功德, 勝恒沙七寶之施緣。乃至凡質通靈, 肉身不壞；舌變紅蓮之色, 口騰紫檀之香。聞一句而畢趣菩提；誦半偈而功齊大覺。書寫經卷, 報受欲天；供養持人, 福過諸佛。可謂法威德力不思議門, 萬瑞千靈因茲而感, 三賢十聖從此而生。亘古該今, 從凡至聖, 三業供養、十種受持, 盡稟眞詮, 傳持不絕。今何起謗, 而斷轉法輪乎！

소리를 내어 경문·게문偈文 등을 읽어, 남들로 하여금 좋아하는 마음을 내게 함. 9) 사유思惟: 부처님이 말씀한 법의法義를 생각하고 헤아리고 기억하여 잊지 않음. 10) 수습修習: 부처님이 말씀한 법을 몸소 수행하여 퇴실退失치 않음. /일장

177) "대승 불법은 불가사의한 위덕력을 갖추고 있어 만약 열 가지 행법을 능히 수지하고 수습하면 반드시 갖가지 영험·서상·감응이 있고 삼현십성의 출세간 성인이 출생할 것이다. 고금이래로 출가자든 재가자든 남녀노소 모두 대승경전 독송을 반드시 닦아야 하는 행문으로 삼고 또한 대승의리를 받음으로 인해 진실한 수증을 얻어 범부를 바꾸어 성인이 되고 스스로 제조하고 남을 제도하여 등불이 이어져서 전하고 지녀서 끊어지지 않는다. 이는 모두 사실로 증명할 수 있다! 지금 무릇 있는 바 상에 집착하면 모두 허망하니, 대승경전 수지독송을 비방함은 상에 집착하고 마음을 일으키는 사람이다! 어찌 다른 사람의 선근을 끊고 수행을 가로막아 부처님의 무상심심미묘한 법륜이 멈추게 하여 굴러가지 못하게 함이 아니겠는가. 진실로 죄과가 끝이 없다." /강의

2. 행과 해를 나란히 중시한다.

2-1 질문을 베풀다

묻건대, 경전에서는 단지 여설수행如說修行[178]하여 의취를 깊이 이해하고 부지런히 무념을 구하여 묵연히 현묘한 근본에 계합하는 것을 찬탄하셨거늘, 어찌 수행에서 염불 독송을 널리 일으키길 권하는가!

問 : 經中祇讚如說修行 , 深解義趣 , 勤求無念 , 默契玄根。云何勸修 , 廣興唱誦 ?

2-2 바로 답하다

답하되, 만일 상상원근을 기준으로 대근기로 순숙하면 아무런 장애도 없이 단박 요달하고 단박 닦을 것이니,[179] 망념이 나지 않는다면[180] 조도助道[181]가 필요하겠는가? 대개 미세한 상념은 불지佛地에 이르러야 비로소 없어진다. 그래서 《안반수의경安般守意經》 서문에 이르기시기를, "일탄지의 매우 짧은 순간에 마음은 구백육십 번 구르고 하루

---

178) "직지인심直指人心을 기준으로 명심견성明心見性의 돈교행법을 말한 것이다." /강의

179) 만약 상상근기의 사람이나 혹 원을 타고 다시 온 대보살은 대승의 경행과境行果에 대해 이미 신해에 깊이 들어가 어떠한 어려움과 장애도 없이 저절로 돈교법문에 의지하여 돈오돈수 할 수 있다. /편주

180) 《팔식규구송》에 이르길 "금강도 이후에 이숙식이 완전히 공해진다(金剛道後 異熟空)." 하셨다. 이숙식異熟識은 진망화합식인 까닭에 미세한 망념이 있어서 이숙식을 바꾸어 순진한 무구식無垢識을 이루어야 구경에 망념이 생기지 않는다. /강의

181) 조도助道는 해관解觀을 얻기 위한 갖가지 대치법과 선정을 말한다. 이에 반해 정도正道는 실관實觀의 37도품과 삼해탈문을 말한다. /편주

밤낮에 십삼억 번뇌가 있어 각각 번뇌마다 한 몸씩 있는 것이다. 그러나 마음이 스스로 알지 못하는 것이 마치 저 씨앗 뿌리는 사람과 같으니라." 하였다. 이로부터 알 수 있으니, 육정근과 육진경계의 두터운 업장을 모두 청정하게 하기는 참으로 어렵다.182) 만일 만선으로 도와 열지 않는다면183) 자력으로 머뭇거려 늦어질까 걱정이다. 또 복업(福業 ; 육도 중 앞 오도五度)을 논한다면 변행문遍行門184) 중에 (육도)만행으로써 (불과를) 장엄하여 한 법도 버리지 않나니, 모두 도업道業을 도와 대보리를 드러낼 수 있다. 그러므로 십종수지를 구족하여도 또한 아무런 장애가 없다.

答：若約上上圓根，大機淳熟，無諸遮障，頓了頓修，若妄念不生，何須助道？大凡微細想念，佛地方無。故《安般守意經序》云：「彈指之間，心九百六十轉；一日一夕，十三億意。意有一身，心不自知，猶彼種夫也。」是知情塵障厚，卒淨良難，若非萬善助開，自力恐成稽滯。又若論福業，遍行門中，萬行莊嚴，不捨一法，皆能助道，顯大菩提，具足十種受持，亦無所闕。

---

182) 정情이란 안이비설신의 등 육근육식을 가리키므로 경전에서는 육정근六情根이라 한다. 진塵이란 색성향미촉법 등 육진경계를 가리킨다. 이를 합쳐서 육근·육진·육식을 십팔계十八界라 하는데 이는 중생이 생사를 윤회하는 업보체이다. 혹업을 인으로 삼아 생사의 괴로운 과보를 받아 머리를 내밀었다 감추었다, 몸을 버리고 몸을 받아서 해탈하기 어렵다. /편주

183) 불문 삼승성도인 일체법문에서는 만선萬善이라 부르고, 법화경에서는 방편적문이라 부른다. 이는 모두 제법실상이 드러나도록 돕는다. 중생의 성덕은 방편이 불가결하다. 법화경에 이르시길, "또한 여러 부처님(大聖主)께서는 다시 여러 가지 다른 방편으로써 제일의第一義가 드러나도록 도우니라." 하셨다. 그래서 천태종의 십승관법 중 일곱번째는 바로 조도로써 대치하여 원교의 이치를 염(對治助開)이다. /편주

184) 두루 일체 만행을 다 섭지攝持하는 수행문을 말한다. 원돈문圓頓門이라고도 한다. /편주

2-3 인용하여 증명하다

《법화경》에 이르시길, "이때 천세계 미진 수의 보살마하살들이 땅에서 솟아올라 모두 부처님 전에 일심으로 합장하고 존안을 우러러보며 부처님께 사뢰되, 「세존이시여! 저희들은 부처님이 멸도하신 후 세존께서 분신으로 나투신 모든 국토의 멸도하신 곳에 이 경전을 널리 설하겠나이다. 왜 그러한가? 하오면 저희들도 스스로 이와 같이 참되고 청정한 대법을 얻어서 수지·독송·해설·서사하여 이를 공양하고자 하나이다」 하셨다."185)

故《法華經》云:「爾時千世界微塵數菩薩摩訶薩,從地涌出者,皆於佛前一心合掌,瞻仰尊顏,而白佛言:世尊!我等於佛滅度後,世尊分身所在國土,滅度之處,當廣說此經。所以者何?我等亦自欲得是眞淨大法,受持、讀誦、解說、書寫,而供養之。」

이로써 등지보살186)도 남을 위해 해설할 뿐 아니라 오히려 스스로 발원하여 경전을 독송 수지함을 알 수 있거늘, 하물며 처음 발심한

---

185) "홍경하겠다는 발원을 세움에 셋이 있으니, 첫째는 시절은 불멸 후임을 밝힘이요, 둘째는 처소는 국토에 분신으로 나툼을 밝힘이요, 셋째는 이익이 단지 이롭게 할 뿐만 아니라 또한 스스로 진실하고 청정한 대법을 얻음을 밝힌다. 자타自他를 서로 구제하나니, 실체實體를 진眞이라 하고 권용權用을 정淨이라 한다. 권실權實이 둘이 아님을 대大라 한다. 또한 권이 아니고 실이 아님을 진眞이라 하고, 능히 권이고 능히 실임을 정淨이라 한다. 막고 비춤(遮照)이 둘이 아님을 대大라 한다."《묘법연화경태종회의妙法蓮華經台宗會義》, 우익대사 /편주

186) 보살이 십지에 오르면 비로소 무루지無漏智를 내어 불성을 보고 성자가 되어 불지佛智를 길러 보존함과 동시에 중생을 지키고 기르기 때문에 이 십지를 십성十聖이라 한다. 초지 이전의 보살을 지전地前 보살, 초지에 오른 보살을 등지登地 보살, 초지부터의 십지보살을 지상地上 보살이라 한다. /편주

사람이 받들지 않겠는가! 다만 먼저 신해오입信解悟入을 구하고 나중에 여설하게 행할지니라.187) 입으로 연설하고 마음으로 사유하여 올바른 지혜가 열리도록 도울지라.188) 만일 아직 종지를 궁구하지 못하고 경문의 말에만 맴돌아서 비록 직접 밝히지는 못할지라도 또한 선근을 잘 훈습하였다면,189) 반야의 위신력이 처음과 나중에 은밀히 도우리니, 정법 가운데 미세한 마음이라도 한번 내면 모두 최초의 인이 되어서 마침내 외롭게 버려두지 않을 것이다.

以知登地菩薩，非獨爲他解說，尚自發願誦持，何況初心，而不稟受。但先求信解悟入，後即如說而行；口演心思，助開正慧。若未窮宗旨，且徇文言，雖不親明，亦熏善本。般若威力，初後冥資；於正法中，發一微心，皆是初因，終不孤棄。

187) "자신이 처음 발심한 사람임을 알면 반드시 제불의 대승 성언량聖言量에 의지하여 대승에 대한 청정한 믿음을 건립하길 구하여야 한다. 중생과 부처의 본체가 같고 사람마다 각자 불가사의한 청정심이 있으나 무시이래 객진번뇌에 덮인 바가 되어 있으나 드러나지 않는다. 그래서 부지런히 방편을 구하여 여설하게 행하여 번뇌 소지장을 끊어 없애고 일심이문의 청정심을 깨달아 성불한다. 이와 같은 신해행증은 학불學佛의 필수적인 차제이다." /강의

188) 「구연심사口演心思」란 즉 자신을 이롭게 하고 남을 이롭게 하는 두 가지 이행利行이다. 「조개정해助開正慧」란 두 가지 이행의 문자반야로 실상반야(정혜)를 개발하도록 도울 수 있음을 가리킨다. /편주

189) "만약 실상반야를 아직 얻기 전에는(若未窮宗旨) 또한 대승경문에 의지하여 십종법행, 삼관십승을 구족하고 지관을 함께 운행하여야 한다. 비록 본래청정심을 회복하지 못해 직접 본래면목(親明)을 보지 못할지라도 갖가지 공용功用을 훈습함이 있으면 반드시 제불보살의 지혜 화과를 얻을 수 있다. 선본善本은 즉 선근이다." /강의

3. 지관을 동시에 병행한다(止觀雙流)

3-1 질문을 베풀다

묻건대, 진실로 경을 수지하려면 마땅히 실상實相을 염해야 하나니, 이미 능소를 잊었거늘 독송하는 자는 누구인가? 마음과 입으로 하는 바를 말한다면 아무리 구하려고 해도 구할 수 없거늘 구경까지 추구하여 점점 고찰하면 이체는 어느 문에서 나오는가?

問 :「欲眞持經, 應念實相。既忘能所, 誦者何人？若云心口所爲, 求之了不可得；究竟推檢, 理出何門？」

3-2 바로 답하다

답하되, (첫째, 공유불애空有不碍) 비록 염하는 주체(能念)와 염송하는 대상(所誦)이 모두 공함을 관할지라도 공은 단멸공斷滅空이 아니고, 염송하는 주체(能誦)·수지하는 대상(所持)이 유有가 됨을 방해하지 않아 유란 실유가 아니고 공이지도 유이지도 않아 중도의 이치가 분명하다. 무에 집착하면 그 삿된 공에 떨어지고 유가 없으면 그 치우친 가(偏假)를 이룬다. (둘째, 일심삼관) 그래서 일심이 삼관三觀이요, 삼관이 곧 일심이다. 하나에 즉하여 셋이니 상이 다르고, 셋에 즉하여 일이니 체가 다름이 없다. 그래서 합함도 아니고 흩어짐도 아니요 종도 아니고 횡도 아니니, 존재하거나 사라짐에도 갇히지 말아야 하거늘 옳고 그름에 어찌 구속되겠는가? (셋째, 지관쌍류) 늘 삼제三諦와 명합되고, 일승一乘에 총합되므로, 만행의 도문度門은 모두 실상으로 돌아간다.[190] (넷째, 정혜균등) 또한 어려운 일은 염송이

---

190) 지止는 유에 집착하는 병을 제거할 수 있고, 관觀은 공에 집착하는 병을 멸할 수 있다. 공관은 진제에 명합하고 가관은 속제에 명합하며 중관은 제일의제에 명합한다. 그래서 늘 삼제에 명합한다고 말

선정에 방해가 된다는 점이다. 게다가 선정의 일법은 네 가지 변제(四
辯)191)와 육신통(六通)192)의 근본이 되고, 범부의 길을 혁파하고 성인
의 길을 밟는 인이 된다. (염송이) 염을 잠시 거두는 까닭에 상선上善이라
일컫는다. 그리하여 (수행자는) 모름지기 혼침이 사라지고 들뜸이
그치는 때를 살피는 일에 밝아야 한다. 경에 이르시길, "좌선이
혼매함에 빠지거든 모름지기 일어나 행도行道193)하고 염불하거나,
혹은 지극한 정성으로 참회하여 두터운 업장을 제거하고 몸과 마음을
경책할지니, 일문一門만을 구경究竟이라 고집해서는 안 되느니라."

한다. 삼지삼관은 대승지관이다. 원교를 기준으로 하면 삼승은 곧 일
승이다. 그래서 일승에 총합한다고 말한다. 만행이 비록 많을지라도
지관이문을 벗어나지 않고 지관은 보살도의 총지문이다. 지를 닦아
일심에 수순하면 실상은 상이 없고, 관을 닦아 일심에 수순하면 실
상은 상 아님이 없으며, 지관을 동시에 병행하면 바로 상이 없고 상
아님이 없는 제법실상이다. 그래서 모두 실상으로 돌아간다고 말한
다. /편주

191) 막힘없이 명료하게 이해하고 말하는 네 가지 능력을 말한다. 1)
법무애해法無碍解는 가르침을 표현한 글귀나 문장을 막힘없이 명료
하게 이해하고 말함이고, 2) 의무애해義無碍解는 글귀나 문장으로 표
현된 가르침의 의미를 막힘없이 명료하게 이해하고 말함이며, 3) 사
무애해詞無碍解는 여러 가지 언어를 막힘없이 명료하게 이해하고 말
함이고, 4) 변무애해辯無碍解는 바른 이치에 따라 막힘없이 가르침을
설함이다. /편주

192) 부처님과 아라한이 지닌 여섯 가지 지혜광명의 신통으로, 이로써
어둠과 어리석음을 깨트린다. 숙명통은 자신과 중생의 과거 생을 아
는 지혜이고, 천안통은 멀고 가까움에 상관없이 중생들을 살펴보는
지혜이며, 누진통은 번뇌를 제거하는 능력으로 부처님만이 갖추셨다.
신족통은 멀고 가까움에 상관없이 원하는 곳에 찰나간에 나타나는
능력이고, 천이통은 거리나 소리의 크기에 상관없이 모든 소리를 듣
는 능력이며, 타심통은 남의 마음을 거울처럼 들여다보고 아는 능력
이다. /편주

193) 부처님을 공경하는 뜻으로 부처님 주위를 오른쪽 방향으로 도는
일을 말한다. 또는 요불遶佛이나 요당遶堂이라 하여, 여러 스님들이
경을 읽으면서 부처님의 주위를 도는 것을 말하기도 한다. /편주

答：雖觀能念、所誦皆空，空非斷空，不閡能誦、所持爲有；有非實
有，不空不有，中理皎然。執無，則墮其邪空；沒有，則成其偏假。是
以一心三觀，三觀一心。卽一，而三相不同；卽三，而一體無異。非合
非散，不縱不橫；存泯莫羈，是非焉局？常冥三諦，總合一乘。萬行
度門，咸歸實相。又所難：念誦有妨禪定者，且禪定一法，乃四辨六
通之本，是革凡蹈聖之因；攝念少時，故稱上善。然須明沈、掉消息知
時。《經》云：如坐禪昏昧，須起行道念佛，或志誠洗懺，以除重障，
策發身心，不可確執一門以爲究竟。

3-3 인용하여 증명하다

그래서 자민삼장(慈愍三藏; 680~748, 당대 승려로 정토교 자민류慈愍流
개조)께서 이르시길 "성교聖教에서 설하신 바른 선정이란 마음을 한
곳에 제어해서 염념이 이어지게 하고 혼침과 도거를 여의어 평등하게
마음을 지니는 것이다. 그러나 만일 잠이 몰려와 덮어 가리거든
모름지기 경책하여 염불·송경하고, 예배·경행하며, 강경·설법하
고, 중생을 교화하는 등 만행을 폐하지 말고 닦은 바 행업을 서방정토
에 왕생하는 발원으로 회향할지니라. 이와 같이 선정을 수습한다면
이는 부처님의 선정과 성교의 종지에 합하는 것이며 중생의 안목이며
제불께서 인가하심이다. 일체의 불법이 평등하고 차별이 없어 모두
일여一如에 올라타서 최상의 정각을 성취하니 모두 이르시길,「부처
를 염함이 보리의 인因이다」하였거늘 어찌 망령되이 삿된 견해를
내겠는가?" 그러므로 태교台敎에서는 사종삼매四種三昧194)를 행하고

---

194) 사종삼매로 정진하여 보살의 위계에 들어갈 것을 권함을 지관이라
한다. 무릇 미묘한 계위에 오르고자 하면, 행행이 아니면 오르지 못
하고 락酪을 잘 휘젓고 젓(酥)을 잘 졸여야 제호(醍醐)를 얻을 수
있다. 《법화경》에 이르시길, "또한 불자가 갖가지 행을 닦아서 불도
구함을 본다." 하셨다. 행법은 매우 많지만, 그것을 간략히 말하면

소승에선 오관五觀을 갖추어 (다섯 번뇌를) 대치對治[195])하며, 또한 이와
같이 상행常行 · 반행判行 등 갖가지 삼매가 있어서 마침내 일향으로
좌선에 국집하지 않는다.

> 故慈愍三藏云："聖敎所說正禪定者，制心一處，念念相續；離於昏
> 掉，平等持心。若睡眠覆障，卽須策動，念佛誦經、禮拜行道、講經說
> 法、敎化衆生，萬行無廢。所修行業，迴向往生西方淨土。若能如是修
> 習禪定者，是佛禪定與聖敎合，是衆生眼目，諸佛印可。一切佛法，
> 等無差別，皆乘一如，成最正覺，皆云念佛，是菩提因。何得妄生邪
> 見？" 故台敎行四種三昧，小乘具五觀對治，亦有常行、半行種種三
> 昧，終不一向而局坐禪。

넷으로 첫째는 상좌常坐, 둘째는 상행常行, 셋째는 반행반좌半行半坐,
넷째는 비행비좌非行非坐이다. 이를 공통적으로 삼매라고 부름은 조
직정調直定이다. 《대론》에 이르시길, "마음을 한 곳에 잘 머물러 움
직이지 않음을 삼매라 이름한다." 하셨다. 법계 일저에 올바로 관하
여 능히 머물러 움직이지 않고, 네 가지 행을 연으로 삼아 마음을
관하고 연을 빌려 마음을 조복하고 올곧게 하는 까닭에 삼매라고 칭
한다. _《마하지관》/편주

195) "부정관不淨觀 · 자비관慈悲觀 · 연기관緣起觀 · 염불관念佛觀 · 수식
관數息觀 등 다섯 가지 마음을 정지停止 식멸息滅한 가운데 번뇌와
마장을 닦는 관상방법으로 오정심관五停心觀, 오도관문五度觀門이라
한다. 대승법은 성불을 목표로 삼는다. 그래서 염불로써 분별관分別
觀을 대체하고 다섯 가지 관법을 합쳐서 오문선五門禪이라 부른다.
오정심관은 성문법에서 말하면 성현위聖賢位로 나아가기 전 반드시
수행하는 첫 단계의 법문이고, 대승불교에서 말하면 선바라밀을 수
습하기 전 없어서는 안 되는 방편법문이다. 그래서 오정심관은 수행
상의 차제에서 말하면 기초 문턱의 지위에 있는 것으로 학불하는 이
는 알지 않으면 안 된다. 오정심관은 주로 다섯 가지 번뇌를 대치하
기 위함이다. 즉 부정관으로 탐욕을 대치하고, 자비관으로 진애瞋恚
를 대치하며, 연기관緣起觀으로 우치愚癡를 대치하고. 염불관으로 아
집愚痴을 대치하며, 수식관으로 산란을 대치한다." _성운 대사 /편주

《금강삼매경》에 이르시길, "동動하지도 않고 선정에 들지도 않아 선禪이라는 생각이 생김을 여읜다."[196] 하셨다. 《법구경》에 이르시길, "어떤 삼매를 배운다고 하면 이는 곧 동動이지 선禪이 아니다. 마음은 경계를 따라 생기나니, 왜 정定이라 이름하는가?" 하셨다.

《金剛三昧經》云："不動不禪，離生禪想。"《法句經》云："若學諸三昧，是動非是禪；心隨境界生，云何名爲定？"

《대승기신론》에 이르시길, "만일 어떤 사람이 지止만 닦는다면 곧 마음이 침몰하거나 혹은 게으른 생각이 일어나서 온갖 선을 즐겨하지 않고 대비심을 멀리 여의게 될 것이다. 내지 일체 시간, 일체 장소에서 자신이 감당할 수 있는 능력에 따라 온갖 선한 것을 포기하지 않고 닦고 배워서 마음이 게으르지 않아야 하고, 앉아서 지止를 전념하는 때를 제외하고 나머지 일체 시간에 (보살이) 해야 하는 것(應作)과 하지 말아야 하는 것(不應作)을 빠짐없이 관찰(점검)해야 한다(대정진). 혹 가거나, 혹 머무르거나, 혹 눕거나, 혹 일어날 때 빠짐없이 지止·관觀을 함께 행해야 한다." 하셨다.

《起信論》云："若人唯修於止，則心沈沒，或起懈怠，不樂衆善，遠離大悲。乃至於一切時、一切處，所有衆善，隨己堪能，不捨修學；心無懈怠，惟除坐時，專念於止。若餘一切，悉當觀察，應作不應作；

196) 진정한 선禪은 우리들의 진심이체입니다. 당신에게 선의 적정이 있다면 이러한 향수 느낌이 있습니다. 당신 마음속에 한 물건이 있고 선적禪寂이 있다면, 당신 마음속에 '나는 현재 이미 선정을 얻었고 이미 선정 경계 가운데 있다.'는 교만심이 있다면 이것도 잘못입니다. 왜 그렇습니까? 진심은 생하지도 멸하지도 않기 때문입니다. 그래서 당신에게 선禪이라는 생각이 생기면 이 생각은 망념입니다. 선의 청정적멸을 누리면 이 청정적멸은 진실한 것이 아니라 허망한 것으로 모두 진여본성이 물든 것입니다. 《육조단경강기六祖壇經講記》, 정공 법사 /편주

若行、若住、若臥、若起，皆應止觀俱行。"

그러므로 만일 (지관을) 통달할 수 있으면 선정이든 산란심이든 함께 도에 들 수 있지만, 막히고 장애가 생기면 가거나 앉아도 모두 잘못 될 것이다.[197]

是以若能通達，定散俱得入道；若生滯閡，行坐皆即成非。

남악南嶽대사께서 《법화참法華懺》에 이르시길, "모든 선정을 수습하면 곧 제불삼매를 얻어서 육근의 성품이 청정할 것이다. 보살이 《법화경》을 배우면 두 가지 행을 구족하나니, 하나는 유상행有相行이요, 둘은 무상행無相行이다. 무상안락행無相安樂行은 깊고 깊은 미묘한 선정으로 육정근六情根을 관찰하는 것이고, 유상안락행有相安樂行은 〈권발품〉에 의거하여 산란한 마음으로 《법화경》을 염송하여 선삼매禪三昧에 들지 못하더라도 앉거나 서거나 가거나 일심으로 《법화경》의 문자를 염하여 이와 같이 수행하여 성취한 자는 곧 보현보살의 진신을 볼 수 있다." 하셨다.

南嶽《法華懺》云："修習諸禪定，得諸佛三昧，六根性清淨。菩薩學《法華》，具足二種行：一者有相行；二者無相行。無相安樂行，甚深妙禪定，觀察六情根。有相安樂行，此依勸發品，散心誦《法華》，不

---

197) "정정은 지이고 산散은 곧 관이니, 혹 먼저 지를 닦고 후에 관을 닦거나 혹 먼저 관을 닦고 후에 지를 닦거나 혹 지관을 동시에 닦는다. 법에는 높고 낮음이 없어 마땅히 용用은 사람에게 있으며, 함께 도업을 성취하여 제법실상을 깨달아 성불한다. 자신은 옳고 남은 그르며, 하나에 집착하고 나머지는 그르면 법성에 걸림이 있고, 수행에 장애가 있어 모든 작업은 이미 자리自利가 아니고 또한 이타利他가 아니면 보살도를 행함이 아니다." /강의

入禪三昧；坐立行一心，念《法華》文字；行若成就者，卽見普賢
身。"198)

그러므로 지자 대사께서는《법화참》을 닦으실 적에《약왕분신품藥王
焚身品》에서 이르시길, "이것이 진실한 정진이요, 여래에 대한 진실한
법공양이니라."199) 하신 경문을 염송함에 이르러 단박에 영산회상이

198) 천태2조天台二祖이신 혜사慧思 선사의 <안락행의安樂行義>에서
《법화경》의 <안락행품安樂行品>을 해석하여 이르시길, "일체법 가
운데 마음이 움직이지 않음을 안安이라 하고, 일체법 가운데 수음(受
陰; 수온受蘊)이 없는 까닭에 낙樂이라 하며, 자신을 이롭게 하고 타
인을 이롭게 함을 행行이라 한다." 하셨고, 또 "일체법 가운데 심상
心相이 적멸하여 필경 생하지 않음을 「무상안락행」이라 칭하고, 〈보
현권발품〉에 의거해《법화경》을 염송하여 산심으로 정진하길, 머리에
붙은 불을 끄듯이 하여 자신을 돌보지 않고 행하면 「유상안락행行」
이라 칭한다." 하셨다. 《마하지관 석의釋義》/편주

199) 《천태지자대사별전天台智者大師別傳》에 따르면 "(지자 대사께서)
이에 저녁 새벽에 몸이 괴로워지자 (사안락행의) 가르침대로 마음을
연마하였다.……십사일이 지나《약왕품藥王品》을 염송하다가 제불께
서 함께 찬탄하시길, 「이것이 진실한 정진이요 이것이 진실한 법공
양이라 이름한다.」 이 문구에 이르러 신심이 확 트이며 고요히 선정
에 들자, 지니고 있던 선근인연(因)이 고요히 발하였다.《법화》(의 미
묘한 열쇠를 열어 진여)를 비추어보니, 높게 빛나서 그윽한 골짜기에
임하는 듯하였고, (지관의 정미함을 발하여) 모든 법상을 통달하니
긴 바람이 태허에 노니는 듯하였다." 도패道霈 법사께서《법화경문구
찬요法華經文句纂要》에서 이르시길, "외람되게 보충하여 말하자면,
「이것이 진실한 정진」이라 함은 신심의 상을 여읨이고, 「이것이 여
래에 대한 진실한 법공양」이라 함은 능분能焚의 불은 성공性空의 진
화眞火이고, 소분所焚의 몸은 환화幻化의 공신空身이며, 공양 올리는
부처는 법계일상이다. 이른바 「자기 몸의 실상이 공하다고 관하듯이
부처님의 법신을 관함도 또한 그러하다(觀身實相 觀佛亦然)」 이와 같
으면 능분·소분, 능공能供·소공所供, 일상一相·무상無相을 법공양
이라 한다. 지자대사께서 이것을 염송하다가 확 트이며 마음이 열리
고 영산일회靈山一會가 엄연히 아직 산회하지 않음을 직접 보시니,
곧 현량경계現量境界이다. 시방세계의 일처一處, 삼제三際의 일시一時

곧 이 자리와 같음을 깨달으셨다. 마침내 신주神咒를 은밀히 지님에 이르러 신령한 축복이 환히 비추어 정법을 수호하고 사도邪道를 막으며 마군이 항복하고 외도가 물러나니, 거듭 어두운 큰 업장을 제어하고 오랜 겁에 쌓여 깊은 고질병을 소멸시키며, 또한 헤아릴 수 없는 신통이 나타나고 사유하기 어려운 감응을 보였다. 그 광대한 업으로 말미암아 저 나머지 재앙을 다하고, 헤아리기 어려운 법력을 우러러 의지하여 드디어 편안히 도에 드셨다.

是以智者修《法華懺》, 誦至《藥王焚身品》云："是眞精進，是名眞法供養如來。"頓悟靈山如同卽席。乃至密持神呪，靈貺照然，護正防邪，降魔去外；制重昏之巨障，滅積劫之深痾；現不測之神通，示難思之感應；扶其廣業，殄彼餘殃；仰憑法力難思，遂致安然入道。

3-4 결론 맺어 설명하다

그러므로 혹은 염불을 인하여 삼매를 증득하고, 혹은 좌선으로 좇아 지혜문을 발하며, 혹은 경전 염송을 오로지 하여 법신을 보고, 혹은 다만 행도行道로 성인의 경지에 드는 것이 오직 득도得道하는데 그 뜻이 있나니, 마침내 일문만을 고집해 취하지 말고, 또한 뜻을 전일하게 하고 정성에 의지할 뿐, 거짓되고 미덥지 못한 말을 믿지 말지니라.

是以或因念佛而證三昧，或從坐禪而發慧門，或專誦經而見法身，或但行道而入聖境。但以得道爲意，終不取定一門；惟憑專志之誠，非信虛誕之說。

에 인과가 일치하고 체용이 일여하니, 이른바 실상묘법이고 연화라 교묘하게 비유한다고 이렇게 말할 뿐이다." /편주

4. 닦되 닦음이 없다

4-1 질문을 베풀다

묻건대, 행도·예배는 참된 수행법을 갖추지 못하였다. 그래서 조사
께서는 객용(客春)의 허물200)을 세우시고 부처님께서는 일찍이 맷돌
을 돌리는 소에다 비유201)하여 꾸짖으시었다. 이를테면 《대지도론》
에서는 "수보리는 석실石室에서 법공法空을 깨닫고, 먼저 부처님께
예배하였다." 하였고, 202) 《사십이장경四十二章經》에는 "마음으로 도
를 행한다면 구태여 행도行道를 할 필요가 있겠느냐." 하셨다. 이처럼

---

200) 예배의 주체와 예배의 대상이 공한 참뜻을 알지 못한 채 꾸벅꾸
벅 방아 찧듯 예배하나 그것이 자기의 방아가 아니고 품삯을 받고
찧는 남의 방아임을 꾸짖는 말이니, 초석礎石 기기琦 선사가 이르기를,
"부질없이 품팔이 방아나 찧으면서 복이 되기를 바라며 업장을 참회
한다 하니 참으로 도와는 십만 팔천 리나 떨어졌도다." 하였다. 무상
無相 선사는 대중에게 이르기를 "너희들은 흙덩이로 만든 부처만 보
면 흡사 방아를 찧듯 하고 일찍이 그 참뜻은 알려고 하지 않는구
나." 하였다. 예불 중에서 아만我慢 예불로 방아를 찧는 사람처럼 비
록 상하의 동작 표현은 있어도 털끝만큼의 공경심도 없으면 과실이
있다는 뜻이다. /편주
201) 《사십이장경》에 이르기를 "사문은 행도行道하되 맷돌을 돌리는 소
처럼 하는 일이 없도록 해야 한다. 소는 몸으로는 비록 어찌지 못해
서 시키는 대로 행하나 마음으로는 행하지 않나니, 기꺼이 마음으로
도를 행한다면 구태여 행도의 위의를 쓰겠는가." 하였다. 이는 부처
님께서 이들 제자에게 마음은 수행에 있지 않고 헛되이 바깥 위의를
섬긴다고 꾸짖는 말씀이다. 맷돌을 갈아 밀가루를 가는 소가 종일토
록 빙빙 도는 것과 다름이 없다. /편주
202) 이는 자성불 법신불에 예를 올리는 것을 가리키는 것으로 실상예
불을 말한다. 실상불은 사상불의 바깥에 있지 않다. 단지 예를 올리
는 주체가 예를 올리는 대상의 자성이 공함을 요달하기만 하면 감응
도교가 부사의하여 비록 지성 공경심이 예배에 있을지라도 아상我相
불상佛相의 집착이 없다. 이는 곧 닦되 닦음이 없고, 예배하되 예배
가 없음을 진실한 닦음(眞修)이라 하고 실상예實相禮라고 한다. /편
주

말씀의 뜻이 확연하거늘 무슨 연고로 어긋나지 않는가?

問 :「行道禮拜 , 未具眞修 , 祖立客舂之愆 , 佛有磨牛之誚。」故《智論》云 :
「須菩提於石室悟了法空 , 得先禮佛。」《四十二章經》云 :「心道若行 , 何用行
道。」豁然詮旨 , 何故非違 ?」

4-2 바로 답하다

답하되, 만일 행도·예배할 때 은중한 마음(지성심)을 내지 않는다면
이미 관혜觀慧가 없고, 또한 전정專精 일심에 이르지 못한다. 비록
몸은 도량에 있으나 마음은 다른 경계에 반연하여 유위有爲의 상相에
집착하고, 그 성품의 공함에 미혹하여 능작能作의 마음을 일으키며,
모든 아만심을 내어서 자타自他가 평등하고 능소能所가 비어 현묘함을
요달하지 못한다. 별안간 여기 저기 무리와 관계하니, 눈앞에 책망을
깊이 마주한다.

答 :「若行道、禮拜時 , 不生殷重 , 旣無觀慧 , 又不專精。雖身在道
場 , 而心緣異境 , 著有爲之相 , 迷其性空 , 起能作之心 , 生諸我慢 ,
不了自他平等 , 能所虛玄。儻涉茲倫 , 深當前責。」

4-3 인용하여 증명하다

남전南泉 대사께서 이르시길, "미묘 청정한 법신에 32상을 갖추되,
다만 심량의 한도(分劑)를 허락하지 않는다." 하셨다. 만일 이와 같은
마음이 없다면 일체 행처 내지 탄지彈指, 합장 모두가 정인正因이니,
만선이 빠짐없이 다 무루無漏와 같아야 비로소 자재할 수 있다.[203]

---

203) 미묘법신은 모든 상을 갖추고 있는 까닭에 태허가 온갖 상을 갖

南泉大師云：“微妙淨法身，具相三十二，秖是不許，分劑心量。”若
無如是心，一切行處，乃至彈指、合掌，皆是正因，萬善皆同無漏，
始得自在。

**백장百丈 화상께서 이르시길, "행도 · 예배나 자비희사는 곧 사문의
본사本事이니, 완연히 부처님의 칙명에 따르되, 다만 집착은 허락하지
않는다." 하셨다.204)**

百丈和尚云：「行道、禮拜、慈、悲、喜、捨，是沙門本事，宛然依佛
勅，秖是不許執著。」

**《법화참法華懺》에 이르시길, "두 가지 수행이 있으니, 그 하나는 사중
수事中修로 예념행도禮念行道 등을 모두 다 일심으로 행하는 가운데
산란한 마음이 없다. 그 둘은 이중수理中修로 짓는 바 심원 · 심성이
둘이 아니니, 이렇게 관할 때 일체가 모두 다 마음임을 보아 심상心相을
얻을 수 없다."205) 하셨다.**

추고 있는 것과 같다. 심량의 한도를 허용하지 않는 즉, 아는가 모르
는가에 속하지 않는다. 만약 이와 같은 마음이 없다면 일상생활에서
수행하며 평상심을 유지(正因)하고 옷을 입고 밥을 먹는 모두가 우리
의 본래면목(만선이 빠짐없이 다 무루와 같다)이고 비로소 자재무애
를 얻는다. /강의

204) 마조 선사가 백장 선사에게 불자를 들어보이자, 백장 선사가 "그
것에 즉해 쓰는가? 그것을 여의고 쓰는가?(卽此用 離此用)(닦되 닦음
이 없다)" 말하니, 마조 선사는 곧 개오했다고 인가하였다. "행도예
배, 자비희사"는 그것에 즉해 쓰임이고, "집착을 허락하지 않는다."는
이를 여의고 쓰임이다. 육도만행이 이와 같지 않음이 없다. 이는 출가
인의 본래행업(본사)이고 부처님의 언교를 쫓아 행함이며 가르침에
의지해 봉행함이니, 어찌 부처님의 뜻에 어긋남이 있다고 여길 수
있겠는가? /강의

《法華懺》云："有二種修：一、事中修。若禮念行道 ，悉皆一心 ，無分散意。二、理中修。所作之心 ，心性不二 ，觀見一切 ，悉皆是心 ，不得心相。"

《보현관경普賢觀經》에는 이르시길, "어떤 중생이 밤낮 여섯 때 시방제불에게 예배하고 대승경전을 염송하며(修行) 제일의공의 깊고 깊은 법문을 일탄지의 매우 짧은 시간에도 사유(無修)할 수 있다면 백천만억 나유타 항하사 겁 생사의 죄를 제거할 것이다. 사事를 따라 이 같이 수행하는 이는 진실로 부처님의 자식으로 제불을 따르는 가운데 태어나고, 시방 제불 및 수많은 보살께서 그의 스승이 되느니라. 이를 보살계를 원만히 구족한 이라 하나니, 계를 받을 필요 없이 저절로 (수많은 계의 덕행을) 성취하여 응당 일체 인계와 천계 중생의 공양을 받을지니라." 하셨다.

---

205) 도량에 들어간 후 21일 기간에 일심으로 정진하여야 한다. 일심 정진에는 두 가지가 있으니, 즉 사중수事中修 일심과 이중수理中修 일심이다. 「사중수 일심정진」이라 함은 21일 동안 예불·참회·행도 송경·좌선을 행할 때 모두 다 일심으로 마음에 달리 반연하지 않는다. 즉 《법화참》에 말하길, "모두 다 일심으로 행법 중에 산란한 마음이 없다." 「이중수 일심정진」이라 함은 곧 37일 중에 짓는 바 일체 갖가지 사행事行·심성이 불생불멸이고 자성이 없어 "이와 같이 관할 때 일체심이 모두 일심임을 보고, 심성은 본래부터 늘 일상一相인 까닭에 이와 같이 심원을 돌이켜 관하여 마음마음 이어져서 21일 한가득 심상心相을 얻을 수 없다." 이상 두 가지 수행법은 모두 21일 동안 일심정진으로 닦되, 단지 사중수 일심은 일체 사를 행할 때 정념정지正念正知하여 마음이 달리 반연하지 않는다. 그리고 이중수 일심이면 지은 바 체성體性이 공환空幻임을 비추어 볼 수 있고, 심원心源·심성이 둘이 아님을 돌이켜 관할 수 있다. 이 때문에 사중수 일심의 목적은 지止에 있고, 이중수 일심은 더욱 진일보하여 법성공法性空을 관觀할 수 있다. 이와 같아야 삼매를 증득하고, 내지 마침내 생사의 죄를 제거할 수 있다. 《천태참법의 연구天台懺法之研究》, 석대예釋大睿 /편주

《普賢觀經》云："若有晝夜六時，禮十方佛，誦大乘經，思第一義甚
深空法，於一彈指頃，除百萬億那由他恒河沙劫，生死之罪。行此法
者，眞是佛子，從諸佛生；十方諸佛及諸菩薩，爲其和尙，是名具
足菩薩戒者，不須羯磨，自然成就，應受一切人天供養。"

또 행도(行道; 경행요불) 일법은 서천(西天; 인도)에서 더욱 중히 여겼나
니, 백천 번 부처님의 주위를 돌고 나서야 바야흐로 일배를 하였다.
경전에서 이르시길, "하루 낮 하루 밤 행도에 지성심으로 사은四恩을
갚을지니, 이와 같은 등 (은혜를 갚는 마음으로) 사람은 매우 빨리 도에
드느니라."206) 하셨다.

且行道一法，西天偏重；繞百千匝，方施一拜。經云："一日一夜行
道，志心報四恩，如是等，人得入道疾。"

《요탑공덕경繞塔功德經》에 이르시길, "용맹하게 늘 정진하고, 신심이
견고하여 무너뜨릴 수 없으며, 짓는 바를 빨리 성취함은 우측으로
탑을 도는 의식으로 말미암도다. 또한 미묘한 자마금 빛깔과 상호

---

206) 「하루 낮 하루 밤 행도에 지성심으로 사은을 갚을지니(一日一夜行
道 志誠心報四恩)。」날마다 아침저녁으로 24시간 언제나 생각해야 하
는 것은 정성을 다해 간절한 마음으로 은혜를 갚는 것이다. 네 가지
은혜가 있으니, 이를 어떻게 갚을 것인가? 언제나 마음속으로 생각
해야 한다. 네 가지 은혜는 바로 「불보살께서 보리혜명慧命을 연속시
켜 주신 은혜, 부모님께서 생명을 길러주신 은혜, 스승과 어른께서
지식을 가르쳐주신 은혜, 중생들이 도를 자라게 하신 은혜(佛菩薩慧
命恩 父母育生命恩 師長敎知識恩 衆生滋長道恩)」이다. 「이와 같은 등
은혜를 갚는 마음으로 사람은 매우 빨리 도를 얻는다(如是等念報恩
是人得入道疾)。」이렇게 네 가지 은혜를 갚는 이치를 명백히 이해하
면 육도만행이 갖추어진다. 이것이 사람노릇을 함이다. 《법화경法華
經·분별공덕품제17分別功德品第十七》, 증엄 스님 /편주

장엄한 몸을 얻어 현세에 사람과 천인의 스승이 됨도 우측으로 탑을
도는 의식으로 말미암도다." 하셨다.

《繞塔功德經》云:「勇猛勤精進, 堅固不可壞; 所作速成就, 斯由右
繞塔。得妙紫金色, 相好莊嚴身; 現作天人師, 斯由右繞塔。」

《화엄참華嚴懺》에 이르시길, "행도를 하면 걸음마다 가이없는 세계를
지날 것이며, 하나하나 도량마다 모두 나의 몸을 볼 것이다"고 하셨다.
또 남산(도선 율사道宣律師)《행도의行道儀》에 이르시길, "대저 행도란
업장이 다할 때를 기한으로 삼고, 날을 한정치 말지니라." 하셨다.
만일 업장이 다함을 논한다면 불지佛地가 이에 사라지리니, 마음은
불타듯 밝게 빛나고 형상은 칼날을 밟듯 위험하도다. 또《의儀》에
이르시길, "지금까지 행도를 하지 않았다면 도업의 상이 인因이 없어
서 현현한다." 하셨다. 《경》에 이르시길, "중생은 마치 큰 부잣집의
눈먼 아이와 같아서 비록 갖가지 보물이 있더라도 볼 수가 없느니라."

《華嚴懺》云:「行道步步過於無邊世界, 一一道場皆見我身。」 南山
《行道儀》云:「夫行道, 障盡爲期, 無定日限。」 若論障盡, 佛地乃
亡。心灼灼如火然; 形翹翹如履刃。《儀》云:「若從來不行道, 業相無
因而現。」[207] 經云:「衆生如大富盲兒, 雖有種種寶物, 而不得見。」

---

207) 경행 혹 요념繞念을 증명함은 무변세계의 제불 설법 도량에 모두
현현하니, 나의 몸으로 탑을 빙빙 도는(旋繞) 행도에 있다. 행도는
능히 수행인으로 하여금 장애를 없애고 지혜를 밝게 하여 범부지에
서 불지佛地에까지 반드시 필요한 행법이라고 말할 수 있다. 단지
신심을 은중하게 가지고 정진하며, 가벼이 여기는 마음과 오만한 마
음이 있어서는 안 된다. 행도를 하지 않으면 불과를 성취할 수 없다.
/강의

4-4 결론 맺어 설명하다

지금 행도의 공덕을 짓는다면 때가 제거되어 마음이 청정해지리니, 마치 침침하던 눈이 밝게 열림과 같고, 맑은 물과 깨끗한 거울에 갖가지 모양이 모두 나타나는 것과 같으며, 또한 태양을 돋보기에 비추면 불이 문득 붙는 것과도 같다.[208]

今行道用功 , 垢除心淨 , 如翳眼開明 , 如水澄鏡淨 , 衆像皆現 , 亦
如日照火珠 , 於火便出。

4-5 의심을 풀다

묻건대, 제법실상에는 선악의 상이 없거늘, 어찌하여 나타남이 있다고 하는가? 답하되, "비록 아我도 없고·조작함도 없고·받는 자도 없으나, 선과 악의 업은 또한 사라지지 않느니라."[209] **하셨다. 제법諸**

---

208) 행도하는 사람은 신업을 단정히 하고 공경심으로 돌고, 구업으로 부처님 명호 공덕을 찬탄하며, 의업으로 부처를 그리워하고 부처님을 생각하며, 혹 법을 염하고 승을 염한다. 이와 같이 삼업이 모두 삼보에 반연하여 경계를 삼으면 날이 갈수록 공이 깊어져서 물이 흘러 도랑을 이루듯 자성삼보가 곧 현전하고 불과가 저절로 성취된다. /강의

209) 《유마경》에 이르시길, "비록 아我도 없고·조작하는 자도 없고·받는 자도 없으나, 선악의 업은 또한 사라지지 않느니라." 하셨다. 그러나 이는 외도의 신아(神我; 영적인 자아)에 겨누어 말씀하신 것이다. 외도들은 유아론有我論를 세워 조작하는 행위와 조작하는 자(作作者), 받는 행위와 받는 자(受受者)로 그들의 윤회설을 건립한다. 불법은 철저히 무아론無我論이다. 그래서 짓는 행위도 짓는 자도 없다고 말하고 다만 업과 과보만 있을 뿐이다. 아我와 아소我所를 집착하기 때문에 업을 지음이 과보를 감득하는 원인이 된다. 무아無我인 즉 해탈에 도달할 수 있다. 그래서 특별히 무아를 중시한다. 업業과 과보가 실재로 있는지 아닌지는 간략하게 말하지 못한다. 실제로 이렇게 항상하고 이렇게 실재하는 조작하는 행위와 행위자는 결코

法은 무상無相이나 유상有相을 보일 수도 있다. 수행자는 행도行道할 때 유상도 염하지 않고 무상도 염하지 않는다. 다만 염념이 공功을 이루면 그 상이 저절로 나타난다.[210] 이는 마치 물동이가 밀실에 놓여 있어 비록 마음에 분별이 없지만, 온갖 모양이 저절로 나타나는 것 같다.

問:諸法實相,無善惡相,云何有現耶?答:雖無我、無造、無受者,善惡之業亦不亡。諸法無相能示有相。行者行道,不念有相,不念無相。但念念功成,其相自現。猶如盆水,處於密室;雖無心分別,衆像自現。

존재한다고 말할 수 없다. 임시로 이름붙인 조작하는 행위와 행위자는 여전히 동의가 필요하다. 마찬가지로 업과 과보는 비록 존재한다고 할지라도 과보의 실재하는 자성도 여전히 얻을 수 없다. 조작하는 행위와 짓는 자, 받는 행위와 받는 자, 업과 과보는 모두 실재 자성을 얻을 수 없어 경에서는 스스로 짓고 스스로 받는다고 말한다. 이것은 모두 연기緣起에 근거하여 임시로 이름붙여 말한 것이다. 이 연기가 환幻과 같아서 업을 짓고, 과보를 받는다는 이치는 불법에서 가장 난해한 것이다. 환과 같은 임시로 지은 이름을 소홀히 하여, 독자계犢子系 등에서는 불가설의 짓는 자와 받는 자를 주장하고, 일분의 대승학자는 여래장이 있어 선善과 불선不善의 인因이 된다고 주장한다. _《중관론송강기》 인순 법사

210) 무릇 진실로 정정업淨業을 수행하는 사람은 종일토록 경행 염불하면서 염불하는 주체(能念)와 염불하는 대상(所念)에도 집착함이 없어 염함이 없으나 염하고, 염하나 염함이 없다. 단지 염념이 이처럼 삼업을 공경심으로 오롯이 부처님 경계에 매어두는 까닭에 이를 신심으로 불법승을 공경하는 공경수恭敬修 · 삼대아승지겁에도 싫증내지 않는 장기수長期修 · 일분일초도 한 사람도 빠뜨림이 없는 무여수無餘修 · 용맹정지진하여 찰나도 풀어지지 않는 무간수無間修라고 한다. 하물며 지성심 · 심심 · 회향발원심의 삼심三心과 예배 · 찬탄 · 작원 · 관찰 · 회향의 오념五念을 구족함이랴. 저절로 정업을 성취할 수 있고, 아미타부처님과 안락정토를 보고자 하면 그 상이 저절로 나타난다. /강의

묻건대, 상이 나타날 때 진위를 어떻게 판별하는가? 어떻게 (진위를) 분별하여 취하고 버리는가? 답하되, 혹 취하면 허공을 취하듯이 하고 혹 버리면 허공을 버리듯이 하라.

問：相現之時, 眞僞何辨？云何分別, 而取捨耶？ 答：若取, 如取 虛空；若捨, 如捨虛空。

묻건대, 오랫동안 닦았으나 증득하지 못하는 사람은 왜 그러한가? 답하되, 경전에 이르시길, "중생심은 거울과 같아서 거울에 때가 끼면 상이 나타나지 못하느니라."211) 하셨다.

---

211) 《대승기신론》에 이르시길, "중생심衆生心은 거울과 같다. 거울이 때가 끼면 색상이 나타나지 못한다. 이와 같이 중생심에 때가 끼면 법신은 현현하지 못한다." 하셨다. 부처님의 삼업묘용三業妙用은 「중생심에 의지」하여야 나중에 비로소 「현현」한다. 부처님의 진제眞際에 근거하여 말하면, 상相이 없어도 볼 수 있고, 법法이 없어도 말할 수 있으며, 말하자면 몸을 나투어 설법함도 없다. 그러나 부처님께서 속제를 따라 중생의 기감機에 감응하심에 근거하여 말하면, 언제 어느 곳이든 몸을 나투어 설법하시지 않음이 없다고 말할 수 있다. 실제로 부처님께서 몸을 나투어 설법하시려면 중생의 기감機感에 의지하여야 하고 중생심의 거울로부터 현현하신다. 그래서 「중생심」은 「거울」과 「같다」. 바깥 면이 비록 경계에 있을지라도 거울이 청정하고 밝아 때가 없어야 경계의 그림자가 나타날 수 있다. 「거울에 때가 끼면, 색상」은 곧 눈앞에 「나타나지」「못한다」. 그렇다고 바깥 면에 색상이 없다고 말할 수 없다. 이를테면 청각 장애자가 소리를 듣지 못하고, 시각장애자가 색상을 보지 못한다고 해서 소리와 모습이 없다고 말해서는 안 된다. 「이와 같이 중생심에 때가 끼면 법신」은 곧 「현현하지 못한다」. 중생이 부처님을 친견할 수 없고 법을 들을 수 없는 것은 중생의 심성에 번뇌가 낀 것이 문제이지, 여래 법신이 평등하지 못하고 널리 감응하지 못함이 아니다. 이러한 뜻에 의거해 말하면, 초지初地 이상의 보살이 법신을 직접 증득하면 곧 보신불을 친견할 수 있다. 법신을 직접 증득하기 이전(지전地前의 중생)에는 법신을 친견하지 못한다. 그러나 번뇌의 때가 점차로 열어지고 인연이 성숙하면 감응하여 응화신應化身을 친견할 수 있다. 《대지도론大

問 : 有人久修不證者 , 何耶 ? 答 : 經云 : 衆生心如鏡 , 鏡垢像不現。

묻건대, 논論에 이르시길, "행도염불212)과 앉아서 하는 염불은 그 공덕이 어떠한가?" 하셨다. 답하되, 비유하면 물결을 거슬러 돛대를 펴도 배가 갈 수 있다 하는데 물결을 따라 돛대를 편다면 얼마나 빠를지 알 수 있으리라. 앉아서 한 번 입으로 염하여도 80억 겁 생사의 죄가 소멸된다 하였거늘 경행하며 염불하는 공덕은 어찌 그 양을 알 수 있겠는가? 그래서 게송으로 이르시길, "오백 번 행도에 일천 번 소리 내어 염할지니,213) 사업이 늘 이와 같으면 서방부처를

智度論》에서도 일찍이 말씀하신 적이 있다. "법신불을 친견할 수 있으면 당하에 반드시 이익을 얻는다." 응신불을 친견하더라도 이익을 얻을지, 얻지 못할지는 일정하지 않다. 이를테면 어떤 사람이 부처님을 친견하고 법을 들어도 유익하지 않을 뿐만 아니라 오히려 점점 더 비방하고 금계를 깨어 타락에 이르게 되는 것과 같다. 그러나 원인遠因으로부터 말하면 여전히 유익하다. 이를테면 문수사리보살이 본생本生 중에 말하였듯이 중생심이 더러움에 물듦을 멀리 여의면 곧 법신이 현현할 수 있다. 그렇다고 이로 인해 중생의 마음이 청정하기만 하면 충분하다고 말하는 것은 아니고, 다시 반드시 부처님이 몸을 나투어야 하는 것도 아니다. 부처와 중생은 전전展轉하며 연緣이 되고, 번갈아 서로 교감한다. 중생의 선근에 훈습함으로 인해 그래서 감응하면 제불이 몸을 나투어 이익을 얻을 수 있다. 자심이 청정하여 곧 부처님을 친견하여 이익을 얻을 수 있음은 자력自力이라 말할 수 있다. 중생이 기감하는 것(所感)과 제불이 감응하는 것(所應)으로 감응도교感應道交함은 곧 타력他力이다. _《대승기신론강기大乘起信論講記》, 인순 법사 /편주

212) 부처님께 절하고(拜佛) 부처님 주위를 돌며(繞佛)하며 염불하는 것으로 이와 같이 염불하면 신구의 모두 염불하는 까닭에 공덕이 매우 수승하다.

213) "행도는 경행으로 일상적인 보행을 가리킨다. 한 걸음에 부처님 명호를 한번 소리내어 염하고 두 걸음(오른쪽 한 걸음, 왼쪽 한걸음)이 한번이 된다. 경행염불을 시작할 때 한 걸음에 한자 걸음마다 한 글자 한 글자 알아차린다. 만약 요행인 경우 한 바퀴 돌 때마다(혹은 자기가 선정한 검사처에) 바로 한번 망상에 빠졌는지 검사한다. 그런

스스로 이루리라.214)" 하셨다.

問：論云：行道念佛與坐念，功德如何？答：譬如逆水張帆，猶云得往；更若張帆順水，速疾可知。坐念一口，尚乃八十億劫罪消；行念功德，豈知其量？故偈云：「行道五百遍，念佛一千聲，事業常如

다음 알아차림을 일으켜 착실히 염불한다. 만약 왕복경행하면 매번 방향을 바꾼 후 잠시 문득 한번 멈추고 망상이 일어났는지 점검한다. 경행을 완료하면 이번 염불이 어떠하였는지 반성하고 경험과 교훈을 결산하고 어떻게 해야 하는지 명확히 한다. 경행염불이 숙련되어 글자마다 알아차리면 한 걸음에 두 글자 혹은 한걸음에 한 마디 명호를 염불할 수 있다. 평상시 반드시 알아차림을 유지하고 끊어지지 않고 연속해서 알아차리도록 노력하여야 한다. 일심불란한 공부를 아직 성취하지 못 하였을 때 가장 중요한 임무는 망상에 빠지는지 촘촘히 살피는 것이다. 마음 상태를 살피고 글자마다 알아차려서 망상세계에서 나온다. 면밀하게 세밀하게 공부하는 관건은 명호를 꽉 지니고 항시 지니는데 있다. 공부가 깊어지면 이때 바야흐로 정종의 조사께서 개시하신 미묘함을 증득할 수 있다."_담연湛然 스님 /편주

214) 왜 당신은 아직도 성불하지 못하고 있는가? 당신의 청정한 본체성품에 범부의 탐·진·치가 발라져서 그것이 드러나지 않기 때문이다. 만약 이를 지울 수 있으면 나와 아미타불은 구별이 없다! 그래서 끊이지 않고 염불함은 원래 아미타불이 아미타불을 염하는 것이다! 배불염불하는 경우 "절할 때 아미타불을 염하기에 딱 알맞으니, 서지 말고 아미타불로 아미타불께 절하라"고 한다. 이는 본체성품상에서 말한 것이다. 사事상에서 말하면 우리들이 절하는 것은 몸 바깥의 부처이다. 본체성품 상에서 말하면 근본적으로 아미타불을 여의고 아미타불에게 절하지 않는다. 바깥의 아미타불의 도움을 빌어 자기 내심의 아미타불을 개발하는 것이다. 이理와 사事가 분리될 수 없기에 사事상의 집지명호를 빌려서 이理상의 집지명호로 상승시킨다. 「이 마음이 그대로 부처이다(是心是佛)」라 함은 우리에게 불성이 있음을 말함이다. 「이 마음이 그대로 부처가 된다(是心作佛)」함은 염불해야 성불할 수 있음을 말한다. 그래서 이 마음이 그대로 부처임을 알아도 여전히 이 마음이 그대로 부처가 되어야 한다. 왜 날마다 염불 배불하고 늘 이와 같길 서원하면 서방 부처를 스스로 이루는가? 왜냐하면 당신의 행위와 말, 마음이 모두 부처가 되는데 있으면 마침내 성불하기 때문이다. _여서如瑞 스님 /편주

此，西方佛自成。」

또한 예배를 하면 무명(번뇌)을 항복 받아 각지覺地에 깊이 내던질 수 있다(성불한다). 공경함이 지극함에 이르고자 하면 나무가 넘어지듯 산이 무너지듯이 해야 한다. 《업보차별경》에 이르시길, "부처님 전에 한 번만이라도 예배하면 그 무릎 아래에서 금강제215)까지 미진 하나에 전륜성왕 한 계위가 되어 열 가지 뛰어난 공덕을 성취하게 될 것이다. 그 열 가지의 공덕이란 이른바 묘색신을 얻는 것, 말을 냄에 사람들이 다 믿는 것, 무리에 처하여 두렵지 않는 것, 부처님께서 호념하여 주시는 것, 큰 위의를 갖추는 것, 온갖 사람들이 다 가까이 따르는 것, 하늘들이 우러러 공경하는 것, 큰 복보를 갖추는 것, 명을 마친 뒤엔 왕생하는 것, 그리고 속히 열반을 증득하는 것을 말한다." 하셨다.

若禮拜，則屈伏無明，深投覺地，致敬之極，如樹倒山崩。《業報差別經》云：禮佛一拜，從其膝下全金剛際，一塵一轉輪土位。獲十種功德：一者、得妙色身。二、出言人信。三、處衆無畏。四、諸佛護念。五、具大威儀。六、衆人親附。七、諸天愛敬。八、具大福報。九、命終往生。十、速證涅槃。

또 늑나바제216) 삼장법사께서 이르시길, "지혜를 발하여 청정하게

---

215) 지층이 가장 낮은 곳으로 금강륜제金剛輪際라고도 한다. 《구사론》에 따르면 기세간에는 풍륜이 가장 아래 있고, 그 위가 수륜이며 물은 응결되어 금륜이 되고 금륜 위에 아홉 개 큰 산이 있는데 묘고산이 그 가운데 머물러 있으며 금강제는 곧 금륜의 가장 아래 끝이다. /강의

216) 중인도 출신의 삼장에 정통한 역경승이다. 중국의 북위北魏 시대

예배한다 함은 진실로 부처님의 경계를 통달하고 지혜의 마음이
밝고 예리하여 법계가 본래로 걸림이 없음을 요지了知하는 것이다.
나는 무시이래로 범부 세속을 따라 유가 아닌데 유라고 생각하고,
걸림이 아닌데 걸림이라고 생각하였다. 그러나 이제 자심이 텅 비어
걸림이 없음을 요달한 까닭에 예불을 행하여 마음을 따라 현량現
量217)하니, 한 부처님께 예불함이 곧 일체제불께 예배함이요, 일체제
불께 예배함이 바로 일불에 예배함이다. 이는 부처님의 법신으로써
체용이 융통한 까닭에 한 번 예배하면 법계에 두루 통한다. 이와
같이 갖가지 향화로 공양하는 것도 예가 이와 같다. 육도사생六道四
生218)이 함께 부처님이라는 생각을 짓는다." 하셨다.

三藏勒那云:「發智淸淨禮者, 良由達佛境界, 慧心明利, 了知法界

에 낙양으로 들어와서, 구경일승보성론(究竟一乘寶性論), 십지론 20권
등을 번역하고 중국어에 능통하여 법화경을 강설하였다. /강의
217) 삼량(三量)의 하나. 비판과 분별이 없이 외계의 사상(事象)을 있는
그대로 받아들이는 것을 이른다. 양量은 인식·지식으로 헤아림(測
量)의 기준(準繩)이다. 유식학은 삼량을 세워서 심식에 갖추어져 있는
양탁(量度; 헤아려 인식함)을 밝힌다. 우리들의 심식활동 중에 인식할
수 있는 작용을 식識이라 하고, 인식하는 대상을 경境이라 한다. 이
인식하는 주체와 인식 대상 사이에 심식은 능량能量이고, 인식경계는
소량所量이다. 이 능량과 소량 사이에 식량識量의 일어남이 있다. 우
리들이 심식이 바깥 경계를 인식하여 헤아려 생각하며 인식함(計慮量
度)이 없다면 이 경계가 검은지 흰지, 둥근지 각진지 알 수 없으니,
식량이 인식작용에서 얼마나 중요한지 알 수 있다. 능량으로써 소량
을 헤아리고 얻은 과를 양과量果라고 한다. 식의 양탁에는 현량現量
·비량比量·비량非量, 세 가지가 있다. 현량現量은 능연能緣의 마음
으로 연하는 경계를 헤아릴 때 분별 계도計度하여 획득하는 양과量
果가 일어나지 않는다. /편주
218) 육도는 육취六趣라고도 하며 중생이 사집邪執·번뇌·선업·악업
등으로 인하여 죽어서 머무른다는 장소를 여섯 가지로 나눈 것으로
곧 지옥·아귀·축생·수라·인도·천도를 가리킨다. 사생은 생물이
태어나는 4가지 유형으로 태생(胎生)·난생(卵生)·습생(濕生)·화생
(化生) 등이다. /편주

本無有閡，由我無始順於凡俗，非有有想，非閡閡想。今達自心虛通
無閡，故行禮佛隨心現量。禮於一佛，即禮一切佛；禮一切佛，即是
禮一佛。以佛法身，體用融通故。禮一拜遍通法界；如是香華種種供
養，例同於此。六道四生，同作佛想。」

또 문수보살께서 이르시길, "마음이 생멸하지 않는 까닭에 공경히
예배함에도 관할 바가 없나니, 오직 안으로는 평등을 행하고 밖으로
수순하여 공경함을 닦아서 안과 밖이 함께 은밀히 계합함을 평등례平
等禮라 하느니라." 하셨다.

文殊云：心不生滅故，敬禮無所觀。內行平等，外順修敬；內外冥
合，名平等禮。

또 《법화참法華懺》에 이르시길, "예배할 때를 당해서 비록 예배하는
주체(能禮)가 예배하는 대상(所禮)를 얻을 수 없으니 그림자처럼 나타
난 법계의 불전佛前 하나하나에서 모두 자신이 예배함을 본다." 하셨
다.

《法華懺》云：當禮拜時，雖不得能禮、所禮，然影現法界，一一佛
前，皆見自身禮拜。」

간략히 조사의 가르침을 인용하여 보니 이理와 사事가 분명한데,
부처님의 뜻을 멸하고(謗佛) 금문을 헐뜯는(謗法) (과업을 일으켜서)
편견에 의거해 원교의 종지를 손상시켜서는 안 된다.

略引祖教，理事分明，不可滅佛意而毀金文，據偏見而傷圓旨。

묻건대, 문수보살께서 이르시길, "마음이 허공과 같아서 예경하여 관할 바가 없고, 수다라가 깊고 깊어 듣지도 않고 수지하지도 않는다." 하셨다. 어찌 상에 집착함을 예불이라 하는가?《순문徇文》이르길, "경전 염송은 대보살(大士)의 참되고 진실하신 말씀을 어기는 것이고, 제불의 깊은 종지를 잃어버리는 것이다." 하셨다.

답하되, 이것은 비록 이理를 기준하여 서술한 것이나, 또한 사事가 없으면 드러나지 않으므로 사事를 좇아 베푼 것이며, 또한 이理가 없으면 원만할 수 없으므로 이理와 사事가 서로 이루어야 비로소 그 뜻이 드러난다. "마음이 허공과 같아서 예경하여 관할 바가 없다." 함은 이는 그 능소能所의 견해를 깨뜨림이다. 왜 그러한가? 마음이 허공과 같다 함은 예배하는 주체의 견해를 짓지 않음이요, 관할 바가 없다 함은 예배하는 대상이 없음이다. 이와 같이 예배할 때는 한두 부처님을 대함이 아니요, 마음이 태허와 같고 몸은 법계에 두루하다. 또 듣지도 않고 수지하지도 않는다 함에서 듣지 않음은 관할 수 있는 법의法義가 없다는 말이요, 수지하지 않음는 곧 기억할 수 있는 문자가 없다는 뜻이니, 이와 같이 경전을 수지하면 어찌 중단됨이 있겠는가. 또한 설하는 자도 내보일 것이 없고 듣는 자도 얻을 것이 없다. 그러나 비록 이理를 기준하여 말할지라도 사事 밖의 이理가 됨이 아니니, 이미 사事를 여의지 않았다면 바로 이理 가운데 사事이다. 이것이 바로 예배할 때 예배하는 상이 없고, 수지할 때를 당해서 수지하는 상이 없음이다. 말에 의지하고 뜻에 의지하여서 (외도의) 단멸견과 (화성化城을 잘못 보소寶所라 여기는) 치우친 견해를 일으키지 말라!

問 : 文殊云 : 心同虛空故 , 敬禮無所觀 ; 甚深修多羅 , 不聞不受持。 如何執相稱禮佛?徇文云誦經?違大士之誠言 , 失諸佛之深旨。答 : 此雖約理而述 , 且無事而不顯 ; 從事而施 , 又無理而不圓。理事相成，方顯斯旨。夫言心同虛空故，敬禮無所觀者，此是破其能所之見。
何者？心同虛空，不見能禮；無有所觀，則無所禮。如是禮時，非對
一佛、二佛，心等太虛，身遍法界。不聞不受持者，不聞，則無法義可
觀；不受持，則非文字可記。如是持經，有何間斷？亦是說者無示，
聽者無得。然雖約理，非爲事外之理；旣不離事，卽是理中之事。此乃
正禮時無禮；當持時不持。不可依語而不依義，而興斷滅偏枯之見
乎！

5. 정도와 조도가 서로 필요하다

5-1 질문을 베풀다

묻건대, 육념법문六念法門219)과 십종관상十種觀相220)이 비록 조도助道라고 하지만, 모두 망상을 따라서 육진경계에 반연하여 일으키는 것이라, 조금이라도 일으키면 여여부동한 심성(眞)을 거스르게 될 것이니, 어찌 정념만 하겠는가?

問 : 六念法門 , 十種觀相 , 雖稱助道 ; 徇想緣塵 , 瞥起乖眞 , 何如淨
念 ?

5-2 바로 대답하다

답하되, 무념無念 일법은 온갖 행의 근원이다. 미세하여 보기 어려운 상념까지도 모두 사라짐은 (매우 어려워) 오직 부처님이라야 구경청정이라 말할 수 있다. 경에 이르시길, "삼현십성三賢十聖은 과보果報에 머물거니와 오직 부처님 한 분만이 정토에 거하신다." 하셨다.221)

---

219) 육수념六隨念이라고도 한다. 첫째는 염불念佛로 늘 부처님을 그리
워하고 생각하라. 둘째는 염법念法으로 진리의 말씀인 부처님의 가르
침을 떠올려라. 셋째는 염승念僧으로 언제나 청정한 승가와 화합대중
을 생각하라. 넷째는 염계念戒로 오계, 십계, 보살계 등 부처님의 계
법을 늘 유념하라. 다섯째는 염시念施로 가장 기쁜 일, 늘 보시행을
염두에 두어라. 여섯째는 염천念天으로 욕계, 색계, 무색계의 하늘(과
윤회계를 벗어난 극락세계)에 태어나기를 늘 발원하라. /편주

220) 천태 십승관법十乘觀法을 가리키는 것으로 첫째 관부사의경觀不思
議境, 둘째 발진정보리심發眞正菩提心, 셋째 선교안심지관善巧安心止
觀, 넷째 파법편破法遍, 다섯째 식통색識通塞, 여섯째 도품조적道品調
適, 일곱째 대치조개對治助開, 여덟째 지차위知次位, 아홉째 능안인能
安忍, 열째 무법애無法愛이다. /강의

221)《인왕호국반야경》에 따르면 십주·십행·십회향의 삼현보살三賢菩

하물며 범부지凡夫地에 거하거나 초심初心에 있는 보살이 조도(助道; 조행수도)의 법문이 없어 정도(正道; 자성청정심)가 단독으로 스스로 드러날 연유가 없음에랴. (하물며) 게다가 육념六念의 법은 능히 마환魔幻을 소멸시키고 공덕을 증진해서 선근을 도와 책발策發하는 것이며, 십관十觀의 문은 탐착을 잘 여의게 하고 (불지에) 몰래 통하게 하여 탁념濁念을 청정하게 하여 은밀히 참된 근원(성상융즉의 묘도)에 계합케 함에랴. 이는 모두 도에 드는 중요한 길목이 되는 나루터이며, 깊고 미묘한 선禪의 (방규方規) 궤칙을 다 닦도록 하는 것이다. 이는 마치 지팡이를 짚어야 (땅바닥에 넘어지는) 위험으로부터 도와주는 힘이 생기듯, 배를 타야 저 언덕에 도달할 수 있는 공을 획득하듯 (조도의) 공력을 갖추어 (정도를) 이룬 후에는 배와 지팡이는 모두 버릴지라.

答：無念一法，衆行之宗；微細俱亡，唯佛能淨。故經云：「三賢十聖住果報，唯佛一人居淨土。」 況居凡地又在初心，若無助道之門，正道無由獨顯。且六念之法，能消魔幻，增進功德，扶策善根；十觀之門，善離貪著，潛淸濁念，密契眞源。皆入道之要津，盡修禪之妙軌。似杖有扶危之力；如船獲到岸之功。力備功終，船杖俱捨。

6. 계를 지킴과 범함, 양변에 집착함이 없다

6-1 질문을 베풀다

薩 내지 십지의 성위대사聖位大士는 여전히 이숙식異熟識이 있는데, 이는 중생의 과보체가 되므로 「과보에 머문다」 하셨다. 오직 원성불과圓成佛果가 있어야 금강도金剛道 후 이숙異熟이 공하고 팔식을 바꾸어 사지보리四智菩提를 이루어 본래청정심을 회복하고 바로 습기가 모두 사라지므로 「정토에 거한다」 하셨다. 이로 말미암아 정념淨念의 경계는 부처의 경계이므로 범부중생은 단지 희망이 있을 뿐 즉할 수 없다. /편주

묻건대, 《수능엄경》에 이르시길, "계율을 지키느냐 범하느냐는 단순히 몸을 단속함이니 몸이 아니면 단속할 대상도 없느니라." 하셨다. 또 법구경에 이르시길, "계의 성품은 허공과 같아서 지계에 집착한다면 사로잡혀서 전도될 것이니라." 하셨다. 어떻게 사상事相을 애써 고집하여 생각을 굽히고 몸을 속박하는가? 어찌하여 아무 거리낌 없이 자유롭게 행하여 공허에 무너지고 육도를 밟지 않는가?

問 : 《首楞嚴經》云 :「持犯但束身 , 非身無所束。」《法句經》云 :「戒性如虛空 , 持者爲迷倒。」何苦堅執事相 , 局念拘身 ? 奚不放曠縱橫 , 虛壞履道 ?

6-2 바로 답하다

답하되, 이는 정식情識의 집착을 깨뜨림이지, 계덕戒德을 떨어 없애는 것은 아니다. 만약 자신은 계를 지키고 남이 계를 범하는 모습을 보고서 혹 헐뜯고 비방하는 마음을 일으키면 계를 지켜 그릇됨은 막겠지만 그로 인해 허물이 늘어난다. 이와 같은 부류는 실로 미혹 전도되었다.222)

答 :「此破執情 , 非祛戒德。若見自持、他犯 , 起譏毀心 , 戒爲防非 , 因防增過 , 如斯之類 , 實爲迷倒。

---

222) 인광 대사께서 법문하시길, "단지 자신에게 관심을 가질 뿐 남에게 관심을 갖지 말라. 단지 남의 좋은 모습만 볼 뿐 남의 무너진 모습을 보지 말라. 모든 사람은 보살이지만, 오직 나 한 사람만이 실로 범부라고 볼지어다." 하셨다. 계의 공용은 그릇됨을 막고 악을 그침에 있다. 만약 지계로 인해 과실이 늘어난다면 이에 집착해서는 안 된다. /강의

6-3 인용하여 증명하다 · 결론 맺어 설명하다

《정명경》에 이르시길, "깨끗한 행도 아니요 더러운 행도 아닌 것이
곧 보살행이니라." 그러므로 계를 지님과 범함, 양변에 집착하지
않는 것이 진실한 지계이다.

《淨名經》云 :「非淨行、非垢行 , 是菩薩行。」故不著持犯二邊 , 是眞持
戒。

《대반야경》에 이르시길, "계를 지키는 비구는 천당에 오르지 못하고
계를 깨뜨리는 비구는 지옥에 떨어지지 않느니라. 왜 그러한가?
법계 중에는 계를 지님도 범함도 없는 까닭이다." 하셨다. 이 또한
집착을 깨뜨리기 위함으로 제법이 공함을 요달하고, 사事와 이理를
함께 지키면 몸과 마음이 함께 청정하리라.

《大般若經》云 :「持戒比丘 , 不昇天堂 ; 破戒比丘 , 不墮地獄。何以
故？法界中無持犯故。」此亦破著 , 了諸法空 , 事理雙持 , 身心俱淨。

또한 만일 종횡으로 자재함을 말한다면 오직 부처님 한 분만이 청정한
계를 지키실 뿐 그 나머지는 모두를 파계자라 이름 한다. (번뇌)습
習[223]을 지닌 채 여전히 경계에 끄달리거늘 현행(번뇌)으로 어찌
반연의 속박에서 도망치겠는가. 삼업으로 (청정을) 수호하기 어렵고
방일한 (숙습宿習의) 근이 깊은데, 마치 술 취한 코끼리가 고삐 풀린
듯 어리석은 원숭이가 숲을 얻은 듯하고, 달리는 파도를 잠시 거느린
듯 날아다니는 새를 바구니에 잡아둔 듯하다. 만일 선정의 물·계율

---

223) 습기(習氣, vāsanā)는 업의 잠재적 인상, 잠재 여력, 습관성, 훈습
　　에 의해 남겨진 기분을 뜻한다. 이는 번뇌습煩惱習, 여습餘習, 잔기
　　殘氣 등으로도 쓰며, 습習으로 약칭하기도 한다. /편주

의 향·지혜의 등불이 없다면 조적照寂224)의 연유가 없을 것이다.225) 그래서 보살은 (사事상으로는) 이어받은 계법戒法을 스승으로 삼아야 하고, (이理상으로는) (사념처를) 명료하게 통달하여 부처님의 교칙敎勅을 준행遵行하여야 한다. 비록 작은 죄를 지을지라도 마음속에 품고 있던 생각을 일으켜 범했다는 경각심으로 인해 크게 두려워하고, 근신하여 계체戒體의 청결을 범하지 않도록 가벼운 것이든 무거운 것이든 계법을 동등하게 지켜야 한다. 이는 세간 사람의 (불교에 대한) 비난과 혐오를 그치게 하고, (비불교도에게) 의심과 비방이 생기지 않도록 염려하기 때문이다. 대저 계란 만선의 기초이고, (삼계를) 벗어나기 위해서 반드시 거쳐야 하는 통로이다. 만일 이러한 계행戒行이 없다면 일체 선법공덕은 모두 생겨날 수 없다.

又若論縱橫自在，唯佛一人持淨戒，其餘皆名破戒者。帶習尚被境牽，現行豈逃緣縛。三業難護，放逸根深。猶醉象無鉤，癡猿得樹；奔波乍擁，生鳥被籠。若無定水、戒香、慧炬，無由照寂。是以菩薩，稟戒爲師，明遵佛勅。雖行小罪，由懷大懼；謹潔無犯，輕重等持；息世譏嫌，恐生疑謗。夫戒爲萬善之基，出必由戶，若無此戒，諸善功德皆不得生。

---

224) 《묘법법화경》 여래수량품에 이르시길, "그러나 이제 참으로 멸도滅度함이 아니면서도 곧 이르되 당래에 멸도를 취하리라 하였다(然今非實滅度 而便唱言當取滅度)." 하셨다. 천태지자 대사께서는 《법화문구》에 이르시길, "만약 조적(照寂; 제법의 본체인 적멸을 비춤)이라 말한다면 곧 멸도를 이름이고, 만약 적조(寂照; 적멸의 본체로부터 비춤을 일으킴)라 말한다면 곧 생生을 이름이다. 법신은 비록 생生도 아니고 멸滅도 아닐지라도 역시 생멸生滅이 있다." /편주

225) 만약 선정을 닦고 계율을 지키는 공능이 조금도 없다면 반야의 지혜광명을 계발할 수 없을 뿐만 아니라 인공人空·법공法空을 비추어 도과道果를 증득할 수 없으며 결정코 번뇌에 묶여 삼악도에 머물러 괴로움을 받는다. 이때 이르러 계율을 지키지 않았다 후회해도 늦다. /편주

《화엄경》에 이르시길, "계는 발보리심(의 근본)을 열고, 학처學處는
부지런히 공덕지를 닦음이니, 계와 학처를 항상 수순하여 행하면
일체여래께서 칭찬 찬미하시는 바이다."226) 하셨다.

《華嚴經》云：戒能開發菩提心，學是勤修功德地，於戒及學常順行，
一切如來所稱美。

《살차니건자경》에 이르시길, "만일 계를 지키지 아니하면 내지 피부
에 옴이 생긴 야간227)의 몸도 받지 못하거늘 하물며 (인천·삼승성현
내지 제불의) 공덕법신을 얻겠는가?" 하셨다.

《薩遮尼乾子經》云：若不持戒，乃至不得疥癩野干身，何況當得功德
法身。

---

226) 이는 중도원융의 계행을 신해함을 기준으로 말한 것으로 일반 지
계와 다른 부분이 있다. 「계」는 그릇을 막고 악을 그칠 수 있고,
「학」은 보살의 학처이며 일체선행을 가리킨다. 《유가사지론》의 말씀
에 따르면, 이미 발심하였다면 응당 일곱 곳에서 수학해야 하는 까
닭에 「학처學處」라고 한다. 첫째 자리처自利處, 둘째 이타처利他處,
셋째 진실의처眞實義處, 넷째 위력처威力處, 다섯째 성숙유정처成熟有
情處, 여섯째 성숙자불법처成熟自佛法處, 일곱째 무상정등보리처無上
正等菩提處이다. 그래서 첫 번째 구에서는 계가 청정하면 심성이 청
정하고 보리심이 개발된다. 두 번째 구는 정근하며 일체선법을 닦은
인과공덕은 모두 학처에 의지해 생겨나는 까닭에 터전이라 하였다.
세 번째 구는 계와 학처가 나란히 행함으로 바로 법에 수순하여 선
행을 행함이다. 네 번째 구는 계와 학처 두 가지 행으로 얻은 공덕
은 일체여래가 칭찬찬미의 대상이 된다. /강의
227) 야간野干은 여우보다는 작고, 청황색의 몸에 꼬리가 크며, 나무에
잘 타고 무리를 이루어 행동하며, 밤에 늑대처럼 운다. 보살이 계를
지키지 않으면 삼악도 중에서 가장 하열한 축생도 연분이 없다. /편
주

《월등삼매경》에 이르시길, "비록 부귀한 귀족(色族)이나 박학다재한 사람(多聞)일지라도 만일 계율을 수지하지 않고 지혜를 수습하지 않는다면 금수나 마찬가지이고, 업신여김을 받고 견문이 적은 사람일라도 청정한 계율을 지킨다면 최상등의 사람(勝士)이라 이름한다."228) 하셨다.

《月燈三昧經》云：雖有色族及多聞，若無戒智猶禽獸；雖處卑下少聞見，能持淨戒名勝士。

《대지도론》에 이르시길, "어떤 사람이 이 계율을 버리면 비록 산속에서 고행을 닦으며 열매를 먹고 약을 복용할지라도 금수와 다를 바 없다. 비록 어떤 사람이 높은 집, 대궐에 살며 좋은 옷을 입고 맛난 음식을 먹을지라도 이 계를 행할 수 있는 사람이 더 좋은 곳에 나고 도과를 증득할 것이다. 또한 지독한 큰 병에 걸렸어도 계를 양약으로 삼고, 큰 두려움에 처할지라도 오직 계를 수호처로 삼으며, 임종시 캄캄한 어두움에 처할지라도 계를 등불로 삼고, 악도에 처할지라도 계를 교량으로 삼으며, 죽음의 바다에 처할지라도 계를 큰 배로 삼을 지니라." 하셨다.

《智論》云：「若人棄捨此戒，雖山居苦行，食果服藥，與禽獸無異。若有雖處高堂大殿，好衣美食，而能行此戒者，得生好處，及得道果。又大惡病中，戒爲良藥；大怖畏中，戒爲守護；死闇冥中，戒爲明燈；於惡道中，戒爲橋梁；死海水中，戒爲大舡。」

228)《관무량수경》에 이르시길, 염불하는 사람이 마땅히 알지니 이 사람은 곧 인간 가운데 분다리화이니, 관세음보살과 대세지보살께서 그의 수승한 벗이 되고 도량에 앉아(성불) 제불의 집에 태어나느니라." 하셨다. /편주

또한 지금과 같은 말법시대 종문宗門 중에서 대승을 배우는 이들 다수는 계율을 경시하여 작은 행에 집착한다 이르고 계를 엄히 지킴을 잃어버린다. 그래서 《대열반경》에 부처님께서 열반에 임하실 때 율律을 도와서 늘 지혜를 닦고 계를 지키는 일을 모두 엄하게 하라고 이야기 하셨다. 그래서 이 경을 부르시길 「상주하는 혜명과 바꾸는 귀중한 보배」라 하셨다.229) 왜 그러한가? 만일 이러한 가르침이 없다면 다만 입으로만 해탈을 취할 뿐 온전히 수행을 하지 않을 것이니, 그런 즉 지혜를 닦고 계를 지키는 일을 모두 잃어버리기 때문이다. 그래서 《원각경》에 이르시길, "계(尸羅)가 청정하지 아니하면 삼매는 현전하지 않느니라." 하셨다. 선정에서 지혜를 발하고 사事로 인해 이체가 드러난다. 만일 삼매가 모자라면 무엇을 통해 지혜를 이루겠는가? 이는 계로 인해 선정을 얻고 선정으로 인해 지혜를 얻음을 알게 한다. 그래서 「상주하는 혜명과 바꾸는 귀중한 보배」라 하셨다. 어찌 부처님의 수명을 멸해서 바른 율의律儀를 무너뜨리겠는가? 승단의 큰 바다 안에서 죽은 송장230)이 되고, 수달다 장자의 정원 중에서 독수毒樹231)가 됨은 뭇 성인들이 책망하는 바요,

229) "말법시대에 여러 악비구들이 파계하여 (계문) 여래의 무상을 말하고 (승문) 외전을 독송하니, 곧 지혜를 닦고 계를 지키는 일(乘戒)이 없고 상주하는 혜명을 잃으리라. 이 경에 의지하여 말미암아 율을 도와 불성상주를 말하니(扶律說常), 곧 지혜를 닦고 계를 지키는 일을 갖추리라. 그래서 이 경을 부르시길 「상주하는 혜명과 바꾸는 귀중한 보배」라 하셨다."《묘법연화경현의석첨妙法蓮華經玄義釋籤》/ 편주

230) 《화엄경》에 나오는 바다가 갖는 열 가지의 큰 덕상德相 가운데 둘째 불수사덕不受死德의 덕이니, 온갖 더러운 종류의 물이라도 일단 바다로 흘러 들어오면 곧 정화되어 한 바닷물로 화합이 되나 다만 죽은(영원히 구제할 수 없는 썩은 물건) 것은 스스로가 조수에 밀려 나오고 만다. /편주

231) 수달다 장자의 정원에는 온갖 기화요초를 조화있게 심고 가꾸며 꽃피우나, 다만 독수가 나면 온 동산을 황폐케 함으로 크기 전에 배어 없애버리게 된다. /편주

제천이 꾸짖는 바라. 선신이 가까이 하지 않고 악귀도 그 자취를 잘라낼 것이다. 국왕의 땅에서는 살아서 도적의 몸이 되고 염라대왕의 관할에서는 죽어서 옥졸이 되리니, 모든 지혜로운 자들은 마땅히 잠시라도 사유할지어다!

又如今末代宗門中，學大乘人，多輕戒律；稱是執持小行，失於戒急。所以《大涅槃經》佛臨涅槃時，扶律談常，則乘戒俱急，故號此經，爲贖常住命之重寶。何以故？若無此教，但取口解脫，全不修行，則乘戒俱失。故經云：「尸羅不淸淨，三昧不現前。」從定發慧，因事顯理；若闕三昧，慧何由成？是知因戒得定，因定得慧，故云贖常住命之重寶。何得滅佛壽命，壞正律儀？爲和合海內之死屍，作長者園中之毒樹。衆聖所責，諸天所訶；善神不親，惡鬼削跡。居國王之地，生作賊身；處閻羅之鄕，死爲獄卒。諸有智者，宜暫思焉。

7. 이와 사를 함께 참회한다

7-1 질문을 베풀다

묻건대, 공이 곧 죄의 본성이요, 업이 본래 진여라 하였다.[232] 상을 취한다면 허물만 늘 것이니, 어떻게 참회해야 하는가.

問：空卽罪性；業本眞如。取相增瑕，如何懺悔。

7-2 바로 답하다

답하되, 만일 번뇌의 장애(道)를 끊고자 한다면 이참(理懺; 실상참)을 닦는 것이 알맞다. 업과 고(報)의 두 가지 장애를 끊고자 한다면 모름지기 사참(事懺; 작법참)을 한다. 몸을 던져 귀명하되 눈물을 흘리면서 정성을 다한다면 부처님 위신력의 가지를 감득하여 선근이 문득 발하리라. 마치 연꽃이 햇볕을 받아 활짝 피어나고 때와 먼지가 쌓인 기울을 갈고 닦아서 찬란히 빛나는 것과 같다. 세 가지 장애[233]가 제거되면 12인연이 멸하고 일체 죄업이 소멸함에 오음五陰의 집이 공하리라.

---

232) 참회게懺悔偈에서 이르길 "죄는 마음에서 일어나니 마음을 참회해야 한다. 마음이 만약 멸할 때 죄 역시 없어진다. 마음이 없고 죄가 사라져 둘 다 공하면, 이를 진정한 참회라 한다." 하였다. 참회법문은 이理와 사事로 나뉜다. 이理상에서 실상참實相懺이라 한다. 바로 죄의 자성은 본래 공이라 관하고, 죄를 짓지만 연기를 따라 당체는 바로 진여이니 마음이 공하면 죄가 멸한다. 사事상에서는 작법참作法懺이라 한다. 바로 율에서 말하는 갖가지 참회는 죄갈마罪羯磨를 벗어나는 작법이다. /편주

233) 정도正道를 가로막고 선심善心을 해치는 세 가지 장애로 삼도三道라고도 한다. 탐진치의 번뇌장煩惱障과 처자 등에 생기는 업장業障, 그리고 부모나 나라에 의해 생기는 보장報障의 3가지를 말한다. /편주

答：若煩惱道，理遣合宜；苦業二道，須行事懺。投身歸命，雨淚翹誠；感佛威加，善根頓發。似池華，得日敷榮；若塵鏡，遇磨光耀。三障除而十二緣滅，衆罪消而五陰舍空。

7-3 인용하여 증명하다

《최승왕경》에 이르시길, "일체지一切智·청정지淸淨智·부사의지不思議智·부동지不動智·삼먁삼보리정변지三藐三菩提正遍智를 구하려는234) 이는 또한 참회를 행하여 업장을 소멸시켜야 한다. 왜 그런가? 일체 제법이 인연을 좇아 나기 때문이다." 하셨다.

《最勝王經》云：求一切智、淨智、不思議智、不動智、三藐三菩提、正遍知者，亦應懺悔，滅除業障。何以故？一切諸法，從因緣生故。

또 경에 이르시길, "앞 마음이 죄를 일으킴은 마치 구름이 허공을 덮은 것과 같고, 뒷 마음이 죄를 멸함은 마치 횃불로 암흑을 깨뜨리는 것과 같으니, 모름지기 횃불이 멸하면 암흑이 되는 줄 알아서 반드시 항상 참회의 횃불을 밝혀야 한다." 하셨다.

又經云：前心起罪，如雲覆空；後心滅罪，如炬破暗。須知炬滅暗生，要須常然懺炬。

---

234) 「삼먁삼보리」는 범어로 정등각 혹은 정변지로 변역된다. 여기서는 한문과 범어를 합쳐서 삼먁삼보리정변지라고 하였다. 이는 불지佛智의 총칭이다. 앞의 네 가지는 부처님의 별지別智로 사지보리四智菩提이다. 첫째 일체지는 진제를 증득한 곧 관공觀空의 묘관찰지妙觀察智이다. 둘째 정지淨智는 속제를 증득한 곧 출가出假의 성소작지成所作智이다. 셋째 부사의지는 중도제일의제를 증득한 공가空假 불일불이의 평등성지平等性智이다. 다섯째 부동지로 생멸의 이숙식異熟識을 불생멸의 무구식無垢識으로 바꾼 바로 대원경지大圓鏡智이다. /강의

《미륵소문본원경》에 이르시길, "미륵보살께서는 선교방편235)의 안락행으로써 위없이 바르고 진실한 도를 얻으시고,236) 밤낮 여섯 때 옷을 단정히 하고 몸을 잡도리하고서 무릎 꿇어 시방을 향해 이 게송을 설하시길, 「제가 일체의 허물을 참회하옵나니 중생의 도덕을 (따라 기뻐하며) 도와주시길 권청하오며, 일체 제불께 귀명하며 예배하옵나니 위없는 지혜를 얻게 하옵소서.」237)" 하셨다.

《彌勒所問本願經》云：彌勒大士，善權方便，安樂之行，得致無上正眞之道。晝夜六時，正衣束體，下膝著地，向於十方，說此偈言：我悔一切過，勸助衆道德；歸命禮諸佛，令得無上慧。

---

235) 불보살이 중생의 근기에 따라 알맞은 수단을 잘 활용하여 상대방을 교화하여 바른 길로 이끄는 뛰어난 방편을 이름.

236) 선교방편의 안락행은 바로 참회·수희·회향이다. 미륵보살께서 말씀하신 「수희회향隨喜迴向」은 무상無相의 「수희회향」으로, 바로 반야바라밀과 상응하는 것이다. 즉 반야법문이 방편안락행을 포섭한다. 《초기대승불교의 기원과 발전(初期大乘佛敎之起源與開展)》, 석장자釋長慈 /편주

237) 「허물을 참회한다」 함은 무시이래 신구의로 지은 일체의 여러 악업과 과실을 참회함을 말한다. 「권청한다」 함은 시방의 일체보살로 아직 성불하지 못한 이들은 속히 성불하길 원하고, 이미 성불한 이들은 항상 세상에 머물러 정법륜을 굴리시며, 열반에 들지 말고 유정들을 이롭고 즐겁게 해주기를 권청하는 것을 말한다. 「돕는다」 함은 일체 범부와 성인의 공덕을 따라 기뻐하고, 시방세계 일체중생이 영원히 질투의 마음을 버리며, 그 일체공덕과 내지 한 올의 작은 선행일지라도 수학하여 제가 지금 빠짐없이 다 돕고 따라 기뻐함을 말한다. 「귀명한다」 함은 자신의 목숨을 들어 제불께 귀의하는 것으로 바로 찰진의 몸으로써 찰진의 부처께 두루 예배하는 것을 말한다. 「위없는 지혜를 얻게 한다」 함은 이상의 네 가지 공덕 및 닦은 일체의 선으로써 다 회향하여 일체중생에게 베풀어 함께 무상종지정등보리를 원만히 이룸을 말한다. 무릇 참회하고 발원하는 것은 이 다섯 가지 법을 벗어나지 않는다. _《예불의식》 사문 홍찬弘贊 편 /편주

《대집경》에 이르시길, "백년의 묵은 때 묻은 옷도 하루아침에 세탁하여 깨끗하게 할 수 있는 것과 같이 백겁 중의 쌓인 모든 불선업도 부처님의 법력으로 잘 수순하고 사유하면 한 날 한시에 다 능히 소멸할 수가 있다." 하셨다. 또 경에 이르시길, "모든 복 가운데 참회가 으뜸이니, 큰 장애를 제거하여 크게 선한 이익을 획득하기 때문이다." 하셨다.

《大集經》云：百年垢衣，可於一日浣令鮮淨；如是百劫中所集諸不善業，以佛法力故，善順思惟，可於一日一時盡能消滅。又經云：然諸福中，懺悔爲最。除大障故，獲大善故。

《대지도론》에 이르시길, "보살도 참회하며 (응당 은중심殷重心과 감은심感恩心을 내며) 슬픔을 눈에 가득 머금나니, 하물며 제불보살(대성인)을 만나 죄를 사하는 법을 세우지 않고 죄업을 안은 채 생사에 윤회하여 오랜 겁이 지나도록 무궁한 괴로움을 받을 것인가." 하셨다.

論云：菩薩懺悔，銜悲滿目。況不蒙大聖，立斯赦法，抱罪守死，長劫受殃。

《아비달마비바사론》에 이르시길, "만일 어떤 이가 한때라도 시방의 부처님 전에 일체 중생을 대신하여 오회방편(五悔)을 수행하면 그 공덕이 형량함이 있다면 삼천대천세계를 용납할 수 없을 것이다." 하셨다.

《婆沙論》云：若人於一時，對十方佛前，代爲一切衆生，修行五悔，其功德若有形量者，三千大千世界著不盡。

《고승전》에 따르면, 담책 스님이 도량에서 참회를 행하시니 칠불七佛238)께서 현신하여 말씀하시길, "그대의 죄는 이미 다 소멸하였으니 현겁賢劫 중에 성불하여 호를 보명불普明佛이라 하리라." 하셨다.

《高僧傳》曇策於道場中行懺 , 見七佛告曰 : 汝罪已滅 , 於賢劫中號普明佛。

혜사 대선사께서는 방등참법方等懺法239)을 행하심에 꿈에 인도 스님 49인의 명으로 거듭 계를 받고, 정진을 더욱 열심히 하여 드디어 삼생(의 행도사적行道事迹)을 식별(了別)하여 보았다. 또 천태지자 대사께서는 대소산에서 법화참法華懺240)을 수행하여 선다라니旋陀羅尼241)의 변재를 증득하셨다.

思大禪師行方等懺 , 夢梵僧四十九人 , 命重受戒 , 倍加精苦 , 了見三生。智者大師 , 於大蘇山修法華懺 , 證旋陀羅尼辨。

도초 사문께서는 도량에서 참회를 닦다가 홀로 웃으며 말하길, "무가

---

238) 과거장엄겁에 일천불이 이 세계에 나타나 성불하심을 보이니, 마지막 세 부처님이 계시니 곧 비바시불, 시기불, 비사부불이다. 현재 현겁에서도 일천불이 세상에 나와서 중생을 제도하시니 최초가 구류손불이고, 둘째 구나함모니불, 셋째 가섭불, 넷째 석가모니불이다. / 강의
239) 천태지자 대사께서 《대방등다라니경》의 설한 내용에 의거하여 지은 수참의식(修懺儀式)으로 방등삼매행법方等三昧行法이라 한다. /편주
240) 천태지자 대사께서 《법화경》과 《보현관경》 및 모든 대승경의 뜻에 의지하여 육근의 참회를 정한 수참의식修懺儀式이다. /편주
241) 대승의 법문을 얻어 두루 굴려 자재한 힘을 얻는 것으로 상相에 대한 집착을 돌이켜 공空의 도리를 깨닫게 하는 지력智力이다. /편주

보주無價寶珠242)를 내가 이제야 얻었노라"고 하셨다. 동도의 영英
법사께서는 《화엄경》을 강의하다가 선도善導 대사의 도량에 들어가
문득 삼매에 노닐다가 슬피 울며 탄식하기를, "스스로 한탄하나니,
얼마나 오랜 세월 헛되이 보내며 몸과 마음을 부렸던가." 하셨다.
또 혜성 스님이 삼장을 모두 배우고도 혜사 대사께서 "그대 일생동안
학문하여 내 손을 태운다 할지라도 오히려 따뜻함조차 느낄 수 없으니
헛되이 공부하였도다."라고 꾸짖으시자 관음도량에 들어가서 모든
중생의 언어를 이해하는 삼매를 증득해 보이셨다.

沙門道超於道場中修懺 , 獨言笑曰 : 無價寶珠 , 我今得矣。東都英法
師講華嚴經 , 入善導道場 , 便遊三昧 ; 悲泣歎曰 : 自恨多年虛費光
陰 , 勞身心耳。高僧慧成 , 學窮三藏 , 被思大禪師訶曰 : 君一生學
問 , 與吾炙手 , 猶未得暖 , 虛喪工夫。示入觀音道場 , 證解衆生語言
三昧。

경에 이르시길, "밤낮 여섯 때 방등참법(上法)을 수행하는 이는 칠보를
가지고 염부제에 가득히 채워 부처님께 공양하는 것보다 그 공덕이
훨씬 뛰어나니라." 하셨다. 경에 이르시길, "만나기 어렵다는 생각을
내었느니라."243) 금생이나 말세에 다만 (주지삼보住持三寶의) 남겨진

242) 《묘법연화경》 '오백제자수기품'에 이르시길, "무가보주를 속옷 속
에 매달아 놓고(以無價寶珠 繫著內衣裏)" 하셨다. 무상보리의 마음을
내어 일심으로 만행하는 마음을 「무가보주」라 한다. 부끄러운 마음
으로 인욕하는 것을 바깥옷이라 하고 믿고 기뻐하는(信樂) 마음을
「속옷」이라 한다. 또한 육식을 바깥옷으로 삼고 제8식을 속옷으로
삼아 보리심을 발하여 팔식의 밭에 훈습하는 까닭에 「속옷 속에 매
달아 놓고」라 하였다. 비록 과거에 대승을 만나 보리심을 발하였지
만 중도에 퇴실하여 마치 무명에 취한 것 같다. 《법화경 강의》, 석성
범 스님 /편주
243) 「불능생난조지상不能生難遭之想」에서 불不 자는 이已 자를 잘못

형해(遺形)만 볼 뿐이다. 도리상 마땅히 삼업을 단정 엄숙하게 하고
스스로 책망하며 몸을 굽히니 눈물이 앞을 가리고 흐느껴 운다.
마치 묘당에 들어가서는 돌아가신 아버님을 보지 못하는 것과 같다.

經云 : 晝夜六時行上法者, 如持七寶滿閻浮提, 供養於佛, 比前功德
出過其上。經云 : 不能生難遭之想。今生末世, 但見遺形;理宜端肅,
涕零瀉淚, 欷歔咎躬。如入廟堂, 不見嚴父。

7-4 결론 맺어 설명하다

혜사 대사께서는 방등(참)을 행하여 삼생三生을 식별하여 보셨고,
담책 스님께서는 도량에 들어가 친히 여래십호의 수기를 입으셨으며,
지자 대사께서는 선다라니의 변재를 증득하셨고, 도초 사문께서는
무가보주를 획득하셨다. 이는 모두 참회법문에 몸을 던져 (대승경전
중의) 부처님 언교에 귀명하여 모두 불가사의한 감응을 얻고, 문득
(무명을 깨뜨려 없애고) 성인의 계위에 오름이다. 그래서 참회를 닦는
분제分齊는 (범부위에서) 등각보살에 이르니, "일분(구생俱生)무명도 미
미한 연기와 같아서 (청정한 마음을 가리니, 안으로 이관理觀을 근수勤修하고
밖으로 사참事懺을 가행加行하여) 모름지기 씻어내야 한다.(그런 후에 묘각
의 불위에 오른다)" 하셨다. 또한 법신보살도 오히려 참회를 근수하거
늘, 어찌 하물며 업에 매인 중생의 몸으로 무거운 죄가 없겠는가.
그래서 십팔불공법十八不共法 중에서 삼업三業이 구경청정함은 오직
부처님 한 분 뿐이시다. 남악 대사께서 이르시길, "육근참회를 닦음을

기록한 것임이 마땅하다. 고덕께서 게송에서 이르시길, "부처님께서
세상에 게셨을 때 난 윤회에 빠져 지금 사람 몸을 얻었으나 부처님
께서 멸도하신 후라 자신의 업장이 무거워 여래의 금색신을 보지 못
함을 뉘우쳐 한탄하네." 하셨다. 이것이 바로 만나기 어렵다는 생각
이다. /강의

유상안락행有相安樂行이라 하고, 곧장 법공法空을 관찰함을 무상안락행無相安樂行이라 하니, 묘각을 증득할 때 비로소 이 두 가지 행을 함께 버린다." 하셨다.

故思大禪師行方等, 而了見三生；高僧曇策入道場, 而親蒙十號；智者證旋陀羅尼辨；道超獲無價寶珠, 此皆投身懺門, 歸命佛語, 致茲玄感, 頓躡聖階。是以懺悔, 劑至等覺, 謂有一分無明, 猶如微烟, 故須洗滌。又法身菩薩, 尚勤懺悔, 豈況業繫之身, 而無重垢？所以十八不共法中, 三業淸淨, 唯佛一人。南嶽大師云：修六根懺, 名有相安樂行；直觀法空, 名無相安樂行。妙證之時, 二行俱捨。

8. 버리고 취함이 알맞다

8-1 처음 질문하다

묻건대, (중생의) 결업(結業; 번뇌)은 곧 해탈의 참 근원이니, 죄업은 삼제三際에 머물지 않기 때문이다. 무생(의 심성)을 깨달으면 (혹업고 삼도를) 진실로 멸할 수 있나니, 어찌 망념을 따라 (참법을 닦아) 유념유작 (의 생멸심)으로 헛되이 (무념무작의) 공(불생멸과)을 얻으려 하는가?

問：結業卽解脫眞源，罪垢不住三際。何不了無生而直滅，隨有作而勞功乎？

8-2 바로 답하다

답하되, 대저 죄의 본성은 체體가 없고, 혹업고의 도(業道)는 연緣을 따른다. (성공연기性空緣起를 따라 보면) 물들지 않으나 물들어 습의 종자와 번뇌(惑)의 현행이 서로 훈습하여 법 그대로 늘 존재한다(非無). 또한 (연기성공緣起性空을 따라 보면) 물드나 물들지 않아 본래 항상 청정하다. 업(연기)과 성(성공)도 이와 같아 (서로 의존하고 서로 이루어서) 버리고 취함이 알맞기 더욱 어렵다. 일체중생은 업이 삼세(십이인연 상속)에 통하는지라 참된 지혜(반야)가 드러나지 못하고, (번뇌장과 업장의) 두 가지 장애에 얽매여 미묘한 선정을 이루지 못하며, (청정심이) 오개五蓋244)에 덮여 (선법을 개발할 수 없다). 오직 일승 원교의

---

244) 다섯 가지 마음을 덮어버리는 것으로 오장五障이라고도 한다. 개
蓋란 마음을 덮는다는 의미다. 마치 마음이 하늘에 구름에 가려져
맑지 않은 것과 같다. 그러므로 지혜는 드러나지 않으므로 오개五蓋
를 제거해야 한다. 첫째 탐욕개貪慾蓋로 마음에 탐욕이 생겨서 마음
이 가려짐이고, 둘째 진에개瞋恚蓋로 마음에 분노가 생겨서 마음이
가려짐이며, 셋째 수면개睡眠蓋로 마음이 졸음과 잠에 의해 마음이
가려짐이고, 넷째 도회개掉悔蓋로 마음이 들뜨고 후회함을 통해 마음

부처님 지혜에 의지하여 모름지기 청정한 곳에 도량을 엄정하게 건립하고서 간절한 정성에 이르도록 널리 일체유정을 대신하여 참회법을 부지런히 행하되, 안으로는 오직 자력에 의지하고 밖으로는 온전히 부처님의 가호를 우러른다면 마침내 업장이 다하고 지혜가 밝게 열리리니, 마치 구름이 걷히매 달이 환히 비춰옴과 같으리라. 이러므로 안도 바깥도 아닌지라 참회하는 주체와 참회하는 대상이 함께 공하고(心眞如門), 또한 안도 되고 바깥도 되는지라 성죄性罪와 차죄遮罪245)의 허물이 완연하다. 그래서 보살은 모두 구경원만한 교법(至敎)을 좇아 먼저 자신의 죄를 참회하고(응당 취하여 닦음), 타인의 과실과 악을 말하지 말라(응당 버리고 여읨) 하셨다. 또한 십지이상 대승성인의 지위에 오르신 분도 오히려 때(삼도)를 씻고 흠(십이인연)을 제거하는 데 힘쓰거늘, 어찌 별교 십신위의 경모輕毛보살과 삼매를 얻지 못해 심념이 산란한 일반보살이 오히려 (계는 지키지 않으면서 지혜를 열심히 닦고, 취하지 않으면서 취하여) 실없는 말과 거짓말을 하며, (버리지 않으면서 버려) 팔짱을 낀 채 아무것도 하지 않는가.

答：夫罪性無體，業道從緣。不染而染，習垢非無；染而不染，本來常淨。業性如是，去取尤難。一切衆生，業通三世，眞慧不發，被二障之所纏；妙定不成，爲五蓋之所覆。唯圓乘佛旨，須於淨處嚴建道場，苦到懇誠，普代有情，勤行懺法。內則唯憑自力；外則全仰佛

이 가려짐이며, 다섯째 의개疑蓋로 마음에 의심이 생겨 마음이 가려짐이다. /일장

245) "성죄性罪는 자성의 죄로 성중性重 · 실죄實罪가 된다. 차죄遮罪는 또한 제죄制罪 · 차제遮制가 된다. 성죄는 즉 자성의 죄과로 부처님께서 금하고 제지하시지 않아도 성은 저절로 악이고 이를 범하면 죄의 과보가 있다. 이에 반해 차죄遮罪는 세상 사람의 비난과 혐오를 피하기 위해 부처님께서 시간 · 지점 · 상황에 응하여 제정한 금계로 막아서 못하게 하여 범함이 없고 나머지 계를 수호하기 위함이다. 이를 범하면 차제의 죄를 얻는다." 《불광대사전》, 자이慈怡 법사 편 / 편주

加，遂得障盡智明，雲開月朗。是以非內非外，能悔所懺俱空；而內
而外，性罪遮愆宛爾。故菩薩皆遵至敎，說悔先罪，而不說入過去。且
登地入位，尙洗垢以除瑕；毛道散心，却談虛而拱手！

8-3 다시 질문하다

묻건대, 《정명경》에 이르시길, "죄의 본성은 안에도 바깥에도 중간에
도 있지 않다"246) 하셨다. 이 말씀이 어찌 헛된 거짓말이겠는가?
끝까지 믿지 않고 정법륜을 비방하며 지은 바 죄의 뿌리가 있다고
고집하니, 그야말로 그 병통이 더욱 늘어난다.

　問：《淨名經》云：罪性不在內、外、中間。豈是虛誑？何堅不信，謗正法輪，
執有所作罪根，實乃重增其病。

8-4 다시 답하다

답하되, 부처님의 말씀은 참되고 진실하여 (거짓됨이 없다). (그 가운데)
이理와 사事가 분명하여 능히 깊은 의심의 뿌리를 뽑아버리고 두터운
미혹을 잘 여신다. (원교 일심이문을) 깊이 믿는 이는 저절로 하나를
듣고도 천을 깨달아서(십여시十如是의 법상法相을 해오解悟하고, 마침내
공의 法性으로 돌아감을 증오證悟하여), (원교의) 말씀에 칭합하고 (이참
사참을 더불어 중도의) 행을 닦으니, 앞에 지은 모든 죄업(非)을 이미
쓸어 없애고, 나중에 올 (죄의) 허물을 더 이상 짓지 않는다. (시방삼세
모든 대보살은) 걸음걸음마다 (심진여문의 성공性空 이치를) 관조하고,

---

246) "당신은 그들이 계를 범했고 계를 범한 죄를 얻었다고 말한다. 죄
　　의 본성은 관찰하면 마음 안에 있는가, 바깥에 있는가, 중간에 있는
　　가! 모두 없다! 이는 바로 죄의 본성이 본래 공함을 말한 것이다."
　　《유마힐소설경강기》, 도원 장로 /편주

생각생각마다 (심생멸문의 인과사실을 각찰覺察하여 지은 바, 하는 바가 완전히 이와 사에) 어긋남이 없다. 이는 숙세의 (번뇌의 현행과) 습의 종자가 경미해지고, (반야의) 선근이 깊고 두터워진 까닭이다. 지혜를 닦고 계를 지키는 일을 모두 엄하게 하고 이(理; 공)와 행(行; 유)이 서로 좇아서(이루어서) 원교법문을 깊이 통달하고 제불께서 (함께 깨닫고 함께 설하신 일심이문 이제 원융의) 성언량을 굳게 수지한다. 비록 늘 사참을 닦을지라도 (마음속으로 참회의 사상事相을 집착하지 않으니) 허물이 저절로 생기지 않을 것이다.

答：佛語誠諦，理事分明；能拔深疑，善開重惑。若深信者，一聞千悟，稱說而行。旣蕩前非，不形後過；步步觀照，念念無差。此乃宿習輕微，善根深厚；乘戒俱急，理行相從。斯卽深達教門，堅持佛語，何須事懺，過自不生。

그러나 만일 현행하는 때(垢)가 무겁고 업장이 깊어 (반야의) 지혜종자가 황량하고 선근 공덕(의 자량)이 얕은데, 단지 일체 죄의 본성은 안에도 바깥에도 중간에도 있지 않다고 헛되이 생각한다. 그 삼업이 행으로 나타남을 관찰하면 모두 근진식根塵識 삼법(실유實有)에 빠져(집착하고) 있다. 이는 마치 맛있는 음식을 말하나 마침내 배고픔을 채우지 못하는 것과 같고, 약방문만 생각한다고 해서 어찌 능히 병이 치료할 수 있겠는가. 만일 (경전에서) 몇 마디 경문만 구하여 (구두선의 활계로 삼는다고 해서) 곧 죄가 소멸한다면 곧 일체 업에 매인 사람도 짐짓 쉽게 해탈할 수 있을 것이거늘 어찌하여 무량겁에 생사윤회하며 불바퀴처럼 빨리 돌아가겠는가?

이로써 알 수 있나니, 업장業障의 바다는 끝없이 넓고 망망하여 반야의 배가 아니고서는 건너는 이 드물고, 혹장惑障의 산은 (수미산처럼)

높고 험준하여 금강의 지혜[247])가 아니고서는 다 비우기 어렵다. 이미 금강의 지혜를 얻은 후 몸과 마음이 진여 청정심 하나(一如)일 수 있고, (일심이문에 따라) 이와 사를 함께 운용하여 (중도원융의 행을 닦으면) 바야흐로 고苦의 종자가 시들어버리고, 업의 노끈이 영원히 끊어질 것이다.

如若垢重障深，智荒德薄；但空念一切罪性，不在內外中間，觀其三業現行，全沒根塵法內。如說美食，終不充飢；似念藥方，焉能治病？若令但求其語，而得罪消，則一切業繫之人，故應易脫，何乃積劫生死，如旋火輪？以知業海渺茫，非般若之舟罕渡；障山孤峻，匪金剛之慧難傾。然後身心一如，理事雙運，方萎苦種，永斷業繩。

8-5 인용하여 증명하다

그래서 조사께서 이르시길, "허공의 마음을 가지고 허공의 이체와 계합하더라도 또한 허공의 양이 없어야 비로소 서로 업부를 갖지 않는다."[248]) 하셨다.

___

247)《유마경》불이품에 이르시길, "죄의 본성이 공하다는 것을 통달하면, 복이라는 것도 다를 것이 없으니 금강의 지혜로써 이 상을 분명히 안다(若達罪性 則與福無異。以金剛慧 決了此相)" 하셨다. 금강혜는 곧 상을 깨뜨려 없애는 지혜이고, 또한 실상이체를 분명히 아는 지혜이다. /강의

248) 허공의 마음은 무기심無記心 무상정無想定도 아니고, 헤아려서 아는 것도 아니며, 감이 있으면 응하는 자성청정심체이다. 이 심체를 증득하면 반드시 용용을 일으켜야 하는 까닭에 「허공의 마음은 허공의 이체와 계합한다」고 하셨다. 청정한 마음이 용을 일으켜 인연하는 경계는 선악과 죄복 내지 3천 성상性相의 제법으로 모두 일경삼제一境三諦의 이체이고, 안이 아니고 바깥도 아니며, 같지도 다르지도 않다. 이를 「허공의 이체와 계합」함이라 한다. 또한 계합하는 주체와 계합하는 대상, 인연하는 주체와 인연하는 대상, 두 가지 취 및 공과 유 대대待對의 상이 없고, 다시 현전하지 않는 까닭에 「허공의

所以祖師云：將虛空之心，合虛空之理，亦無虛空之量，始得報不相
酬。

또 경교經敎에서 이르시길, "청정함이 허공과 같다는 뜻은 두 가지
의의가 있다. 첫째는 (능연能緣의 청정한 마음 가운데 어떠한 모습이 있다는)
허망한 집취를 여읨이니,[249] 마치 저 청정한 허공에 구름 (비 등
허상이 허공을) 가림이 없음과 같고, 둘째는 (소연所緣의) 경계에 부딪쳐
걸림과 막힘이 없음이니,[250] 마치 저 청정한 허공(중에 만물이 분연하여)
장애를 내지 않음과 같다." 하셨다. 이와 같이 이미 (능연의) 마음과
(소연의) 경계가 모두 (허공처럼) 확연하다면 죄업이 어떻게 생기겠는
가? (이미 죄가 없어 모름지기 참회는 없다.)

又敎云：淨意如空，此有二義：一者離虛妄取，如彼淨空無有雲翳。
二者觸境無滯，如彼淨空不生障閡。既廓心境，罪垢何生？

8-6 결론 맺어 설명하다

능히 이와 같다면 비로소 교에 의지해 봉행한다고 할 수 있다. 오히려
죄 없음도 보지 못하거늘(空卽罪性) 어찌 하물며 허물이 있겠는가(取相

양이 없다」하셨다. 이러한 순일한 진여 청정심 중에 염념이 진속眞
俗의 식識과 반연할 수 있어 진식眞識에 의지해 업보를 서로 갚지
않고, 속식俗識에 의지해서 인연에 수순하여 업보를 갚는다. 석가모
니 부처님께서 성도하신 후에도 여전히 아홉 가지 더 받아야할 업보
(餘報)가 있음을 보여준 것이 바로 예증이다. /강의
249) 우리가 일심삼관을 닦아 일경삼제를 증득하여 본래 청정심으로 회
복한 후 청정한 마음의 상을 어떻게 집취할 수 있겠는가? 집취하는
대상이 있다면 청정한 마음이 아니다. /강의
250) 우리가 청정한 마음을 회복한 후 일어나는 바의 법계 대용은 무
량무변하고 또한 서로 방해하지 않아 걸림과 막힘이 없다. /강의

增職)? 또 죄의 본성이 본래 청정함을 체성정體性淨이라 하고, 이체에 계합하여 능연 소연이 없음을 곧 방편정方便淨이라 한다.251) 방편정으로 인해 체성정이 드러나고, 또한 체성정으로 인해 방편정을 이룬다.252) 방편정이라 함은 (반야지의) 힘이 현행하여 (무루를) 훈습시켜 다스림이고, 체성정이라 함은 일념지간에 원만하게 비춤이다. (이와 같이) 본과 말이 상응하고, 안과 밖이 서로 돕는다.253) 모름지기 이理와 사事가 서로 도와 보호하면 반드시 그 두 가지 청정을 이루고, 정행(이관)과 조행(작법)으로 함께 참회하면 곧 (자성청정의) 일심을 증득할 수 있다. 설사 (죄의 본성이 청정하다는) 공허한 말만 염하고 (대승참회법문을 그대로 실행하지 않는다면) 실로 가르침에 어긋나는 허물이 있음을 면하기 어렵다. (단지 체성정만 믿고 방편정을) 믿지 않는다면 바로 정법을 비방하는 것이니, 이것이 아니면 이는 누구인가!

若能如是 , 名爲依教 , 尚不見無罪 , 豈況有愆耶? 又罪性本淨 , 是

---

251) 경에서 죄의 본성이 본래 청정하다 함은 중생과 부처가 동체인 정성한 마음을 발함이고, 본래 죄가 없고 목이 없고 때가 없고 깨끗함이 없음을 「체성정」이라 한다. 경율론에서 말한 갖가지 참회로 죄를 벗어나는 법은 청정한 심체에 계합하고 연기하여 청정한 공능을 회복함이다. 비록 사상에서 확실히 능참과 소참의 갖가지 정방편을 회복할 수 있지만, 감응도교로 이체와 지혜가 은밀히 계합한 후 한 번 청정하여 일체가 청정하면, 두 가지 취상이 없고, 능연과 소연, 능참과 소참을 모두 얻을 수 없음을 「방편정」이라 한다. /강의

252) 유식설을 기준으로 체성정은 마음 가운데 본래 무루 종자를 갖추고 있어 반드시 능연과 소연을 빌려 생한다. 그래서 「방편정에 인하여 체성정이 드러난다」고 하셨다. 무루의 종자를 본래 갖추고 있음으로 인해 선지식 및 불법인연을 만나 반야지의 현행 및 종자를 훈습하는 공능이 일어나는(力行熏治) 까닭에 「체성정으로 인해 방편정을 이룬다」고 하셨다. /강의

253) 본래 구족함과 새로 훈습함이 상응하여 안으로 일념원조로 말미암아 무루를 본래 갖추고, 밖으로 지력으로 말미암아 그 무루를 훈습시키고 다스려 서로 번갈아 돕는다면 능히 물듦을 바꾸어 청정해지고, 범부를 바꾸어 성인을 이룬다. /강의

體性淨；契理無緣，是方便淨。因方便淨，顯體性淨；因體性淨，成
方便淨。方便淨者，力行熏治；體性淨者，一念圓照。 本末相應，內
外更資。故須理事相扶，成其二淨；正助兼懺，證此一心。設但念空
言，實難違教；不信之謗，非此誰耶！

남산 도선 율사께서 선집하신《사분율행사초四分律行事鈔》에서 묻건
대, "죄나 죄 아님이 불가득임을 계라 하는데, 어째서 그런가?" 하니
답하되, "삿된 견해나 거친 마음이라 함이 죄가 없다는 말이 아니다.
만일 일체 제법의 실상에 깊이 들어가 공삼매空三昧를 행하면 혜안으
로써 관하는 까닭에 죄는 불가득이라고 말하였다. 육안으로 보는
대상은 소나 양과 다름이 없으니, 대승의 말씀을 염송하는 자가
어찌 이에 근거할 수 있겠는가!254)" 하셨다.

南山《四分鈔》：問：有人言：罪不罪不可得，名戒者何耶？《鈔》答：
非謂邪見麁心言無罪也。若深入諸法相，行空三昧，慧眼觀故，言罪
不可得。若肉眼所見，與牛羊無異。誦大乘語者，何足據焉。

이러므로 이理와 해解로 고제苦諦를 관하고 사事와 행行으로 돕는
것은 마치 바람이 불어 배를 보내어 매우 빨리 도착함과 같고, 기름을
부어 불이 타오르도록 도와 광명이 더욱 더함과 같다.255) 어찌 함께

254) 문혜聞慧는 있으나 사수혜思修慧가 없는 초발심 보살은 대승경전
중에서 몇마다 경문만 채취하여 구두삼매로 삼고 이것에 집착하여
저것은 아니라 하고, 버리고 취함이 전도되나니, 그것을 근거로 할
수 없다! /강의
255) 이익을 얻는 인은 바로 이理와 사事로 함께 돕고, 해解와 행行을
나란히 중시하며, 중도가 원융하고 편집됨이 없음이다. 이理와 해解
로 세간 출세간의 유위법은 모두 무상無常이고, 무상한 까닭에 고苦
이고, 고인 까닭에 공이며, 공인 까닭에 무아無我이다. 이는 삼승을

다만 공허한 말만 지켜서 전혀 증득함이 없고, 남도 속이고 나도
빠져서 마침내 아비지옥에 빠지며,256) 버리고 태어나 몸을 받으며
신식을 업의 그물에 던지고 말겠는가.257)

是以理觀苦諦, 事行須扶。如風送船, 疾有所至; 猶膏助火, 轉益光
明。豈同但保空言, 全無剋證; 誑他陷己, 果沒阿鼻; 捨生受身, 神
投業網。

함께 닦는 보리도로 삼승의 성인이 성과를 성취하는 기본 인으로 진
실하여 헛되지 않은 까닭에 제諦라고 부른다. 삼승 성도문은 모두
이가 있고 사가 있다. 그래서 이관공문에 의지함을 제외하고 동시에
모름지기 삼승의 계정혜 등 유문有門을 닦아야 한다. 두 가지 문이
서로 번갈아 도우면 그것은 자전거에 바퀴가 두 게 있어 넘어지지
않음과 같다. 배는 능히 갈 수 있음에 불은 능히 밝힐 수 있음에 각
각 비유하셨다. 바람과 기름에 도움을 잘 받는 까닭에 배는 하루에
천리를 갈 수 있고, 불은 쉬지 않고 광명을 발할 수 있다. 배와 불
은 곧 삼승관공으로 득도하는 정행正行을 비유하였고, 바람과 기름은
곧 계정혜의 조행을 비유하였다. /강의

256) 후회의 인은 바로 이理에 집착하여 사事를 버리고 해解가 있으나
행行이 없으며 수증修證의 공부가 조금도 없는 것으로 모두 망상집
착에 속한다. 이로써 법을 비방하고 사람을 비방하여 무간업인을 이
룬다. 이와 같은 인이 있으면 이와 같은 과가 있다. 그래서 잇따라
말씀하시길, 「남도 속이고 나도 빠져서 마침내 아비지옥에 빠지며」
라고 하셨다. 법을 비방하는 사람은 타인을 잘못 이끌고 자신을 잘
못 이끈다. 자신과 타인을 함께 해치니 죄와 허물이 지극히 크다. 고
덕께서 말씀하시길, "만약 무간업을 초래하지 않으려면 여래정법륜을
비방하지 말라." 하셨다. 아비는 범어로 번역하면 무간이다. 이는 지
옥 중에서 가장 크고, 가장 길고 가장 많이 괴로움을 받는 과보처이
다. /강의

257) 법을 비방함으로 인해 다른 사람을 잘못 이끄는 불제자는 아비지
옥에서 과보를 받음이 끝나면 타방의 아비지옥에서 태어나거나 기타
지옥에 태어나고 내지 아귀·축생도에 태어난다. 그의 신식(아뢰야
식)은 모두 그가 지은 죄업에 의거하여 태에 던져 몸을 받고, 몸을
버리고 몸을 받음이 무량무수하다. 완전히 업력에 부림을 받아 스스
로 주도할 수 없는 까닭에 업의 그물이라고 부른다. /강의

제5장 체와 용이 자재하다(體用自在)

"체는 법성의 이理이고, 용은 지혜가 응하는 사事이다. 체를 들면 낱낱 그대로 용이니, 용은 곧 하나가 아니다. 용을 들면 낱낱 그대로 체이니, 체는 곧 다름이 아니다. 체에 즉한 용은 용을 장애하지 않고, 용에 즉한 체는 체를 잃지 않는다. 그래서 한 맛에 쌍으로 나뉘니, 자재가 무애하다(體卽法性之理, 用乃智應之事。舉體全用, 用卽非一；舉用全體, 體卽非異。卽體之用不閡用, 卽用之體不失體；所以一味雙分, 自在無閡)."

1. 생은 곧 무생이고 무생은 곧 생이다

1-1 질문을 베풀다

묻건대, 유심정토는 시방에 두루하거늘 어찌 몸을 연화대에 의탁하고 형상을 안양정토에 의지하는가. 또한 취하고 버린다는 생각을 일으켜 어찌 무생의 문에 도달하려는가? 정情이 생겨남[258]을 좋아하고 싫어하여 어떻게 평등각을 이루려는가?

---

258) "성은 본래 정이 없나니, 성을 미하여 정을 생하고, 정이 생겨나 지혜를 격하고 생각이 변하여 체가 달라지니, 이것이 만상이 형성되는 까닭이요 생사가 시작되는 까닭이다(性本無情 迷性生情 情生智隔 想變體殊 萬象所以形也 生死所以始也)"《현정론顯正論》함허득통 선사 /편주
"또한 깨달아 알며 대상을 생각함을 정情이라 하고, 자성은 바뀌지 않음을 성性이라 한다. 어리석은 이는 성을 미하고 정을 생하는 까닭에 경계와 지혜가 하나가 아니다. 지혜로운 이는 정을 깨닫고 성을 이루는 까닭에 중생과 내가 둘이 아니다(又覺智緣慮名情。自性不改名性。愚人迷性生情。故境智不一。智者了情成性。故物我無二)." 《종경록宗鏡錄》, 영명연수 선사 /편주

問：唯心淨土, 周遍十方。何得託質蓮臺, 寄形安養, 而興取捨之
念, 豈達無生之門？欣厭情生, 何成平等？

1-2 바로 답하다

답하되, 유심불토唯心佛土라 함은 마음을 깨달아야 비로소 날 수 있다.

答：唯心佛土者, 了心方生。259)

1-3 인용하여 증명하고 결론 맺어 설명하다

《여래부사의경계경》에 이르시길, "삼세 일체 제불께서는 모두 (마음 밖에) 있는 바가 없음을 깨달아 오직 자심에 의지할 뿐이다. 보살이 만약 제불과 일체법이 모두 유심의 현량現量260)임을 깨달아 알 수 있다면 수순인隨順忍261)을 얻거나 초지初地에 들어가고, 몸을 버리고

---

259) 유심정토唯心淨土는 체이고 요심방생了心方生은 용이다. 체가 있고
　　용이 없으면 마침내 그림 속의 떡이다. 용을 말미암아 체를 만나니,
　　비로소 굶주린 배를 채운다. 체로 말미암아 용을 일으키니, 무생이
　　곧 생이다. 용을 거두어 체로 돌아가니 생이 곧 무생이다. 반드시 요
　　심방생(용)해야 유심정토(체)이다. /강의
260) 인명因明 용어로 삼량三量 중의 하나이고, 심식心識 삼량 중의 하
　　나이다. 양量은 척도라는 뜻으로 지식의 근원, 인식형식 및 지식의
　　진위를 판단하는 표준을 가리킨다. 현량은 감각으로 아직 개념 활동
　　에 참가할 수 없고, 분별 사유하고 헤아리며(籌度) 탐구하는 작용이
　　조금도 없다. 겨우 색 등 바깥 경계 제법의 자상自相을 직접 지각하
　　고 헤아려 알 수 있을 뿐이다. 오근처럼 눈으로 색을 보고 귀로 소
　　리를 듣는 등과 같다. / 유식사전
261) 《화엄경》 십인품十忍品에 나오는 보살이 무명번뇌를 끊고 온갖 법
　　이 본래 적연한 줄 깨달을 때 생기는 열 가지 안주심(安住心: 편안히

서 속히 동방 아촉여래의 묘희세계에 나거나 극락정토에 난다."
하셨다. 그러므로 알지니, 마음을 알면 바야흐로 유심정토이고, 경계
에 집착하면 다만 반연하는 바의 경계에 떨어질 것이다. 이미 인과에
차이가 없음을 밝혔으니, 이에 마음 밖에 법이 없음을 알 수 있다.262)
또한 보살은 비록 평등법성의 문과 무생의 뜻을 곧 우러러 교를
믿을지라도 수행의 힘이 충분하지 않고, 관하는 지혜가 얕으며 마음
도 또한 들떠있어 경계는 강하고 습기는 무겁다.263) 이러므로 (이로

머무는 마음) 가운데 제2 인忍이다. 인忍은 알아서 인정하다는 인認
의 뜻이 있다. 수순인은 지혜로 온갖 법을 생각하고 관찰하여 진리
에 기꺼이 따름을 말한다. / 일장

262) 일체경계를 깨달아 알면 모두 자심의 현량으로 밝은 거울에 나타
나는 온갖 상은 안팎이 아니되 안팎이다. 인연을 구족하면 나타나고
인연이 떠나면 멸한다. 심성은 스스로 청정하고 제법은 오직 일심이
니, 이 마음 그대로 중생이 나타나고 마음 그대로 불보살이 나타나
며, 생사 또한 이 마음이고 열반 또한 이 마음이며, 일심이되 둘을
짓고 둘은 여전히 두 가지 상이 없다. 아직 성불하지 못한 보살도에
서 혹 수순인을 얻거나 혹 무생법인을 얻어 초지에 든다. 이미 무명
을 깨뜨리고 법신을 증득하여 이 보신을 버리면 제불정토에 나서 연
꽃에서 화생하여 법성신을 받는다. 이로써 경계가 유심임을 깨달으
면(識心) 바깥 육진 경계를 버리고, 분별하면 정토에 나지 못함을 알
수 있다. 만약 마음 밖에 법이 없음을 알지 못하면 필연코 육진경계
를 집착하고 반연하는 바 염정경계에 떨어져 경계에 매인 바가 되고
해탈을 얻을 수 없다. 왜 그런가? 세간법과 출세간법 모두 인(因)이
없는데 과(果)가 있는 경우는 결코 없다. 반드시 마음으로 부처가 되
어 정토에 태어나길 구해야(因) 무생에 깨달아 들어가 이 마음 그대
로 부처이다(果). 일체 인과의 수증修證은 일심의 체용을 여의지 않
는다. 그래서 마음 밖에 없다고 말씀하셨다. /강의

263) "보살은 비록 일승의 불법을 들음으로 인해 제불이 증득하고 설하
신 평등법성과 무생의 교리를 걸림없이 신해信解할지라도 안으로는
반야로 관하는 지혜가 매우 얕고 작으며, 망상의 심식이 매우 들떠
움직이며, 바깥으로는 오탁경계가 매우 강하여 과거의 악한 습기가
매우 무겁다. 이와 같이 물든 마음에 물든 경계가 번갈아 훈습하고
번갈아 나타나니 어느 때 자력으로 번뇌를 끊어 없애고 유심정토를
증득하겠는가!" /강의

인해 세존께서 수승하고 쉬운 방편문을 여시어 중생에게 오념법을 닦아서)
모름지기 안락세계(佛國)에 나길 권하시니, 이는 (아미타부처님께서 본원
으로 섭수하시는) 수승한 인연에 기대어 (비록 미혹을 끊지 못할지라도
정토에 태어나 구경에 반드시 일생보처 삼현십성의 계위에 이르러 이번 생에)
무생법인의 힘으로 쉽게 이루는 속행의 보살도이다. (일반 난행의
보살도와 비교하면 이는 하루와 겁만큼 차이 나고 하늘과 땅만큼 다르다.)

《如來不思議境界經》云 :「三世一切諸佛 , 皆無所有 , 唯依自心。菩薩
若能了知諸佛及一切法 , 皆唯心量 , 得隨順忍 , 或入初地。捨身速生
妙喜世界 , 或生極樂淨佛土中。」 故知 : 識心方生唯心淨土 , 著境祇
墮所緣境中。旣明因果無差 , 乃知心外無法。 又平等之門 , 無生之
旨 , 雖卽仰教生信 , 其乃力量未充 , 觀淺心浮 , 境强習重 ; 須生佛
國 , 以仗勝緣 , 忍力易成 , 速行菩薩道。

《기신론》에 이르시길, "중생이 처음 이 법을 배워 올바른 믿음을
구하려 하나 그 마음이 겁약怯弱하여 이 사바세계에서 머물면서
저절로 항상 부처님을 만나뵙고 직접 모시고 공양하지 못할까 겁을
내고, 신심을 성취하기 어렵다고 겁을 내어 물러나려는 마음이 생기
는 이는 마땅히 알지니, 여래께서 뛰어난 방편이 있어 신심을 거두고
보호하시며, 일심으로 부처님을 염하는 인연을 지으면 발원을 따라
타방불토에 태어나 항상 부처님을 친견하며 또한 영원히 악도를
여읠 것이다.264) 수다라에 설하시길, 만일 어떤 사람이 서방 극락세

264) 우익 대사의 주석에 따르면, 초심보살은 이 사바세계에서 추위와
더위, 폭풍우와 불시의 기근 등의 괴로움을 만나거나 혹은 모든 악
한 중생의 마음에 삼독이 불길같이 일어나고 삿된 견해에 전도되며
선을 등지고 악을 행하는 모습을 보면서 마음이 겁약하여 불보살을
만나지 못할까, 신심을 성취하지 못할까 의심하고 물러나려는 마음
이 생긴다. 이러한 자는 응당 이런 생각을 지을지니, '시방제불보살

계의 아미타불을 전념하며 닦은 바 선근을 회향하여 저 세계에 나길 구하면 곧 왕생하게 되리라 하셨다. 항상 부처님을 친견하는 까닭으로 마침내 물러남이 없다. 만약 저 부처님의 진여법신을 관하여 항상 부지런히 닦아 익히면 마침내 왕생하여 바른 선정에 머물 수 있기 때문이다."265) 하셨다.

《起信論》云：衆生初學是法，欲求正信，其心怯弱，以住於此婆婆世界，自畏不能常値諸佛，親承供養。懼謂信心難可成就，意欲退者，當知如來有勝方便，攝護信心。謂以專意念佛因緣，隨願得生他方佛土，常見於佛，永離惡道。如修多羅說：「若人專念西方極樂世界阿彌陀佛，所修善根，回向願求生彼世界，即得往生；常見佛故，終無有退。」若觀彼佛眞如法身，常勤修習，畢竟得生，住正定故。

《왕생론》에 이르시길, "지옥문에서 노닐고자 하는 이는 먼저 저 국토에 태어나서 무생법인을 얻고 나서 생사 국토로 돌아와 지옥 중생을 교화하고 고통 속에 헤매는 중생을 구하니, 이와 같은 인연으로 정토에 태어나길 구할지니라."266) 하셨다.

께서 모두 큰 신통방편이 있어 중생을 구호하시고 신심을 거두어 보호하시니 나는 응당 대보리심을 발하여 일심으로 불보살을 전념하여 불국토에 태어나 무량중생을 제도하리라.' 이와 같은 결정심을 내는 까닭에 임종시 반드시 제불국토에 왕생하여 불보살을 친견하고 신심을 성취하여 영원히 악도를 여읜다. /강의

265) 여러 경론에서 극락정토로 돌아갈 것을 가리키는 것은 세 가지 뜻이 있다. 첫째 아미타부처님과 사바세계 중생의 인연이 깊은 까닭이다. 둘째 아미타부처님께서 본원으로 섭수하시는 힘이 수승한 까닭이다. 셋째 아미타부처님 명호에 생각을 매어두면 그 마음을 전일하게 할 수 있는 까닭이다. 넷째 한 분 부처님을 친견함은 곧 무량 부처님을 친견함이고, 한 정토에 태어남은 곧 무량불토에 태어나는 까닭이다. /강의

266) 세친 보살께서 《무량수경우바제사》에 이르시길, "시방세계 어디라

《往生論》云：遊戲地獄門者，生彼國土，得無生忍已，還入生死國，教化地獄，救苦衆生。以此因緣，求生淨土。

《정토십의론》에서 이르시길, "지혜로운 이는 정토에 태어나길 치열하게 구하되 생하는 체를 얻을 수 없음이 곧 진실한 무생이라 요달하나니, 이를 일러 마음이 청정한 까닭에 곧 불토가 청정하다고 한다. 어리석은 이는 생에 얽매여서 생을 들으면 곧 생의 견해를 짓고, 무생을 들으면 곧 무생의 견해를 지어서 생이 곧 무생이며 무생이 곧 생인 줄 알지 못한다. 이 이치를 요달하지 못하고 거칠게 시비하는 사람이 법을 비방하는 삿된 견해의 사람이다."267) 하셨다.

도 불법의 공덕 보배가 없는 곳에, 원하옵건대 제가 모두 왕생하여 부처님처럼 불법을 펼쳐 보이겠나이다(何等世界無佛法功德寶 我皆願往生 示佛法如佛)!" 하셨다. "이는 부처님 세계에 이르러 위로 불도를 구할 뿐만 아니라 무량공덕의 세계에 이르러 아래로 중생을 교화함이 관세음보살께서 삼십이 응신을 나투시는 것과 같다. 우익 대사께서는 보살행을 닦음에 대해 어떤 사람이 어떤 발원이 있습니까? 하고 묻자 답하시길, 두 가지 원이 있다. 첫째는 닦은 공덕을 회향하여 정토에 왕생하길 원하고, 둘째는 정토에 태어나서 불퇴지를 성취하여 지옥에 들어가 일체중생을 널리 제도하길 원한다. 이 말은 정토를 닦음이란 만약 범부가 괴로움을 피하고 즐거움을 향해가는 마음, 이승이 스스로 깨닫는 마음으로써 정토에 왕생하길 구하면 정토와 상응하지 않는다. 비록 범부 등을 데리고 왕생할 지라도 부처님께서 정토를 설하신 본의가 아니다."《왕생정토론강요往生淨土論講要》태허太虛 대사 /편주
"《왕생론》에서 오념문五念門의 수법修法으로 안락국토에 태어날 수 있음을 밝히면서 먼저 정토에 태어나길 발원하여야 비로소 정토에 태어날 수 있다고 하셨다. 이는 생生이 있음(속제)으로 인해 무생無生을 얻음(진제)이니, 법 그대로 이와 같다." /강의
267) 무릇 「불생불멸」이라 함은 생하는 인연 가운데 제법이 화합하여 자성을 지키지 않고 생하는 체를 구하되 또한 얻을 수 없다. 이번 생에 태어날 때 어디로부터 오는 것이 없는 까닭에 「불생」이라 한다. 불멸이란 제법이 멸할 때 가도 이르는 바가 없는 까닭에 「불멸」

《十疑論》云：智者熾然求生淨土，達生體不可得，卽眞無生，此謂心淨故卽佛土淨。愚者爲生所縛，聞生卽作生解，聞無生卽作無生解；不知生卽無生，無生卽生。不達此理，橫相是非，此是謗法邪見人也。

《정토군의론》에서 묻건대, "제불의 국토도 또한 다 공하고, 중생을 관함도 (지수화풍공견식 칠대 중에서) 다섯 번째 대와 같거늘, 어찌 유상을 취착하여 이곳을 버리고 저곳에 나려 하는가?" 답하되, "제불의 설법이 이제二諦를 여의지 아니하여 진제로써 속제를 거느리니 속제가 없으면 진제가 아니고, 속제로써 진제를 모으므로 만법이 모두 완연하다." 경에 이르시길, "일체법을 성취하되 제법의 상을 여일지라." 하셨다. 일체법을 성취한다 함은 곧 세속제의 제법이요, 제법의 상을 여읜다 함은 곧 제일의제의 무상이다.

《群疑論》問云：諸佛國土亦復皆空，觀衆生如第五大，何得取著有相，捨此生彼？答：諸佛說法，不離二諦。以眞統俗，無俗不眞；以俗會眞，萬法宛爾。經云：「成就一切法，而離諸法相。」成就一切法者，世諦諸法也；而離諸法者，第一義諦無相也。

또한 《유마힐경》에 이르시길, "비록 제불국토 및 중생이 공인 줄 알지라도 항상 정토행을 닦아서 모든 중생을 교화할지라."268) 하셨

이라 말한다. 인연으로 생한다고 말하는 이외에 별도로 불생불멸이 있는 것이 아니다. 또한 정토에 태어나길 구하지 않고 생을 짓는 것이 아니다. 그래서 지혜가 있는 사람은 생이 곧 무생이고, 무생이 곧 생으로 이체가 원융하여 걸림이 없다. /강의

268) 보살은 대승의 공리空理를 안다. 제불국토도 공하고, 일체중생도 공하다.(眞諦) 제불의 국토가 모두 공하고 공한 가운데 유에 걸림이 없어도 언제나 일체공덕을 닦아 부처님의 국토를 장엄해야 한다. 중생이 공함을 분명히 알아도 일체중생을 교화하여야 한다.(俗諦) 부처

다.

又經云：雖知諸佛國，及與眾生空，常修淨土行，教化諸群生。

그대는 단지 원성실성(圓成實性; 진제)을 설한 무상無相의 가르침과 변계소집(遍計所執; 망상집착)을 깨뜨리는 필경공무畢竟空無의 글만 보고 의타기성(依他起性; 속제)의 인연생법을 설한 가르침은 믿지 않으니, 이는 바로 인과를 믿지 않고 제법의 단멸상을 말하는 것이다. 《마하연론》에 이르시길, "보살이 제불을 여의지 않는다 함은 내가 인지因地에 악지식을 만나 반야를 비방한 죄로 악도에 떨어져 무량겁이 지나도록 벗어나지 못했으나, 다시 한때 선지식에 의지해 가르침대로 염불삼매를 행하였더니 그때 곧 모든 업장을 제거하고 비로소 해탈도를 얻었나니, 이러한 큰 이익이 있는 까닭에 (불국토에 태어나길 구하고) 부처님을 여의길 원치 않노라 라고 말함이다." 하셨다. 그래서 《화엄경》에서 게송으로 이르시길, "차라리 무량겁에 일체 세간고를 모두 받을지언정 마침내 여래를 멀리하여 (여래의) 자재한 힘을 보지 않을 수 없네."고 하신 것이다.

汝但見說圓成實性，無相之教，破遍計所執、畢竟空無之文；不信說依他起性因緣之教，即是不信因果之人，說於諸法斷滅相者。《摩訶衍》云：菩薩不離諸佛者，而作是言：我於因地遇惡知識，誹謗般若墮於惡道，經無量劫雖未得出，復於一時依善知識，教行念佛三昧，其時即能併遣諸障，方得解脫，有斯大益故，不願離佛。故《華嚴》偈

님의 정토를 장엄하는 것이 자신이 향수함이 아니고 중생을 제도하기 위함이다. 중생이 공함을 알아도 중생은 자신이 공함을 모르고 여전히 미혹을 일으켜 업을 짓는다. 당신은 본래 공한 중생을 교화할 수 있다. "일어나, 자면 안돼!" 잠자는 사람을 비로소 깨어나게 할 수 있다. 당신이 깨우지 않으면 그는 일어날 수 없다. 《유마힐소설경강기》, 도원 장로 /편주

云：寧於無量劫，具受一切苦；終不遠如來，不覩自在力。

2. 자력으로는 수행하기 어렵고 타력으로는 쉽게 이룬다.

2-1 처음 질문하고 처음 답하다

묻건대, 한평생 악업만 익혀서 (업의) 인을 쌓음이 깊었는데 어찌 임종시 십념으로 능히 (모든 업장을) 단박에 풀 수 있다 하는가?

問：一生習惡，積累因深；如何臨終，十念頓遣？

답하되, 《나선경》에 이르시길, "왕이 나선 비구에게 묻기를, 「인간 세상에서 악을 지어 백세에 이르더라도 임종시 염불하면 죽은 뒤 불국토에 날 수 있다고들 말하는데 나는 이 말을 못한다.」 하였다. 나선 비구가 답하시길, 「마치 큰 돌 백 개를 배에다 실으면 배에 실은 까닭에 가라앉지 않듯이 사람이 비록 본래 악업이 있을지라도 한 때 염불하면 그 힘으로 지옥에는 들어가지 않습니다. 그러나 작은 돌일지라도 가라앉고 마는 것은 마치 사람이 악업을 짓고도 염불할 줄 모르면 바로 지옥에 들어가는 것과 같습니다.」 하였다."

答：《那先經》云：國王問那先沙門言：人在世間，作惡至百歲；臨終時念佛，死後得生佛國。我不信是語。」那先言：「如持百枚大石置船上，因船故不沒。人雖有本惡，一時念佛，不入泥犁中。其小石沒者，如人作惡不知念佛，便入泥犁中。

2-2 둘째 질문하고 둘째 답하다

또《대지도론》에 이르시길, "죽음에 임할 때 잠깐 생각한 마음이 어찌 평생토록 행한 공덕의 힘보다 뛰어날 수 있다고 하는가? 마음이 비록 잠깐 동안이기는 하지만 마음의 힘은 사납고 예리하여 불같고 독 같아 비록 작지만 능히 큰일을 짓는다. 이 죽음이 드리울 때 마음이 결정코 용맹하고 굳센 까닭에 백세토록 행한 공덕의 힘보다 뛰어나니, 이러한 최후의 마음을 대심大心이라 이름하며, 몸 및 육근을 버릴 수밖에 없는 급한 일인 까닭에 사람이 적진으로 들어갈 때 목숨을 아끼지 않는 것과 같아 굳세다고 한다." 하셨다. 그래서 알지니, (죽은 후 태어날 곳이) 선도인지 악도인지 결정됨이 없고 인연의 체는 공하지만, 자취는 오르내림이 있고 일은 우열로 나누어진다. 진금 한 냥이 백 냥의 첩화疊華보다 뛰어나고, 횃불의 미세한 광명이 만 길의 풀 더미를 불사른다.269)

又《智論》問云 : 臨死時少許時心, 云何能勝終身行力? 答 : 是心雖時頃少, 而心力猛利。如火如毒, 雖少能作大事。是垂死時心, 決定勇健故, 勝百歲行力, 是後心名爲大心 ; 及諸根事急故, 如人入陣, 不惜身命, 名爲健。故知善惡無定, 因緣體空 ; 跡有昇沈, 事分優劣。眞金一兩, 勝百兩之疊華 ; 爝火微光, 蒸萬仞之積草。

---

269) 진금과 횃불은 모두 임종시 사납고 예리한 염불심념에 비유한 것이다. 「백냥의 첩화보다 뛰어나다」함은 바로 평상시 산심散心 염불 및 복을 짓고 선을 닦은 공능보다 보다 뛰어날 수 있음을 말한 것이다. 「만 길의 적초를 불사른다」함은 임종시 정념正念 염불이 일생동안 지은 악한 생각, 악한 습기를 제거할 수 있음을 말한다. 《무량수경》에 이르시길, "부처님의 광명을 만나면 세 가지 때가 소멸하고 선심이 생한다." 하셨다. 광명을 보면 악이 멸하고 선이 생길 수 있고, 부처님을 친견하면 결정코 정토에 왕생할 수 있으니, 어찌 의심할 수 있겠는가! /강의

3. 감응도교, 불력은 사유하기 어렵다.

3-1 질문을 베풀다

묻건대, 마음 밖에 법이 없고 또한 부처님은 오고 가시지 않는다 하거늘 어찌 부처님을 친견하는 일과 중생을 맞이하러 오시는 일이 있겠는가?

問：心外無法，佛不去來；何有見佛及來迎之事。

3-2 바로 답하다

답하되, 유심으로 염불하여 유심관으로써 만법을 두루 포용한다. 그리하여 이미 경계를 요달하면 유심이고, 마음을 요달하면 곧 부처인 까닭에 염하는 대상을 따라 부처 아님이 없다.[270)]

答：唯心念佛，以唯心觀，遍該萬法；旣了境唯心，了心卽佛，故隨所念，無非佛矣。

---

270) "염불은 바로 유심관이다. 오직 마음 가운데 있어 염념이 염불이 이어져야 진실로 염불하는 사람이다. 마음은 태허를 감싸고, 심량은 항하사 세계에 두루 한다. 그래서 「만법을 두루 포용한다」하셨다. 일체 선악 염정의 경계에 반연함이 모두 유심이 나타난 바로 현전에서 지극히 짧은 순간(介爾)의 일념심이 삼천 성상을 갖추고 있고, 마음 바깥에 법이 없음을 관하여, 부처님을 염하면 부처님이 나타나고 부처님을 친견하며, 사람을 염하면 사람이 나타나고 사람을 본다. 먼저 염불하는 인이 있고, 나중에 견불하는 과가 있다. 부처님은 자심정업自心淨業의 인연으로 나타나니, 밝은 거울에 저절로 상 비추는 것과 같아 안도 아니고 바깥도 아니며, 옴도 없고 감도 없다. 거울과 상은 같지도 다르지도 않듯이 마음과 부처도 같지도 다르지도 않은 까닭에 「경계를 요달하면 유심이고, 마음을 요달하면 곧 부처」라고 하셨다. 친견하는 주체인 마음과 친견하는 대상인 부처가 감응도교하여 유심이 스스로 보니, 염념이 부처 아님이 없고 염념이 부처를 친견할 수 있어 법 그대로 이와 같다." /강의

3-3 인용하여 증명하고 결론 맺어 설명하다

《반주삼매경》에 이르시길, "어떤 사람이 꿈속에서 칠보나 친척·권속을 보고 기뻐하다가, 깨어나서는 생각해 보니 어느 곳에 있는지 모르듯이 이와 같이 염불할지라."271) 하셨다.

《般舟三昧經》云：如人夢見七寶，親屬歡喜；覺已追念，不知在何處，如是念佛。

이는 유심이 지은 바를 비유한 것이다. 유에 즉하여 공한 까닭에 오고감이 없다. 또한 (능념의 마음과 소념의 부처가 모두) 환 같아 실이 없어 (심진여문인) 즉 마음과 부처가 모두 사라져 (불가득이고), 환상이 없지 않아 (심생멸문인) 즉 마음과 부처(환이 나타난 상)를 무너뜨리지 못한다. (이와 같이 일심이문을 벗어나지 않아) 공과 유에 장애가 없고, (비록 부처님이) 오고감(의 환상)이 없어 (실제로는 바로 자심이 나타난 바이고,

---

271) "꿈이란 심성은 거울 같고, 관은 연상緣想과 같으며, 관성觀成은 꿈같은데, 이는 순수히 행자를 기준으로 계합한다. 또한 법신은 거울과 같고, 보신은 상상想과 같으며, 응신은 꿈과 같나니, 이는 순수히 부처님의 경계를 기준으로 계합한다. 또한 저 부처님은 경계와 같고, 행인은 상상想과 같으며, 부처님을 친견함은 꿈과 같나니, 이는 감응을 기준으로 계합하여 논한다. 세 가지 꿈은 모두 그러한 까닭에 무릇 관상觀想을 일으키고 상상想은 견상見相을 이루어 모두 세 가지 뜻을 갖춘다. 필경공畢竟空에 부처를 구해도 얻기 어려운 까닭에 전후 두 가지 꿈에서는 분명히 보이나 얻을 수 없고, 중간 꿈에는 분명히 얻을 수 없으나 봄을 안다. 그래서 첫 꿈에서 이르시길, "깨어나서 생각해 보니 어느 곳에 있는지 모른다." 하셨고, 최후의 꿈에 이르시길, "깨고 나니 배가 고프다." 하셨으며, 중간 꿈에 이르시길, "오지도 않고 머물지도 않으니 즐거운 일이 완연하다." 하셨다. 《마하지관 홍결》, 묘락대사 /편주
《증도가》에서 이르시길, "꿈속에선 명명백백 육취가 있더니, 일어난 후엔 텅 비어 대천세계가 없구나(夢裏明明有六趣, 覺後空空無大千)." 하셨는데, 그 뜻이 같다. /강의

오고가는 실법이 없어) (염불은) 널리 (부처를) 봄을 방해하지 않는다. 비록 볼지라도 곧 (마음바깥에) 보이는 대상이 없어 항상 중도(법성)에 계합한다. 이러므로 부처님께서 실로 오심이 없고, 마음 또한 감이 없어 감응도교가 부사의하여 (불력·자력으로 정토에 생함이 모두) 유심의 스스로 봄이다. 마치 죄를 지은 중생이 지옥의 상을 감득하듯이 (확실히 그 사상事相 작용이 있다.)

此喩唯心所作。即有而空 , 故無來去 ; 又如幻非實 , 則心佛兩亡 ; 而不無幻相 , 則不壞心佛。空有無閡 , 即無去來 , 不妨普見 ; 見即無見 , 常契中道。是以佛實不來 , 心亦不去 , 感應道交 , 唯心自見。如造罪衆生 , 感地獄相。

《유식론》에 이르시길, "일체 제법은 (모두 죄인에게 보이는) 지옥[상]과 같아 (죄인이) 옥졸 등이 능히 핍박하고 해치는 일을 짓는 모습을 함께 보는 까닭에 네 가지 뜻이 모두 성립된다." 하셨다. 네 가지 법(뜻)이란 지옥에서도 또한 시간이 정해짐·장소가 정해짐·몸이 정해지지 않음·작용이 정해지지 않음272)이 있나니, 모두 유식(으로 나타난 것)이다. 죄인이 지은 악업으로 인해 마음에 나타날 뿐, 모두 마음 밖에는 실로 구리 개나 쇠 뱀 등의 일은 없다. 세간의 일체 구체적인 현실의 법도 또한 이와 같다. (원만보신) 노사나의 불토는 (법계에 두루하여) 동서에 국한되지 않고, 만약 (법안 혜안을 갖추어)

---

272) 첫째 시간이 정해짐으로 과보를 받는 시간이 길고 짧음이 정해져 과보가 다하지 않으면 고난을 피할 수 없다. 둘째 장소가 정해짐으로 괴로운 과보를 받는 장소가 지은 바 죄업과 상응하여 변경할 수 없다. 셋째 몸이 정해지지 않음으로 그 죄업의 경중에 따라 괴로움을 받는 몸의 형태 크기가 정해지지 않는다. 이를테면 무간 죄인은 몸이 무간지옥에 두루 가득하다. 넷째 작용이 정해지지 않음으로 괴로운 과보를 받는 때 그 작용은 각각 다르다. 이를테면 갖가지 지옥상은 모두 업에 따라 발현하여 정해진 것이 없다. /강의

바른 이해가 확실하면 (염념이 진리에 반연하고 마음마다 환진幻塵을 쉬어서) 견사번뇌의 현행(累)과 종자(習)가 모두 소멸한다. 여리如理지혜와 여량如量지혜를 함께 갖추어서 (일분의 무명을 깨뜨리고) 직접 무생(無生; 일분 법신)을 증득하여 이미 성인의 계위를 거쳐 (초지이상의) 불퇴위에 거하고 곧 (육도윤회하는) 생사고처를 싫어하지 않고 (지장대사 관음대사처럼 부류에 따라) 삼계육도에 (현신하여) 여러 중생을 교화할 것이다. (지상성인일지라도) 신심을 처음 갖춘 초심보살은 아직 인내하는 힘이 원만하지 못해 (삼계에) 빠진 중생을 건지고자 하나 실로 모두 구제하기 어렵다. 배가 없어 물에 빠진 사람을 구할 수 없고, 날개가 약한 어린 새처럼 높이 날 수 없는데, 고질병으로 병상에 누운 환자가 좋은 의사를 마다하고, 강보에 싸인 간난 아기가 어머님의 젖가슴을 의심하여 버리려 한다면 세월이 흘러 사지에 빠지거나 떨어져 반드시 죽음을 의심하지 못하고, 빠졌다고 자신만 근심할 뿐, 남을 이롭게 할 분수가 못된다. 그래서 《대지도론》에 이르시길, "비유컨대 어린아이가 만일 부모와 가까이 있지 않으면 자칫 구덩이나 우물에 빠지거나 또는 물과 불 등으로 인한 재난에 젖먹이를 버리면 죽는다. 어릴 때는 반드시 부모와 가까이 있어야 하고 성장하고 크면 비로소 가업을 이어받을 수 있다. 이처럼 초심보살도 정토에 태어나길 발원하는데, 제불과 가까이 지내면서 법신이 성장하여야 비로소 부처님의 가업을 이어서 시방세계에 이르러 중생을 구제할 수 있기를 많이 발원하니, 이러한 이익이 있는 까닭에 정토에 왕생하길 많이 발원한다."[273] 하셨다.

273) 《무량수경》에 이르시길, "이 세계에 육십칠억 불퇴보살이 있어 저 국토에 왕생한다. 모든 소행보살 및 작은 공덕을 수습한 이는 헤아릴 수 없이 모두 마땅히 왕생한다(於此世界 有六十七億不退菩薩 往生彼國。諸小行菩薩及修習少功德者 不可稱計 皆當往生) … 시방세계 무량 불국토에서 그 왕생하는 자 또한 이와 같이 매우 많아 무수하다(十方世界無量佛國 其往生者 亦復如是 甚多無數)." 하셨다. /강의

《唯識論》云：「一切如地獄，同見獄卒等，能爲逼害事，故四義皆
成。」四義者，如地獄中亦有時定、處定、身不定、作用不定，皆是唯識。
罪人惡業心現，並無心外實銅狗、鐵蛇等事；世間一切事法，亦復如
是。然遮那佛土，匪局東西，若正解了然，習累俱殄，理量雙備，親
證無生；旣歷聖階，位居不退，卽不厭生死苦，六道化群生。如信心
初具，忍力未圓，欲拯沈淪，實難俱濟。無船救溺，翅弱高飛；臥沈
痾而欲離良醫，處襁褓而擬抛慈母；久遭沈墜，必死無疑。但得陷己
之虞，未有利他之分。故《智論》云：譬如嬰兒，若不近父母，或墮坑
落井，水火等難，乏乳而死。須常近父母，養育長大，方能紹繼家業。
初心菩薩，多願生淨土，親近諸佛，增長法身，方能繼佛家業，十方
濟運，有斯益故，多願往生。

또 여러 경을 섭요攝要하여 (18가지 이익을 들어) 말하면, "안양(극락)에
태어나는 이는 1) 인연이 굳세고 지위가 뛰어나다. (무량수경에서
말씀하시길, 아미타부처님께서 인지에 법장비구가 되어 먼저 48원을 발하고
나중에 무량겁토록 본원에 의지해 수행하여 불신정토를 성취하여 시방 중생을
섭수하여 극락세계에 왕생하도록 하신다.) 2) 복을 갖추고 수명이 길다.
(아미타경에서 말씀하시길, 그 국토 중생은 온갖 괴로움이 없고 단지 모든
즐거움을 받으며, 저 부처님의 수명과 그 인민은 무량무변 아승지겁이다.)
3) 연꽃에 화생化生한다. (묘법법화경 약왕품에서 말씀하시길, 여래께서
멸하신 후 후오백세에 어떤 여인이 이 경전을 듣고서 말씀대로 수행하면 임종시
안락세계에 왕생하여 연꽃 보좌 위에서 화생하여 보살신통과 무생법인을 얻는
다. 관무량수불경에 이르시길, 구품연화대에서 생을 받는다.) 4) 부처님께서
친히 영접하신다. (보현행원품에서 말씀하시길, 원컨대 수명을 마치고자
할 때 일체 모든 장애를 다 없애고 면전에서 저 아미타부처님을 친견하고
곧 안락찰토에 왕생하여지이다. 또한 아미타경에서 말씀하시길, 그 사람이
목숨이 다하려 할 때 아미타부처님과 여러 성중이 그 앞에 나타나서 이 사람이

목숨이 다할 때 마음이 전도되지 않고 곧 바로 극락국토에 왕생한다. 무량수경에서 말씀하시길, 내가 부처될 적에 시방 중생이 보리심을 발하여 여러 공덕을 닦고 지극한 마음으로 발원하여 저의 국토에 태어나고자 하면 목숨이 다하려할 때 가령 대중과 함께 둘러싸서 그 사람 앞에 나타나지 않으면 정각을 취하지 않겠나이다. 관경에서 말씀하시길, 구품왕생이란 모두 아미타부처님께서 직접 수수하거나 화불이 영접함을 입는다는 뜻이다.) 5) 즉시 보살의 지위에 오른다. (아미타경에서 말씀하시길, 응당 발원하여 저 국토에 태어나길 발원할지라. 왜 그런가 하면 이와 같은 모든 상선인과 모두 한곳에 모일 수 있기 때문이다.) 6) 단박에 여래의 집에 태어난다. (관경에서 말씀하시길, 염불하는 사람은 마땅히 알지니, 이 사람은 인간 가운데 분다리화로 관세음보살과 대세지보살이 그의 수승한 친구가 되어 도량에 앉아 제불의 집에 태어난다.) 7) 영원히 아비발치(불퇴전지)의 문에 처한다. (아미타경에서 말씀하시길, 극락에 태어나는 중생들은 모두 아비발치이다.) 8) 모두 보리수기를 받는다. (보현행원품에서 말씀하시길, 저 부처님 모인 대중 청정할시고, 나는 이때 수승한 연꽃 위에 태어나리니, 아미타부처님을 친히 뵈오면 그 자리서 보리수기 내게 주시리. 또 무량수경에서 말씀하시길, 저 장엄청정 국토에 이으러 즉시 속히 신통 얻어 반드시 무량존불께 수기 받아 정등각 이루리.) 9) 몸은 광명의 묘한 상을 갖춘다. (무량수경에 말씀하시길, 국토의 천인이 모두 32종 대장부 상을 구족하지 않으면 정각을 취하지 않겠나이다. 또 말씀하시길, 제육천왕은 무량수불국토 보살성문과 견주어 생김새와 형색을 백천만억 배 하여도 헤아릴 수 없다.) 10) 보배나무의 향대를 거닌다. (정토삼부경에서 자세히 설하고 있다.) 11) 시방세계에 공양한다. (아미타경에서 말씀하시길, 저 국토의 중생들은 늘 새벽에 각자 옷자락에 온갖 미묘한 꽃을 가득 담아 타방세계 십만 억 부처님께 공양한다.) 12) 정신을 삼매에 평안히 안정시킨다. (무량수경에서 말씀하시길, 저 국토의 보살들은 지혜가 큰 바다와 같고, 삼매는 수미산과 같다.) 13) 하여 귀에 부딪침에 언제나 대승의 법을 듣는다. (팔공덕수의 물결이 무량 미묘한 소리를 선양하고 그 응한 바에 따라 혹 부처님의 소리 내지 감로 관정의 여섯 때 온갖 미묘한 법의 소리를 듣는다. 아미타경에서 말씀하시길, 온갖 새들이 밤낮으로 여섯 때에 평안하고 단아한 소리를 내어서 그 소리가 오근·오력·칠보리분·팔정도 등 이와 같은 법을 연설한다.) 14) 어깨를 지나침에 모두가 일생보처 사람과 이웃한다. (아미타경에서 말씀하시길, 그 가운데 일생보처 보살들도 매우 많아서 그 수는 헤아려 알 수 없으며, 단지 무량무변 아승지라 비유할 뿐이다.) 15) 염념이 텅 비어 오묘하고 마음마다 맑고 고요하다. (무량수경에서 말씀하시길, 제법의 자성본체를 통달하여 일체 법이 공이고 무아임을 깨닫고서 자심으로 전일하게 청정불토 구하여 이러한 극락찰토를 반드시 성취할지어다.) 16) 번뇌의 불꽃이 소멸한다. (무량수경에서 말씀하시길, 생사번뇌의 두 가지 남은 습기를 모두 다하도록 끊는다.) 17) 애욕의 샘이 마른다. (무량수경에 말씀하시길, 저 불국토에 태어나는 모든 보살 등은 그 불국토에 있는 모든 만물에 대해서 내 것이라는 마음도 없고, 집착하는 마음도 없으며, 감정에 묶이는 것도 없으며, 나의 뜻과 맞음도 없고 맞지 않음도 없으며, 저 사람도 없고 나도 없으며, 경쟁도 없고 다툼도 없다.) 18) 악취라는 이름도 오히려 들을 수 없거든 어찌 다시 윤회하는 일이 있겠는가. (아미타경에서 말씀하시길, 그 불국토에는 삼악도라는 이름조차 없거늘 하물며 실제로 그런 것이 있겠느냐?)

又按諸經云：生安養者，緣强地勝，福備壽長，蓮華化生，佛親迎接，便登菩薩之位，頓生如來之家，永處跋致之門，盡受菩提之記。身具光明妙相，跡踐寶樹香臺；獻供十方，寧神三昧；觸耳常聞大乘之法，差肩皆隣補處之人；念念虛玄，心心靜慮；煩惱焰滅，愛欲泉枯。尚無惡趣之名，豈有輪迴之事。

《안국초安國鈔》에 이르시길, "극락이라 말함은 24가지 즐거운 일이 있으니, 1) 보배난순이 (둘러싸서) 막아주는 즐거움 2) 보배그물이 허공에 가득한 즐거움 3) 나무그늘이 거리에 가득한 즐거움 4) 칠보로 꾸민 연못이 있는 즐거움 5) 팔공덕수의 맑은 물결이 이는 즐거움

6) 바닥에 금모래가 보이는 즐거움 7) 계단마다 광명이 빛나는 즐거움 8) 누각이 하늘에 닿을 만큼 높은 즐거움 9) 네 가지 연꽃 향기가 가득한 즐거움 10) 황금으로 대지가 되어 있는 즐거움 11) 여덟 가지 음악이 항상 연주되는 즐거움 12) 밤낮으로 꽃비가 내리는 즐거움 13) 맑은 새벽마다 수행할 마음이 나게 하는 즐거움 14) 미묘한 꽃으로 장엄하는 즐거움 15) 타방 세계 부처님께 공양하는 즐거움 16) 본래 국토에서 경행하는 즐거움274) 17) 온갖 새들이 평안하게 노래하는 즐거움 18) 여섯 때에 법문을 듣는 즐거움 19) 삼보를 생각하는 즐거움 20) 삼악도가 없는 즐거움 21) 아미타부처님께서 위신력으로 변화하여 이루어진 즐거움 22) 보배나무와 그물이 흔들리며 소리가 나는 즐거움275) 23) 모든 국토의 제불께서 함께 찬탄하는 즐거움276) 24) 성문제자들이 발심하는 즐거움277)이다.

---

274) 《아미타경》에 이르시길, "극락국토에는 일곱 겹의 보배난순·보배그물·보배나무가 있고, 칠보연못이 있고 그 속에는 팔공덕수가 가득하며, 그 바닥에는 순금 모래가 깔려 있고, 사방으로 계단길이 놓여 있으며, 그 길 위에는 누각이 있다. 그 연못에는 갖가지 연꽃이 있나니, 천상의 음악이 늘 연수되고, 황금으로 대지가 되어 있으며, 밤낮으로 여섯 때에 천상의 만다라화가 비 오듯이 내린다. 저 국토의 중생들은 늘 새벽마다 각자 바구니에 온갖 미묘한 꽃을 가득 담아 타방세계 부처님께 공양하고, 곧 식사 때에 본래 국토로 돌아와서 함께 식사하고 경행한다." 하셨다. /강의

275) 《아미타경》에 이르시길, "저 국토에는 늘 백학 등과 같은 온갖 새들이 밤낮으로 여섯 때에 평안하고 단아한 소리를 내어서 그 소리가 오근·오력·칠보리분·팔정도 등 이와 같은 법을 연설하나니, 그 국토의 중생들은 그 소리를 듣고서 부처님을 생각하고 불법을 생각하며 승가를 생각한다. 저 불국토에는 삼악도가 없고 아미타부처님께서 범음을 널리 펴고자 위신력으로 변화하여 이루어진 것이다. 미묘한 바람이 불어와 모든 보배나무와 보배그물이 흔들리며 미묘한 소리가 나니, 백천 가지 천상의 음악이 동시에 연주되는 것과 같다. 이 소리를 듣는 이는 모두 다 부처님을 생각하고, 불법을 생각하고, 승가를 생각하는 마음이 저절로 생긴다." 하셨다. /강의

276) 《아미타경》에 이르시길, "육방제불께서 계시며 각각 자신의 국토에서 광장설상을 내미시어 삼천대천세계를 두루 덮고 참되고 진실한

《安國鈔》云：所言極樂者，有二十四種樂：一、欄楯遮防樂。二、寶網
羅空樂。三、樹陰通衢樂。四、七寶浴池樂。五、八水澄漪樂。六、下見金
沙樂。七、階際光明樂。八、樓臺陵空樂。九、四蓮華香樂。十、黃金爲地
樂。十一、八音常奏樂。十二、晝夜雨華樂。十三、清晨策勵樂。十四、嚴持
妙華樂。十五、供養他方樂。十六、經行本國樂。十七、衆鳥和鳴樂。十八、
六時聞法樂。十九、存念三寶樂。二十、無三惡道樂。二十一、有佛變化
樂。二十二、樹搖羅網樂。二十三、千國同聲樂。二十四、聲聞發心樂。

《군의론》에 이르시길, "서방정토에는 30가지 이익이 있으니, 1)
(갖가지 공덕으로 장엄한) 청정불토를 수용하는 이익 2) 큰 법락을 얻는
이익 3) 무량수 부처님을 가까이 지내며 공양하는 이익 4) 시방세계를
다니며 제불께 공양하는 이익 5) 모든 부처님 처소에서 법을 듣고
수기를 받는 이익 6) 복과 지혜의 자량을 빨리 원만하게 얻는 이익
7) 무상정등보리를 속히 증득하는 이익 8) 모든 대사들과 동일하게
회상에 모이는 이익 9) 항상 퇴전하지 않는 이익 10) 무량한 행원이
염념이 늘어나는 이익 11) 앵무와 사리 새가 법음을 선양하는 이익
12) 맑은 바람이 나무를 흔들어 온갖 음악을 연주하는 것 같은
이익 13) 마니수가 돌아 흐르면서 고와 공을 연설하는 이익 14)
온갖 악기 소리가 온갖 미묘한 음을 연주하는 이익 15) 48원으로
영원히 삼악도가 끊어지는 이익 16) 자마진금 빛깔의 몸을 얻는
이익 17) 생김새가 (아름답고) 추함이 없는 이익 18) 오신통을 구족하는
이익 19) 항상 정취定聚에 머무는 이익 20) 모든 불선업이 없는

말씀으로 이르시길, 너희 중생들은 《칭찬불가사의공덕 일체제불소호
념경》을 믿을지니라." 하셨다. /강의

277) 《아미타경》에 이르시길, "아미타불 국토에 태어나겠다고 이미 발
원하였거나 지금 발원하거나 당래에 발원하는 이들은 모두 아뇩다라
삼먁삼보리에 물러나지 아니하여서 저 국토에 벌써 태어났거나 지금
태어나거나 당래에 태어날 것이다." 하셨다. /강의

이익 21) 수명이 아득히 긴 이익 22) 의식이 저절로 갖추어지는 이익 23) 온갖 즐거움만 누리는 이익 24) 32상을 구족하는 이익 25) 여인이 없는 이익 26) 소승이 없는 이익 27) 팔난을 여의는 이익 28) 세 가지 법인을 얻는 이익 29) 몸에서 언제나 광명이 있는 이익 30) 나라연의 몸을 얻는 이익이다. 이상 간략하게 서술하였듯이 법의 이익은 가이없다.

《群疑論》云：西方淨土，有三十種益：一、受用淸淨佛土益。二、得大法樂益。三、親近佛壽益。四、遊歷十方供佛益。五、於諸佛所聞授記益。六、福慧資糧疾得圓滿益。七、速證無上正等菩提益。八、諸大人等同集一會益。九、常無退轉益。十、無量行願念念增進益。十一、鸚鵡舍利宣揚法音益。十二、淸風動樹如衆樂益。十三、摩尼水漩宣說苦空益。十四、諸樂音聲奏衆妙音益。十五、四十八願永絶三塗益。十六、眞金身色益。十七、形無醜陋益。十八、具足五通益。十九、常住定聚益。二十、無諸不善益。二十一、壽命長遠益。二十二、衣食自然益。二十三、唯受衆樂益。二十四、三十二相益。二十五、無實女人益。二十六、無有小乘益。二十七、離於八難益。二十八、得三法忍益。二十九、身有常光益。三十、得那羅延身益。如上略述法利無邊，

성인의 경계는 헛되지 않아 모두가 진실한 말씀이요, 그릇되지 않은데, (세상 사람들은) 어찌하여 애정의 강 물결, (고해의 파도) 가운데 빠져 (무궁토록 괴로움을 받는데도) 근심하지도 (무서워하지도) 않으며, (삼계) 화택의 불길(오통五痛 오소五燒)에서 타고 있어도 (놀라지도) 두려워하지 않은가? 어리석음 등 삼독으로 말미암아 (가없는 번뇌로) 빽빽이 짠 그물은 (세간의) 얕은 지혜의 칼날로는 휘두를 수가 없고, 깊고 무거운 의심의 뿌리는 들뜬 믿음의 힘으로는 (생사고해에서) 구해낼 수 없다. 드디어 달게 여기는 마음으로 뜻을 굽히고, 화와 재난을 다행이라 여기고 즐거워하며, 청정한 세계는 물리치고 두렵고 무서운 세상을 돌아보고 연연하니, 물에 삶기고 불에 굽히는 누에고치가 남은 재앙 속에 스스로 처하고, 새장 속의 새와 솥 안의 고기가 도리어 즐겁다고 하는구나. 그러므로 알지니, 불력이 업력과 같지 않고 삿된 인으로는 바른 인으로 나아가기 어렵다. 또한 업보의 몸에서 벗어나지 못하고 마침내 (혹·업·보) 세 가지 장애에 얽혀 이미 연화대의 화질(化質; 화신)을 사랑하지 않나니, 마땅히 태장에서 몸을 받으리라. 만약 육신을 받으면 전신이 고통 덩어리이고, 이미 삼계에 떨어졌으니 어찌 윤회를 면할 수 있겠는가?

聖境非虛, 眞談匪謬。何乃愛河浪底, 沈溺無憂; 火宅焰中, 焚燒不懼? 密織癡網, 淺智之刃莫能揮; 深種疑根, 汎信之力焉能拔? 遂卽甘心伏意, 幸禍樂災。却非淸淨之邦; 顧戀恐畏之世。燋蛾爛繭, 自處餘殃; 籠鳥鼎魚, 翻稱快樂。故知: 佛力不如業力; 邪因難趣正因。且未脫業身, 終縈三障; 旣不愛蓮臺化質, 應須胎藏稟形。若受肉身, 全身是苦; 旣沈三界, 寧免輪迴?

이제 팔고八苦278) 가운데 간략히 생사의 두 가지 괴로움만 들어 말하면, 첫째 생고生苦란 아비의 정精과 어미의 혈血로 체를 삼아 위(生藏) 장(熟藏)과 함께 (어미의 뱃속에) 있으면서 42일 동안 점차 변화를 거치면서 사람형상(幻質)을 이루고, 위로는 (위장 안의) 더러운 음식이 있어 산 아래 눌리는 것 같고, 아래로는 (똥오줌) 구덩이가 있어 항상 냄새가 난다. (어미가) 찬물을 마시면 언 강물에 들어간 듯 괴롭고, 뜨거운 음식을 삼키면 뜨거운 불에 몸이 타는 듯 지내기

---

278) "태어남·늙음·병듦·죽음·사랑하는 사람과 이별함(愛別離)·원망하고 미워하는 사람을 만나야 함(怨憎會)·오온이 번성한 괴로움(五盛陰苦)이다."《중아함경中阿含經·분별성제경分別聖諦經》, 상세한 내용은 《전법륜경강기》(비움과소통) 참조. /편주

어렵다. (10개월 임신기간 동안) 이리저리 뒤척이며 답답하여 (그 고통이) 말로 형용할 수 없다. 태어날 때 이르러 온갖 고苦가 무량하다. 손이 닿으면서 땅에 떨어지니 마치 살아있는 소의 가죽을 벗기듯 하고, 갑갑하고 몹시 괴로우니 산 거북의 껍질을 벗기듯 하여 원한을 품고 어미 몸을 해치고 싶으나, 겨우 바깥세상 공기(熱風)를 접하면서 (전생 및 태중에 받은) 고苦의 인연을 문득 잊어버리고 (단지 먹고 살아가길 구할 뿐이다.) 갓난아이 시절에는 (육근이) 어리석고 어두워서 물불을 못 가려 비명에 횡사 요절하기 쉽다. (다행히) 이를 벗어나 장성하여 성인이 되어서는 일신을 위해서 갖가지를 경영한다. (팔식의) 업전業田 이 이미 무르익은 후 애정의 물로 자주 적시어 무명의 종자가 발생하고 (생로병사) 고苦의 싹이 늘어난다.[279] (팔식 가운데) 제7식七識이 (아견 · 신견에 집착하고 남과 나를 분별하여) 아교처럼 달라붙고, (남과 나가 나누어 지고, 삼독이 늘 일어나고 모든 유루업의 인연을 지어 삼계 가운데) 구거九居[280] 에 덮어씌운다. 이는 불바퀴를 돌림에 순환하여 그침이 없는 것과 같다.

今於八苦之中, 略標生死二苦：一、生苦者：攬精血爲體, 處生熟藏中, 四十二變而成幻質；上壓穢食, 下薰臭坑；飲冷若氷河, 吞熱如爐炭；宛轉迷悶, 不可具言。 及至生時, 衆苦無量。觸手墮地, 如活剝牛皮；逼窄艱難, 似生脫龜殼；銜冤抱恨, 擬害母身；纔觸熱風, 苦緣頓忘。嬰孩癡騃, 水火橫亡；脫得成人, 有營身種。業田旣

---

279) 《도간경稻秆經》에 이르시길, "십이연기를 모으는 네 개의 인因, 즉 무명의 경작자가 업전業田에 심어놓은 식의 종자는 애愛의 물로 축축해져 모태에서 명名과 색色의 싹이 트게 한다." 하셨다. /편주

280) 구거九居란 1) 욕계의 인천人天, 2) 범상천梵象天, 3) 극광정천極光淨天, 4) 변정천遍淨天, 5) 무상천無想天, 6) 공무변처空無邊處, 7) 식무변처識無邊處, 8) 무소유처無所有處, 9) 비상비비상처非想非非想處이다. 중생은 오직 아홉 가지 장소에 즐겨 머무는 까닭에 구유정거九有情居라 한다. /편주

熟 , 愛水頻滋;無明發生 , 苦芽增長。膠粘七識 , 籠罩九居;如旋火
輪 , 循環莫已。

둘째 사고死苦란 임종시 풍대風大의 칼로 몸을 가르고 화대火大로
몸을 태우매 헛소리를 하고 속으로 떨며, 혼비백산하여 두렵고 놀란
다. 지독한 고통이 동시에 생겨나니, 악업이 문득 나타나며 천 가지
수심에 답답하고, 만 가지 공포에 두렵다. 그러다가 목숨을 마치고
적연히 홀로 가면 저승길이 컴컴하고 명부로 향하는 길은 아득한데
옛날의 원수로 더불어 물어뜯듯이 상대하니, 이때를 당하여 하늘을
부르고 땅을 두드리나 결코 벗어날 문이 없다. 업이 깊고 얕은가에
따라 육도(諸趣)를 편력하니, 혹은 전도되어 지옥에 나고 혹은 음으로
귀신 모양을 맞아들이며, 배고픔과 목마름을 참치 못해 오랜 겁에
울부짖으며, 죄의 고통을 받아 온몸이 불에 타고 문드러지기도 한다.
25유有[281]를 벗어나 선악의 업이 없어지지 않고, 몸을 뒤따라 과보를
받아 조금도 잃어버린 적이 없다. 이와 같이 생사의 바다는 광활하고
업의 도는 다하기 어렵다. 성문도 오히려 태胎에서 나올 때는 매昧하
고, 보살도 오히려 격음隔陰의 일에 혼미해 버리거늘 하물며 생사에
얽매인 범부는 어찌하면 생고의 굴레에 갇히고, 죽음의 매듭에 묶인
상태에서 풀려날 수 있을까?

二、死苦者:風刀解身 , 火大燒體;聲虛內顫 , 魄悸魂驚。極苦併
生 , 惡業頓現;千愁䗇悒 , 萬怖憧惶。乃至命謝氣終 , 寂然孤逝;幽
途黯黯 , 冥路茫茫。與昔冤酬 , 皎然相對;號天扣地 , 求脫無門。隨
業淺深 , 而歷諸趣:或倒生地獄 , 或陰受鬼形。忍飢渴而長劫號咷 ,

---

281) 업보가 완료되지 않아 총 25유 수신受身을 벗어날 수 없다. 25유
란 욕계에는 4악취 4주 6욕천 등 총 14유가 있고, 색계에는 4선천
대범천 정거천 무상천 등 총 7유가 있으며, 무색계에는 4공천으로 4
유가 있다. 합쳐서 삼계에 총 25유 과보의 몸을 받는다. /강의

受罪苦而遍身燋爛。未脫二十五有，善惡之業靡亡；追身受報，未曾遺失。生死海闊，業道難窮。聲聞尚昧出胎；菩薩猶昏隔陰。況具縛生死底下凡夫，寧不被生苦所羈、死魔所繫？

그러므로 《목련소문경》에서 이르시길, "비유컨대 일만 (생사의) 내천 물줄기가 길게 (항상) 흐르는 곳에 풀과 나무가 떠내려가는데 앞쪽은 뒤쪽을 돌아보지 않고, 뒤쪽은 앞쪽을 바라보지 않아도 모두 큰 바다에 모이듯이 인간의 세상도 역시 그러하다. 비록 귀하고 부유하여 즐거움이 자재하더라도 모두 생로병사를 피할 수 없다. 단지 부처님의 경전을 믿지 않는 까닭으로 후세에 사람이 되어서 다시 (육도윤회의) 깊은 궁핍이 극심하여 천불의 국토에 태어날 수 없다. 이런 까닭에 나는 말하나니, 무량수불의 국토는 쉽게 가고 쉽게 취할 수 있으나 사람들이 수행하나 왕생할 수 없고 오히려 96가지 삿된 도를 섬긴다. 나는 말하나니, 이 사람은 눈이 없는 사람이라 하고, 귀가 없는 사람이라 한다." 하셨다.

故《目連所問經》云：佛告目連：譬如萬川長注，有浮草木，前不顧後，後不顧前，都會大海。世間亦爾，雖有豪貴富樂自在，悉不得免生老病死。祗由不信佛經，後世爲人，更深困劇，不能得生千佛國土。是故我說，無量壽佛國土，易往易取，而人不能修行往生，反事九十六種邪道。我說是人，名無眼人、名無耳人。

《대집월장경》에 이르시길, "나의 말법시대에는 수억의 중생이 행을 일으켜 도를 닦더라도 한 사람도 얻는 자가 없으리라. 지금 말법에 당하여 현재 오탁악세에서는 「오직 정토 일문이 있어 직접 (성불의) 길로 들어갈 수 있느니라.」[282] "

《大集月藏經》云：我末法時中，億億衆生，起行修道，未有一得者。當今末法，現是五濁惡世，唯有淨土一門，可通入路。

마땅히 알지니, (보살난행도의) 자력수행으론 (일만 겁을 지나야 대승신심을 성취할 수 있나니) 원만한 성취가 어려우나, 타력은 쉽게 성취한다.283) 마치 힘이 약한 역사가 전륜왕의 세력에 붙어 사천하(四洲)를 날아다니고, 범부의 몸이 선약의 공덕을 빌어 삼도(신선이 사는 봉래, 방장, 영주)를 날아오르는 것과 같아서 실로 이행易行의 도가 되어 속히 상응함을 얻을 것이다. (《무량수경》에 이르시길, 「설사 온 세계가 불바다가 될지라도 반드시 지나가서 이 법문을 듣고 마땅히 불도를 성취하여 널리 생사의 흐름에 있는 중생을 널리 제도할지라(設滿世界火 必過要聞法。要當成佛道 廣濟生死流)」하셨다.) 자애로우신 부처님의 뜻이 간곡하시니, 모름지기 뼛속 깊이 새겨야 할 것이다.

當知自行難圓，他力易就。如劣士附輪王之勢，飛遊四天；凡質假仙藥之功，昇騰三島。實爲易行之道，疾得相應。慈旨叮嚀，須銘肌骨。

---

282) 이 두 문구는 부처님께서 마음으로 직접 아는 것이고, 부처님의 눈으로 직접 보신 것이며, 부처님의 입으로 직접 말씀하신 것으로 당신이 믿지 않으면 부처님께서도 어찌할 수 없다! 믿고 받아들여 봉행하면 부처님의 친한 벗이 되어 반드시 선도를 따라 인간에 태어나서 왕생할 연분이 있고 성불할 기약이 있으니 경사스럽고 기쁜 일이다. "사람 몸은 얻기 어려운데 지금 얻었고, 정토법문은 듣기 어려운데 지금 들었으나, 이 몸은 금생을 향하여 제도 받지 않고 다시 어느 생을 기다려 이 몸을 제도하겠는가?" 정토에 인연이 있는 사람은 소중히 여기길 바란다. /강의

283) 「타력他力은 쉽게 성취한다」함은 아미타부처님의 본원 신통력으로 염불중생을 섭수하여 자석에 철이 달라붙듯이 만에 한 사람도 잃지 않고 반드시 삼계를 횡으로 뛰어넘어 정토에 왕생하여 생사를 벗어난다. /강의

4. 구품 왕생으로 상품 하품 모두 도달한다

4-1 처음 질문하다

묻건대, 방 거사께서 이르시길, "사事상에서 불국토를 말한다면 이는 십만 리나 떨어져 있고, 대해는 아득하고 가이없어 움직이면 곧 흑풍이 일어난다. 가는 자는 비록 천만이나 도달하는 자는 한두 명도 없다. 그러나 홀연히 본래 사람을 만나면 그러한 인연 속에 없다." 하셨다. (이 말씀을) 어떻게 이해하여 왕생을 증득하겠는가?

問：龐居士云：「事上說佛國，此去十萬里；大海渺無邊，動即黑風起。往者雖千萬，達者無一二；忽遇本來人，不在因緣裡。」如何通會而證往生。

4-2 처음 답하다

답하되, 종지를 들어 근본을 살핀다면 부처가 있다느니 정토가 있다느니 말할 수 없거늘 어찌 도달하였느니 도달하지 못하였느니 말할 수 있겠는가. 그래서 (이체를 기준으로 논한다면) 천진天眞을 스스로 갖추고서 인연을 섭렵하지 않고, 털끝만큼도 움직이지 않으면서 항상 진실한 체성에 그윽히 계합할 수 있다. 만일 사事를 기준으로 논한다면 (이는) 같지 않으면서[284] 구품왕생으로 상품 하품 모두 도달한다. 혹은 화국化國을 노닐면서 부처님의 응신應身을 친견하기도 하고, 혹은 보토報土에 나서 부처님의 진신眞身을 목도하기도 하며, 혹은 하루 저녁에 곧장 상지上地에 오르기도 하고, 혹은 오랜 겁이 지나야 겨우 소승을 증득하기도 하며, 혹은 예리한 근기도

---

284) 같지 않아 사에 즉한다(不一即事)와 같은 뜻한다. 불이不異를 즉即이라 하고, 불일不一을 비非라 한다. 곧 두 사물이 다르지 아니함을 즉即이라 하고, 같지 않은 것을 비非라 한다. /편주

둔한 근기도 있으며, 혹은 마음이 선정에 든 이도 산란한 이도 있으며,
혹은 깨달음이 더딘 이도 빠른 이도 있어 근기가 다르고, 혹은 연꽃이
일찍 피기도 늦게 피기도 하여 시한에 있어 다르다. 예나 지금이나
모두 기재되고, 범부나 성인이나 같이 왕생한다. 그 행상이 뚜렷하여
분명히 증명하고 스스로 체험한다. 그래서 석가세존께서 친히 문수보
살에게 수기하시기를, "그대는 마땅히 아미타부처님 국토에 나서
계위가 초지初地에 오르리라." 하셨다.

答：若提宗考本，尚不說有佛有土，豈言達之不達乎。所以天眞自
具，不涉因緣；匪動絲毫，常冥眞體。若約事論，故非一等。九品往
生，上下俱達。或遊化國，見佛應身；或生報土，覩佛眞體。或一夕而
便登上地，或經劫而方證小乘；或利根、鈍根；或定意、散意；或悟遲
速，根機不同；或華開早晚，時限有異。今古具載，凡聖俱生；行相
昭然，明證目驗。故釋迦世尊親記文殊，當生阿彌陀佛土，位登初地。

4-3 인용하여 증명하다

《무량수경》에 이르시길, 미륵보살이 부처님께 묻기를, "이 세상에서
는 얼마나 많은 불퇴전 보살이 있어서 저 국토에 태어나는지 모르겠나
이다." 하니, 부처님께서 대답하시기를, "이 사바세계에는 67억의
불퇴전 보살이 있어 모두 다 왕생하느니라." 하셨다.

《大經》云：彌勒菩薩問佛：未知此界有幾許不退菩薩，得生彼國？佛
言：此娑婆世界有六十七億不退菩薩，皆得往生。

지자 대사께서는 한평생 서방 (극락에 나는) 정업淨業을 닦으셨고,
행한 바 복과 지혜 두 가지 장엄을 빠짐없이 다 회향하셨다. 임종

시 문하의 사람들에게 《16관경(관무량수경)》의 이름(경전제목)을 부르게 하고는 합장하며 찬탄하시길, "(아미타부처님께서) 사십팔원으로 정토를 장엄하셨나니, 향대 (보배연못) 보배나무 (그곳에) 가기는 쉬운데 가려는 사람이 없구나! 불 수레의 모양이 나타나도 일념으로 허물을 고치고 참회하는 사람도 오히려 다시 극락에 왕생하는데, 하물며 계율과 지혜로 훈습해 닦은 사람이겠는가! 도를 수행한 힘은 (진실하여) 마침내 헛되이 버려지지 않고, 부처님의 청정한 음성은 (진실하여) 마침내 사람을 속이지 않느니라." 하셨다.

智者大師, 一生修西方業；所行福智二嚴, 悉皆回向。臨終令門人唱起《十六觀》名, 乃合掌讚云：四十八願, 莊嚴淨土；香臺寶樹, 易到無人。火車相現, 一念改悔者, 尚乃往生；況戒, 定, 慧薰修行道力, 終不唐捐；佛梵音聲終不誑人。

《칭찬정토섭수경》285)에 이르시길, "시방의 항하사 제불께서 (자신의 불국정토에서 각각) 광장설상을 내미시어 삼천대천세계를 널리 덮으시고" 왕생을 증명하여 말씀하셨으니, 어찌 허구이겠는가?

《稱讚淨土經》云：十方恒河沙諸佛, 出廣長舌相, 遍覆大千, 證得往生, 豈虛搆哉。

4-4 다시 질문하고 다시 답하다

묻건대, 《유마경》에 이르시길, "(보살은) 여덟 가지 법을 성취하여 이 사바세계에서 (대승의 도를) 행하면 허물이 없고 정토에 날 것이니,

---

285) 현장 대사께서 번역하신 당역본 아미타경을 말한다. 자세한 것은 《아미타경 심요》(비움과소통)를 참조할 것. /편주

어떤 것이 여덟 가지인가? 첫째 중생을 요익케 하되 과보가 있길
바라지 않으며, 둘째 일체 중생을 대신하여 모든 고뇌를 달게 받으며,
셋째 지은 바 공덕을 모두 다 (중생에게 회향하여) 보시하며, 넷째
중생에 대해 평등심을 지녀 (내가 낫다는 번뇌가 없이) 겸허하여 걸림이
없으며, 다섯째 보살들을 보아도 부처님과 같이 보고, 듣지 못한
불경을 들어도 의심치 않으며, 여섯째 (사바세계에 있는 대보살이 닦는
삼승도는 모두 성문 연각의 행문을 기초로 삼기에) 성문과 함께 하여 서로
어긋나고 등지지 말아야 하며, 일곱째 중생이 남에게 공양함을 질투
치 않고 자신의 이익만 높이는 아만심을 일으키지 않는 가운데 그
마음을 조복시키며, 여덟째 항상 자신의 허물을 반성하고 다른 사람
에게 단점이 있음을 다투지 않아서 언제나 일심으로 (보살의) 일체
청정 공덕을 구할지니라. (이것이 여덟 가지이다.)” 하셨거늘, 어찌 조그
마한 수행과 보잘것없는 선행으로 왕생할 수 있겠는가?

問：《維摩經》云：「成就八法，於此世界，行無瘡疣，生于淨土。何
等爲八？饒益衆生而不望報；代一切衆生受諸苦惱；所作功德盡以施
之；等心衆生，謙下無閡；於諸菩薩，視之如佛；所未聞經，聞之
不疑；不與聲聞而相違背；不嫉彼共不高己利。而於其中，調伏其
心；常省己過不訟彼短。恒以一心，求諸功德。」如何劣行、微善，而得
往生？

답하되, 이는 (자신과 타인을 같이 이롭게 하고, 복과 지혜를 함께 닦으며,
모든 공덕을 구하여 정토에 회향하여) 이체를 모름지기 구족하는 (보살도로)
대근기에 속한다. 여덟 가지 법에 흠이 없으면 상품을 성취할 것이다.
만일 중하품이면 (깊은 믿음과 발원으로 부처님 명호를 지녀서) 한 법만
갖추고 결정한 뜻을 옮겨 뒤섞지 않으면 또한 하품을 얻으리라.

答：理須具足，此屬大根。八法無瑕，成就上品；如其中下，但具一

法 , 決志無移 , 亦得下品。

4-5 셋째 질문하고 셋째 답하다

묻건대,《관무량수경》에서 분명히 말씀하신 16가지 관상법문은 모두 마음을 거두어 선정을 닦고, 아미타부처님의 상호장엄을 관상하여 원만광명을 진실로 사무쳐 이해하여야 정토에 오르는 것이거늘 어찌 산란심으로 (염불하여) 왕생할 수 있겠는가?

問 :《觀經》明十六觀門 , 皆是攝心修定 , 觀佛相好 , 諦了圓明 , 方階 淨域。如何散心而能化往 ?

답하되, 구품왕생의 경문에는 별도로 (왕생의 품위가) 올라가고 내려가는 차별을 드러내서 보였다. 상품이든 하품이든 상관없이 모두 포섭하여 밀하면 두 마음에 빗어나지 않는다. 첫째 징심走心이니 이를테면 선정을 닦고 관상을 익혀서 상품에 왕생하는 것이다. 둘째 전심傳心이니, 단지 아미타부처님의 명호를 염하고 일체 선행으로써 훈습을 도와 (정토에 왕생하길) 회향 발원하기만 하면 말후 중하 2품을 성취할 수 있다. 이에 모름지기 한평생 귀명해서 이 보신報身이 다하도록 정진수행하되, 앉고 눕는 매 순간 언제나 얼굴을 서방으로 향하고 행도(경행) 예경 할 때와 염불 발원할 때면 모두 간절하고 애절하며 성심을 다하여 다른 생각이 없어야 한다. 지옥에 떨어져 형벌을 받는 것 같고, 혹 감옥에 갇히거나, 혹 원수와 (극악한) 도적무리에게 쫓기거나 (맞아 죽을 것 같으며), 혹 물과 불의 재난으로 목숨이 위협받을 것 같나니, (이때) 일심으로 고통에서 구해주길 구할지니라. 이 고통의 수레바퀴를 벗어나 속히 무생법인을 증득하여 일체중생을 광대하게 두루 제도하고, 삼보를 이어받아 홍양하며 네 가지 은혜 갚길 서원할지어다. 이와 같이 지극 정성과 공경일 수 있다면 (염불왕생의 공업功業이) 반드시 헛되이 버려지지 아니할 것이다.

答:「九品經文自有昇降, 上下該攝, 不出二心:一、定心:如修定習觀, 上品往生。二、專心:但念名號, 衆善資熏, 迴向發願, 得成末品。仍須一生歸命, 盡報精修。坐臥之間, 常面西向。當行道禮敬之際, 念佛發願之時, 懇苦翹誠, 無諸異念。如就刑戮, 若在狴牢, 怨賊所追, 水火所逼。一心求救, 願脫苦輪。速證無生, 廣度含識;紹隆三寶, 誓報四恩。如斯志誠, 必不虛棄。

그러나 말과 행위가 상응하지 않고 믿음의 힘도 경미(박약)하며 염념이 이어지는 청정심이 없을 뿐만 아니라 오히려 자주자주 망념이 일어나 끊어질 뿐이다. 이러한 해태한 마음을 믿고서 임종시 정토에 왕생하기를 바란다면 단지 업장에 끌려 다니는 바가 되고, 동시에 좋은 벗의 조념법문을 만나기 매우 어렵지 않을까 두려울 따름이다. 또한 사대가 분리되면서 풍대와 화대의 핍박으로 신심이 극심한 괴로움에 견디지 못하여 정념正念을 성취할 방법이 없으리라. 왜 그러한가? 우리들 지금 같은 신념이 인因이고, 임종시 반응은 과果이기 때문이니, 인지가 실재하여야 과보도 비로소 허망하지 않을 것이다. 이는 곧 음성이 화합해야 메아리도 순조롭고, 자세가 곧아야 그림자도 단정한 것과도 같다. 만약 임종시 십념十念으로 왕생을 성취하고자 한다면 미리 자량을 잘 준비하여 맞는 나루터를 찾고,[286]

일체 선행공덕을 모아서 임종시에 회향하여 염념이 진실하여 무너지지 않으면 곧 (정토에 왕생하는 일은) 의심하고 염려할 필요가 없다.287)

如或言行不稱，信力輕微；無念念相續之心，有數數間斷之意。恃此懈怠，臨終望生，但爲業障所遮，恐難値其善友；風火逼迫，正念不成。何以故？如今是因，臨終是果，應預因實，果則不虛。聲和則響順，形直則影端故也。如要臨終，十念成就，但預辦津梁，合集功德，迴向此時，念念不虧，卽無慮矣。

4-6 결론 맺어 체와 용이 자재함을 설명하다.

대저 선악의 두 바퀴와 고락苦樂의 두 가지 과보는 모두 신구의 삼업으로 지은 것이며,288) 사연四緣289)으로 난 것이고, 육인六因290)

286) 「미리 자량을 잘 준비하여 맞는 나루터를 찾는다」 함은 평상시 지극한 마음으로 전일하게 염불하여 일심불란(정심)을 얻을 수 있으면 제일 좋은 것임을 가리킨다. /강의

287) 연수사 혜향慧享 율사께서는 임종시 게송으로 말씀하시길, "아미타부처님 부르고 부르며(專心) 미간 백호상을 염념이 생각하여(定心) 이를 수지하여 이렇게 물러나지 않는 마음을 지키면 결정코 안락정토에 태어나리라(彌陀口口稱 白毫念念想。持此不退心。決定生安養)." 《불조통기佛祖統紀》 /편주

288) 《참회게》에 이르시길, "과거 옛날에 지은 모든 악업은 모두 무시이래 탐진치로 말미암고 신구의 삼업으로 생겨난 것으로 나는 지금 일체 빠짐없이 참회하나이다." 하셨다. 또한 《팔식규구송》에 이르시길, "말을 함과 몸을 움직임 이 뜻이 최고이니, 인引·만滿 두 가지 업이 업력을 자아내어 매이게 한다(動身發語獨爲最 引滿能招業力牽)." 하셨다. 삼업이 경계를 상대하면서 선악의 생각이 일어나는데, 이것이 모두 의식의 작용이다. 그래서 제6식은 죄의 근원이자 공신이다. 범부는 아직 무명을 깨뜨리기 이전에 있어 모든 참선 염불 지관 내지 육도만행을 닦음이 모두 의식에 의지해 닦는다. 이로써 악을 그치고 선을 닦아 염업을 바꾸어 정업을 지음에 가장 주의하여야 하는 것은 자신의 마음을 일으키고 생각을 움직이는 의업으로, 이로써 청

으로 이루어진 것·오과五果로 섭수한 것이다. 만일 일념의 마음에 성내고 원망함과 삿된 음행이 일어나면 곧 지옥업이요, 일념에 인색하고 탐내어 버리지 않으면 곧 아귀의 업이며, 일념에 우매하고 혼미하여 지혜를 가리면 곧 축생의 업이요, 일념에 아만으로 스스로 높인다면 곧 아수라의 업이며, 일념에 오계의 마음을 굳게 지니면 곧 인도의 업이요, 십선의 마음을 정진수행하면 곧 천도의 업이며, 인공人空을 깨달으면 곧 성문의 업이요, 일체법이 인연소생으로 본래 자성이 없고 연기를 끊어 여의면 곧 연각의 업이며, 육도만행을 모두 닦으면 곧 보살의 업이요, 대자대비 청정평등이면 곧 부처님의

정삼업을 근본으로 삼는다. /강의

289) 사연四緣이란 인연·등무간연·소연연·증상연이라. 첫째 인연因緣으로 육근六根을 인因, 육진六塵을 연緣이라 이른다. 예컨대 안근眼根이 색진色塵을 대할 때 안식眼識이 따라 생기고, 나머지 근 또한 그러하다. 둘째 등무간연等無間緣으로 심식왕心識王과 심소법心所法이 순서대로 끊어짐 없이 상속하여 일어남을 말한다. 셋째 소연연所緣緣으로 심왕과 심소법이 모두 경계 인연에 의탁하여 일어나고 이에 의지해 심소연려心所緣慮가 된다. 넷째 증상연增上緣으로 근진식根塵識으로 이를테면 악차취惡叉聚처럼 한군데 모여 있어 번갈아 증상의 역용이 있다. /강의

290) 한없는 옛적부터의 망상 습인習因을 6종으로 분류한 것이다. 첫째 능작인能作因은 이를테면 안근이 안식을 생하는 인으로 얻은 과를 증상과라 한다. 둘째 구유인俱有因은 지수화풍 4대종이 사대를 생하여 동시에 구유한 법이고, 얻은 과를 사용과士用果라 한다. 셋째 동류인同類因은 이를테면 선악무기 삼성으로 각각 삼법이 생기하는 인이 되고 결코 선의 성품이 악법을 생하는 것은 없기 때문에 동취인이라 하고, 얻은 과를 등류과라 한다. 넷째 상응인相應因은 심과 심소법은 반드시 동시에 상응하여 생기고, 얻은 과 또한 사용과士用果이다. 다섯째 변행인遍行因은 동류인 중에서 별도로 번뇌를 떼어내어 세운 것으로 삼독십사三毒十使가 일체 번뇌를 두루 생할 수 있는 까닭에 변행인이라 하고, 얻은 과는 등류과이다. 여섯째 이숙인異熟因은 이를테면 오역의 악법으로 지옥에 떨어지는 과보를 받는 것이다. 이는 지옥이 무기성에 속한다. 인과이류로 무르익는 까닭에 이숙인이라 하고 과를 이숙과라 한다. /강의

- 282 -

업이다. 만약 마음이 청정하면 곧 향화(연화대)와 칠보 나무가 있는 청정한 찰토에 화생하지만, 마음이 더러우면 곧 언덕과 구렁텅이가 있는 예토에 (조악한) 몸을 받는다. 모두가 목전에 서로 같은 과보로써 능히 (같지 않은) 증상의 연을 감득한다. 이로써 (일체제법이) 자심의 근원을 여읜다면 다시 (말할 수 있는) 다른 체성이 없음을 알 수 있다.291)

夫善惡二輪、苦樂二報, 皆三業所造、四緣所生、六因所成、五果所攝。
若一念心, 瞋恚邪淫, 卽地獄業；慳貪不施, 卽餓鬼業；愚癡闇
蔽, 卽畜生業；我慢貢高, 卽修羅業；堅持五戒, 卽人業；精修十

---

291) 《주심부註心賦》에 이르시길, "이는 한마음이 제불의 본래 타신 것(일승묘법)임을 알라. 보살이 이 심법을 탐으로 인해 모두 여래의 경지에 도달하는 까닭이다. 이 일심을 여의고 그 밖에 따로 수승한 법은 없다. 그래서 지금 마음을 노래한 뜻이 여기에 있다(是知一心 是諸佛本所乘。菩薩因乘此心法 皆到如來地故。離此一心外 別無殊勝。故今賦詠 志在於此). 오승도五乘道는 텅 빈 마음에서 연단해 나온 것이고, 십법계十法界는 처음 생각에 잉태되어 성취된 것이다(五乘道 錬出於冲襟, 十法界 孕成於初念). 오르고 내려가며 용을 드러내고 체는 영지를 갖추었나니, (일체 중생의) 심체는 허공과 같지 않아 성은 저절로 신비롭게 잘 알고(본각), 또한 생각을 짓지 않아도 임운하여 안다(陞沈表用 體具靈知 心體不同虛空 性自神解亦不作意 任運而知). 성성하여 어둡지 않거니 분명하여 어찌 모자랄 게 있겠는가!(惺惺不昧 了了何虧) 청정해서 의지할 것도 머물 것도 없으며 비어서 계합할 것도 여읠 것도 없다(湛爾而無依無住 蕭然而非合非離). 성품에 맡겨 거두고 펴며 인연에 따라 출몰하여, 일진의 시원을 빼내고 만유의 기강과 골수를 총괄한다(任性卷舒 隨緣出沒 挺一眞 之元始 總萬有之綱骨). 청경하여도 들리지 않고 관상하여도 보이지 않으며, 항상 있어 다시 찾을 것이 없고 본래 맑으니, 어찌 수고로이 훈습하여 수련할까(聽而不聞 觀之莫見 常在而莫更推尋 本瑩而何勞熏鍊). 삼계의 문은 체가 없으나 골짜기 안에서 소리를 전하고, 육진의 경계는 본래 공하나 거울 가운데 얼굴이 비치도다(三界之門無體 谷裏傳聲 六塵之境本空 鏡中寫面). 가는 먼지도 식으로 인해 변하지 않음이 없으니, (유식소변) 이치가 분명하다(無纖塵而不因識變 道理昭然) 한가지로되 그 물을 이루니 마음에 기대어 이루어지지 않음이 없다(非一種而罔賴心成)" 하셨다. /편주

善, 即天業; 證悟人空, 即聲聞業; 知緣性離, 即緣覺業; 六度齊
修, 即菩薩業; 眞慈平等, 即佛業。若心淨, 即香臺寶樹, 淨刹化
生; 心垢則丘陵坑坎, 穢土稟質。皆是等倫之果, 能感增上之緣。是以
離自心源, 更無別體。

《유마경》에 이르시길, "정토를 얻고자 하거든 단지 그 마음을 청정히
할지니, 그 마음의 청정함을 따라서 곧 불토도 청정해지느니라."
하셨다. 또한 경에 이르시길, "마음이 때묻은 까닭에 중생도 때묻었
고, 마음이 청정한 까닭에 중생도 청정하니라." 하셨다. 《화엄경》에
이르시길, "비유컨대 심왕의 보배가 마음을 따라 온갖 색깔을 보이듯
이 중생의 마음이 청정한 까닭에 청정한 찰토를 얻어 보이니라."
하셨다. 《대집경》에 이르시길, "그대의 세계를 청정하게 하려거든
다만 그대의 마음을 청정하게 하라." 하셨다.

그래서 일체가 마음으로 돌아가고 만법이 나로 말미암나니, 청정한
과보를 얻고자 하거든 단지 청정한 인행을 닦을 뿐이다. 이를테면
물의 성질은 아래로 향해 흐르고 불의 성질은 위로 향해 타오른다.
형세 운수로 말미암음이 이와 같으니, 무엇을 의심할 수 있겠는가?
292)

---

292) 「청정한 과보를 얻고자 하거든 단지 청정한 인행을 닦을 뿐이다.」
이 문구는 불법의 총강이자 제법의 본원이다. 그래서 물과 불의 성
질에 비유하여 법 그대로 이와 같다 하셨다. 인순 법사께서는 지은
바 정업에 대해 게송으로 이르시길, "마음이 청정하니 국토가 청정
하고 마음이 청정하니 국토가 청정하네. 불문은 무량의이지만, 하나
청정을 근본으로 삼나니, 지계로써 몸과 입을 청정히 하고, 선정으로
써 정욕을 청정히 하며, 지혜로써 지견을 청정히 하여 삼학이 차제
로 청정하다. 탐욕은 삼매의 물로 청정히 하고, 성냄은 자비의 바람
으로 청정히 하며, 어리석음은 반야의 불로 청정히 한다. 가없는 번
뇌가 청정하고 무량한 청정행이 모이니, 곧 이 청정한 심행으로 극
락국토를 장엄하여라." 하셨다. 그래서 마땅히 알지니, 오직 청정한

《維摩經》云：欲得淨土，但淨其心；隨其心淨，即佛土淨。又經云：
心垢故衆生垢；心淨故衆生淨。《華嚴經》云：譬如心王寶，隨心見衆
色；衆生心淨故，得見淸淨刹。《大集經》云：欲淨汝界，但淨汝心。
故知一切歸心，萬法由我；欲得淨果，但行淨因。如水性趣下，火性
騰上，勢數如是，何足疑焉？

마음(체)과 청정한 업(용)이 있어야 정토에 왕생하여 성불하는 근본
이다. 다시 불력의 수승한 증상연의 가지를 받아 자력과 타력의 두
가지 힘이 감응도교하니, 반드시 극락국토에 왕생할 수 있다. 무릇
나의 연우들께서는 마음에 새겨야 한다. /강의

만선동귀집 강기 上

1판 1쇄 펴낸 날 2019년 4월 28일

지음 영명연수대사 **강의** 석성범스님 **편역** 도영스님
발행인 김재경 **편집** 허만항 **디자인** 김성우 **마케팅** 권태형 **제작** 경희정보인쇄
펴낸곳 도서출판 비움과소통(blog.daum.net/kudoyukjung)
　　　　경기 파주시 야당동 191-10 예일아트빌 3동 102호
　　　　전화 031-945-8739 팩스 0505-115-2068
　　　　이메일 buddhapia5@daum.net

© 도영스님, 2019
ISBN 979-11-6016-050-5 93150